Daniela Schetar, Friedrich Köthe

Madeira mit Porto Santo

107ma sk

„In einem herrlichen Sonnenuntergang, über und über purpur und golden, tauchte endlich am Horizont Madeira auf, ein kompaktes, düsteres Massiv, das sich gegen den langsam dunkelnden Himmel erhob.“

Helena Marques, „Rachels Töchter“

Impressum

Daniela Schetar, Friedrich Köthe
Reise Know-How Madeira mit Porto Santo

erschienen im
Reise Know-How Verlag Peter Rump GmbH
Osnabrücker Str. 79, 33649 Bielefeld

6., neu bearbeitete und komplett aktualisierte Auflage 2013

Gestaltung
Umschlag: G. Pawlak, P. Rump (Layout);
Barbara Bossinger (Realisierung)
Inhalt: G. Pawlak (Layout),
Barbara Bossinger (Realisierung)
Karten: Catherine Raisin, der Verlag
Fotonachweis: die Autoren (sk)
Titelfoto: die Autoren

Aktualisierung dieser Auflage:
Nadja Köthe

Lektorat: Kristine Jaath, Caroline Tiemann
Lektorat (Aktualisierung): Barbara Bossinger

Druck und Bindung: Media-Print, Paderborn

ISBN 978-3-8317-2306-5
Printed in Germany

Dieses Buch ist erhältlich in jeder Buchhandlung Deutschlands, der Schweiz, Österreichs, Belgiens und der Niederlande.
Bitte informieren Sie Ihren Buchhändler über folgende Bezugsadressen:

Deutschland
Prolit GmbH, Postfach 9, D-35461 Fernwald (Annerod) sowie alle Barsortimente

Schweiz
AVA Verlagsauslieferung AG
Postfach 27, CH-8910 Affoltern

Österreich
Mohr Morawa Buchvertrieb GmbH
Sulzengasse 2, A-1230 Wien

Niederlande, Belgien
Willems Adventure, www.willemsadventure.nl

Wer im Buchhandel trotzdem kein Glück hat, bekommt unsere Bücher auch über unseren
Büchershop im Internet: www.reise-know-how.de

105ma sk

Wir freuen uns über Kritik, Kommentare und Verbesserungsvorschläge, gern auch per E-Mail an info@reise-know-how.de.

Alle Informationen in diesem Buch sind von den Autoren mit größter Sorgfalt gesammelt und vom Lektorat des Verlages gewissenhaft bearbeitet und überprüft worden.

Da inhaltliche und sachliche Fehler nicht ausgeschlossen werden können, erklärt der Verlag, dass alle Angaben im Sinne der Produkthaftung ohne Garantie erfolgen und dass Verlag wie Autoren keinerlei Verantwortung und Haftung für inhaltliche und sachliche Fehler übernehmen.

Die Nennung von Firmen und ihren Produkten und ihre Reihenfolge sind als Beispiel ohne Wertung gegenüber anderen anzusehen. Qualitäts- und Quantitätsangaben sind rein subjektive Einschätzungen der Autoren und dienen keinesfalls der Bewerbung von Firmen oder Produkten.

Daniela Schetar, Friedrich Köthe

MADEIRA MIT PORTO SANTO

Vorwort

Vier Flugstunden von Mitteleuropa entfernt liegt die „Garteninsel". Viele illustre Persönlichkeiten haben auf Madeira ihre Sommer- oder Winterfrische verbracht oder Heilung von Krankheit gesucht – angefangen mit Kaiserin Elisabeth von Österreich, der liebreizenden Sisi, über den Dramatiker George Bernard Shaw bis hin zu Sir Winston Churchill, der auf Madeira den Malerpinsel schwang. Die grüne, üppige Natur Madeiras faszinierten seit ihrer Entdeckung im 15. Jh. Seefahrer, Bauern, Händler und Künstler. So, wie sie im 19. Jahrhundert den ersten Touristen erschien, sah sie ursprünglich allerdings nicht aus. Jede Siedlergeneration pflanzte Neues, legte Felder und Gärten an, grub Terrassen und Wasserkanäle in die steilen Hänge. In Verlauf von fünfhundert Jahren wichen die Lorbeerwälder Bananenpflanzungen, Hortensiengärten und von Palmen beschatteten Parks. Heute stehen die verbliebenen Flecken ursprünglichen Waldes unter Naturschutz, ebenso wie Teile der Küstengewässer, in denen die vom Aussterben bedrohten Mönchsrobben leben.

Die Blütenpracht Madeiras ist den vulkanischen Böden, aber auch dem besonderen Klima zu danken. Feriengäste mit Sehnsucht nach ungetrübter Sonne sind auf der Insel fehl am Platze, denn fast immer ziehen sich an den steilen Bergflanken Wolken zusammen, und nicht selten kommt es zu heftigen, oft auch länger dauernden Regenfällen. Regenkleidung gehört ins Madeira-Gepäck, ebenso wie feste Schuhe, denn auch wer nicht im Hochgebirge wandert, braucht doch entlang der Levadas oder auch nur in den steilen Straßen Funchals guten Halt.

Auch dass Madeira eine ideale Badeinsel sei, ist ein weit verbreiteter Irrtum – die Küste ist steil und felsig, in den Buchten erschweren große Kieselsteine den Weg ins Meer. Ersatz bieten Hotelpools und Meeresschwimmbecken – und die kleine Nachbarinsel Porto Santo. Sie ist das pure Gegenteil, flach, trocken und mit einem Sandstrand ausgestattet, der höchste Badefreuden verspricht.

Auf Madeira die unverfälschte, bäuerliche Idylle zu suchen, wäre ebenfalls ein Fehler: Die Insel hinkte dem Mutterland Portugal lange hinterher, aber nun hat sie einen großen Schritt in die Moderne getan. Baulärm, Staus und Staub sind die Folge dieser radikalen Modernisierung. 2013 scheint es, als sei dies nun bald überstanden. Jetzt, so witzeln die Madeirenser, können Touristen kreuz und quer um und über die Insel fahren, ohne ein einziges Mal das Tageslicht (und die Schönheit Madeiras) zu sehen. Wer die Insel intensiv erleben möchte, der hält sich, wo es noch geht, auch weiterhin an die alten, mäandernden Straßen.

Was macht den Zauber dieser Insel also aus? Ihre üppige Natur, die steilen, von Felsgipfeln bekrönten Berge, der spröde Charme der Menschen, die Kostbarkeiten manuelinischer Architektur, die Blütenpracht. Wer gerne wandert, erfährt Madeira als Paradies – entlang der Levadas oder auf Klettersteigen, durch Urwälder oder über kahlen Fels. Wer Ruhe und Erholung sucht, wird in den vielen zauberhaften Quinta-Hotels seinen Fluchtpunkt finden, wer deftig gewürzte, ländliche Küche liebt, kann sich an Fisch und Fleisch satt essen. Dieser Reiseführer möchte mit ausführlichen praktischen Reiseinformationen dabei helfen, die Insel zu erforschen. Tipps für Autorouten erleichtern die Fahrt um und über die beiden Inseln, Unterkunftsempfehlungen helfen bei der Zimmersuche, und Aktivurlauber finden zahlreiche Hinweise zur Freizeitgestaltung. Nicht zu vergessen die Wanderungen! Detailliert beschrieben und mit Übersichtskarten illustriert führen sie auf anspruchsvollen Pfaden aber auch als kleine Spaziergänge durch die mal liebliche, mal ungestüme Natur. Bem vindo a Madeira – willkommen!

Daniela Schetar und Friedrich Köthe

Inhalt

Steckbrief Madeira

- **Fläche:** Madeira 741 km², Porto Santo 42 km², Desertas 14,2 km², Selvagens 3,6 km²
- **Bevölkerung:** Madeira 262.500 Einwohner, Porto Santo 5500 Einwohner
- **Verwaltung:** gehört als „Autonome Region Madeira" zu Portugal
- **Hauptstadt:** Funchal, 112.000 Einwohner
- **Flagge:** drei vertikale Streifen in Blau-Gelb-Blau. Den gelben Mittelstreifen schmückt das in Rot gehaltene Kreuz des Ordens der Christusritter.
- **Sprache:** Portugiesisch
- **Bruttoinlandsprodukt:** 5 Milliarden Euro
- **BIP/Einwohner:** 17.000 € (im Vergleich: Deutschland 34.000 €)
- **Inflation:** 2 %
- **Arbeitslosigkeit:** 17 %
- **Durchschnittseinkommen:** 700 €

Nicht verpassen!

Diese Tipps erkennt man an der gelben Hinterlegung im Text.

Preiskategorien für Unterkünfte pro Person im Doppelzimmer mit Frühstück:

*	ca. 20–30 €
**	ca. 30–40 €
***	ca. 40–50 €
****	ca. 50–60 €
*****	über 60 €

Karten

Regionenkarten

Stadt- und Lagepläne

Wanderkarten

Exkurse

Wanderungen

Die Regionen im Überblick

1 Funchal (S. 12) und Umgebung (S. 44)

Funchal und Umgebung repräsentieren die großstädtische Seite der Insel, die von eleganten Promenaden, steilen Gassen, manuelinischer Architektur und dem quirligen Leben einer Hafenmetropole in Restaurants, Kneipen und Bars geprägt ist. Hochkarätige Museen wie das Museu Arte Sacra (S. 24), exotische Parks und Gärten wie der Jardim Botanico (S. 45), historische Herrenhäuser wie die zauberhafte Quinta das Cruzes (S. 28) oder der elegante Landsitz Palheiro Gardens (S. 53), die kühne Seilbahn nach Monte (S. 48) und reizvolle Wandermöglichkeiten wie etwa nach Camacha (S. 55) machen Funchal zu einem idealen Standort für Aktivreisende.

2 Der Südwesten (S. 60)

Städtchen um Städtchen folgt an der von steilen Hängen gesäumten Küstenlinie aufeinander. Bananenfelder malen tiefgrüne Kleckse zwischen weiße Häuschen, und der Atlantik läuft abwechselnd an Kiesstränden und Felszacken aus. Die Küste zwischen Câmara de Lobos (S. 64), Ribeira Brava (S. 74), Ponta do Sol (S. 78), Calheta (S. 83) bis hin zur Ponta do Pargo (S. 94) besitzt einen romantischen Charme. Über den Orten locken Levadawege zu ausgedehnten Wanderungen, z. B. von Prazeres nach Raposeira (S. 90). Landschaftliche Highlights sind die 600 m hohe Klippe des Cabo Girão (S. 72) und die Hochebene Paúl da Serra (S. 96), die zu reizvollen Levadawanderungen, etwa in den Kessel von Rabaçal (S. 101, 104 und 105) einlädt.

3 Die Nordküste (S. 106)

Das Ende der Welt: eisblauer Atlantik, grauschwarzer Fels, windgepeitschte Küste, ein Fischerort, der den Unbilden des Klimas trotzt. Porto Moniz (S. 116) an der Nordwestküste ist das Gegenteil der lieblichen Städtchen im Süden, ebenso wie seine Nachbarorte Seixal (S. 114) und São Vicente (S. 110). Schroffe Felswände und Hochplateaus charakterisieren den Norden mit seinen Höhlen Grutas de São Vicente (S. 112), in Fels gehauenen Meeresschwimmbädern in Ponta Delgada (S. 124) oder Porto da Cruz (S. 138) und dem blumengeschmückten Dörfchen Santana (S. 127), von dem aus man wunderbare Wanderungen, etwa zum Caldeirão Verde (S. 132) unternehmen kann.

4 Der Südosten (S. 140)

Entdecker, Wale und Drachen sind die Symbole des Inselostens: Die hübsche Stadt Santa Cruz (S. 153) und der alte Hafen Machico (S. 156) sind mit der Entdeckung und Besiedelung der Insel verbunden. Im alten Fischerort Caniçal (S. 161) erinnert ein sehenswertes Museum an die Tradition des Walfischfangs. Über die wie ein Drachenrücken geformte Ponta de São Lourenço (S. 167) führt eine der faszinierendsten Wanderungen Madeiras. Im Inselinneren wartet das majestätische Zentralgebirge mit dem höchsten Gipfel Pico Ruivo (1862 m) (S. 178) als Aussichtskanzel auf schwindelfreie Wanderer.

5 Porto Santo (S. 186)

Sonne, goldgelber Sand, keine Berge weit und breit – Madeiras kleine Nachbarinsel Porto Santo hat all das, was man auf Madeira vermissen könnte: den herrlichen, endlosen Strand Campo de Baixo (S. 198), wohltemperiertes, weil flaches Meer und Sonnengarantie. Dazu noch eine zauberhafte Inselhauptstadt Vila Baleira (S. 193) und die Legende, dass Kolumbus hier seine Bohne fand ...

1 Funchal und Umgebung

Eine Stadt wie ein Theater, dem Meer zugewandt, hohe, schroffe Berge im Rücken, eine weiße Schönheit, die wie eine Fata Morgana dem Atlantik entsteigt. Mondän, traditionell, quirlig und sehr elegant empfängt sie seit Jahrhunderten Besucher mit ihrem besonderen Charme.

Das Blumenfest ist ein Höhepunkt in Funchals Festkalender

FUNCHAL:

WEISSE STADT AN DER FENCHELBUCHT

Portugiesische Wurzeln, britische Tradition und Einflüsse aus Asien, Afrika und Südamerika vereinen sich in Funchal zu einem ganz besonderen Flair. In den Gassen der malerischen Altstadt, in den in vielfältigen Kunststilen dekorierten Kirchen, in den reich ausgestatteten Museen, in den Kneipen am Hafen und den Edelrestaurants der Quintas genannten Herrenhäuser – überall ist die kosmopolitische Geschichte Funchals zu spüren. Schifffahrt und Tourismus prägen die Stadt: Täglich laufen riesige Kreuzfahrtschiffe im Hafen ein, und die Hotelzone im Westen wächst von Jahr zu Jahr. Dennoch hat Funchal seinen spröden, atlantischen Charme bewahrt.

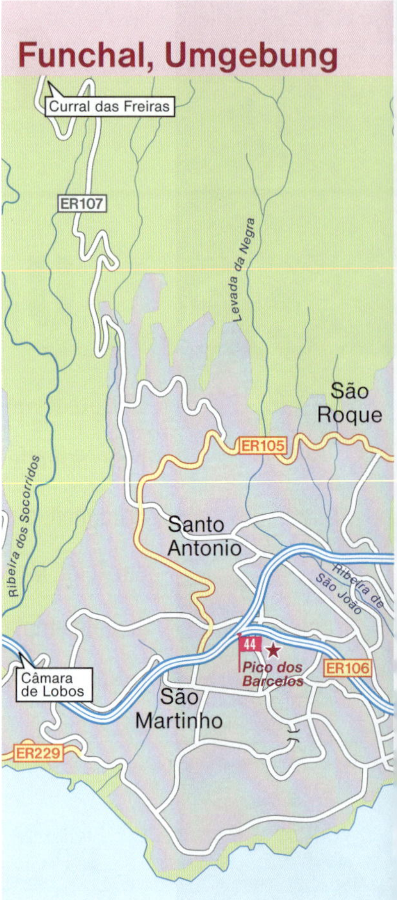

NICHT VERPASSEN!

- **Kathedrale Sé,** ein manuelinisches Gotteshaus mit herrlicher Mujedar-Decke und Azulejo-Schmuck | 23
- **Museu Arte Sacra,** flämische Gemälde von den besten Künstlern jener Zeit | 24
- **Museu Photographia Vicente** zeigt Madeiras Entdeckung als Sommerfrische mit Aufnahmen prominenter Besucher | 25
- **Quinta das Cruzes,** vor allem der Garten mit seinen manuelinischen Steindenkmälern ist fantastisch | 28
- **Mercado dos Lavradores,** Obst, Gemüse und Blumen auf dem Markt sind ein Fest der Farben und Düfte | 31
- **Eira do Serrado,** atemberaubender Blick auf Madeiras Bergwelt und ein tief eingeschnittenes Tal | 56

Diese Tipps erkennt man an der gelben Hinterlegung.

1

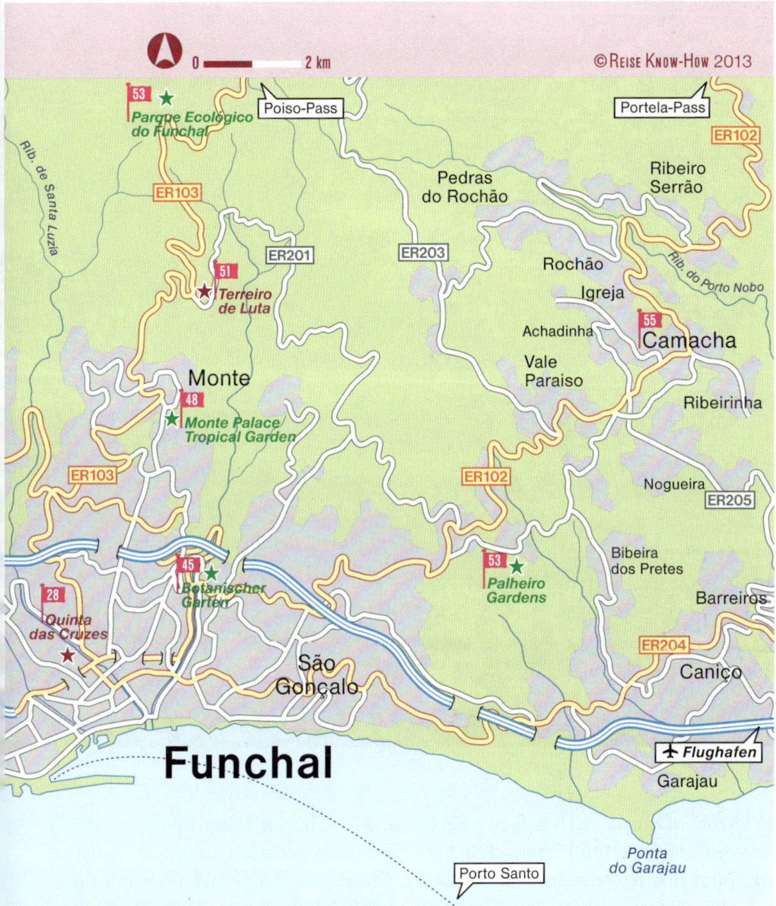

Überblick

Funchals Lage an einer weiten Bucht an der Südküste inspirierte Reisende zu allen Zeiten zu immer neuen Lobeshymnen. Bis zur Eröffnung des Flughafens Santa Catarina 1964, fand die erste Begegnung mit Madeiras Hauptstadt stets vom Wasser aus statt – eine wahrlich theatralische Perspektive: Die Bucht und die steil ansteigenden Berge bilden ein mit tiefem Grün ausstaffiertes antikes Theater, in dem weiße Häuser wie Bauklötzchen übereinander gestapelt sind. Auf den unteren „Rängen" stehen die Wohnhäuser, Paläste und Kirchen dicht

an dicht, während die Bebauung nach oben hin lockerer und übersichtlicher wird und sich schließlich zwischen Eukalyptuswäldern verliert. Die Theaterbühne wären die Kais entlang der Avenida do Mar, der Atlantische Ozean würde die unendliche Kulisse bilden und Fischerboote, Jachten und Kreuzfahrtdampfer tuckernd und tutend die Hauptrollen spielen. Das Stück, das seit der Entdeckung Madeiras 1419 täglich in der Bucht von Funchal aufgeführt wird, handelt von der Seefahrt und vom Handel. Die Insel spielt darin die Rolle eines wichtigen Etappenpunkts auf den weltumspannenden Routen der Seeleute.

Madeiras Hauptstadt wäre mit ihren 100.000 Einwohnern ein eher gemächlicher Ort, würden nicht morgens und abends Tausende von Pendlern aus den Vororten Funchals und anderen Städten und Dörfern der Insel die Straßen verstopfen. Stop and Go heißt dann die Devise, und wer so tollkühn ist, von den Hauptverkehrsadern in Nebenstraßen auszuweichen, sieht sich bald in einem unübersichtlichen Gewirr von Einbahnstraßen rettungslos verloren. Funchal ist

038ma sk

eine Stadt, die zu Fuß erobert werden will, wobei man etwas Kondition braucht, denn stets geht es steil bergauf und wieder bergab. Deshalb an dieser Stelle ein wichtiger Tipp: Bequeme, rutschfeste Schuhe sind in Funchal – wie auf der ganzen Insel – Voraussetzung für eine problemlose Besichtigung.

Üppige Gärten und elegante Herrenhäuser finden sich in Funchals Umgebung zuhauf

Sehenswertes

Rundgang durch das Stadtzentrum

Rund um die Praça do Infante

Beginnen wir den Stadtrundgang an der **Praça do Infante,** an der Nahtstelle zwischen dem alten und dem neuen Funchal. Der Kreisverkehr ist einer der wichtigsten Verkehrsknotenpunkte der Stadt: Nach Westen führt von hier die Avenida do Infante durch das Hotelviertel zum Lido, nach Osten durchquert die Avenida Arriaga den Stadtkern, nach Süden gelangt man zum Hafen und den Kais an der Avenida do Mar, und nach Norden erreicht man über die Rua Dr. Brito Câmara die Zubringer zur Autobahn, die auf hohen Stelzen und durch Tunnel die Bucht von Funchal umrundet. Den Mittelpunkt des Platzes bildet ein Springbrunnen, den eine eiserne Armillarsphäre krönt, ein altertümliches astronomisches Gerät zur Darstellung der Haupthimmelskreise im astronomischen Koordinatensystem. Von der Südwestseite der Praça do Infante blickt die Statue des Infanten *Heinrich der Seefahrer* auf dieses für die Schifffahrt so wichtige Instrument, mit dessen Hilfe die Kapitäne einst über die Weltmeere navigierten.

Hinter Heinrichs Standbild liegt leicht erhöht der **Parque de Santa Catarina,** eine hübsch gestaltete Anlage mit Schatten spendenden Bäumen, Teichen, Springbrunnen und Kinderspielplatz, in der Funchals Geschäftsleute gerne ihre

Funchal

Übernachtung

1 Quinta Jardins do Lago
2 Monte Carlo
3 Quintinha de São João
4 Vila Teresinha
5 Apartamentos S. Gabriel
6 Quinta da Bela Vista
7 Reid's Palace Hotel
8 Estalagem Residencial Monte Verde
9 Quinta da Casa Branca
23 Reno
30 Residencial Chafariz
34 Choupana Hills Resort & Spa
35 Quinta Mãe dos Homens
47 Residencial da Mariazinha
49 Porto Santa Maria

Einkaufen/Sonstiges

12 Einkaufszentrum Madeira Shopping
20 Einkaufszentrum Dolce Vita
21 O Bordão
27 D'Oliveiras
28 Fabrica Sto. Antonio
32 Nova Lojinha dos Cafés
33 Bordal
36 Boa Vista Orchids
37 Mercado dos Lavradores
38 Viola
39 Patricio & Gouveia

Essen und Trinken

2 Terrassencafé Monte Carlo
10 Sabor da India
13 Beef & Wines
14 Casa Velha
15 Molhe
19 O Celeiro
22 Jardim das Flores
24 Xaramba
25 Combatentes
26 Golden Gate Café
31 Loja do Chà, Armazem do Sal
40 Cidade Velha
41 O Regional
42 Gavião Novo
43 Restaurante O Jango
44 Embaixador Madeirense
45 Arsenio's
47 Xôpana
48 Portão
51 Riso

Nachtleben

15 Molhe
16 As Vespas
17 FX Bar
18 Café do Teatro, Dó fá Sol
29 Café do Museu
46 Marcelino

Wassersport

11 Strandbad Lido, Complexo Balnear da Ponta Gorda
50 Badeanlage Praia de Barreirinha

040ma sk

Mittagspause verdösen. In dem in den 1950er Jahren angelegten Park steht die schlichte, der heiligen *Katharina* geweihte **Kapelle Santa Catarina,** die 1425 im Auftrag der Ehefrau des Inselentdeckers *Zarco* errichtet wurde. Leider kann man das Innere nicht besichtigen.

Nicht weit entfernt erinnert ein Denkmal an **Christoph Kolumbus,** und wer sich für moderne Kunst interessiert, kann die Monumentalstatue des Seemanns bewundern, geschaffen von Madeiras bedeutendstem Bildhauer, *Francisco Franco.*

Am Jardim Municipal

Weiter geht es am futuristischen Glasbau des Marina Shopping Center vorbei die Avenida Arriaga entlang zum **Jardim Municipal.** Der kleine Park mit seinen alten, exotischen Bäumen und üppig blühenden Sträuchern wurde an Stelle des Ende des 19. Jahrhunderts abgerissenen Franziskanerklosters angelegt und ist ein beliebter Treffpunkt von Rentnern und Verliebten. Auch die Taxifahrer, die hier auf Kunden warten, schätzen den schattigen Standplatz.

Gegenüber fallen die cremefarbenen Fassaden des **Teatro Municipal** und der **Câmara de Cómercio** ins Auge. Klassizismus und Jugendstil sieht man in Funchal sonst eher selten, erst recht nicht in so hervorragend restauriertem Zustand. Das Besondere aber sind die blau-weißen Azulejo-Bilder an der Fassade des ehemaligen Café Ritz. Sie stammen vom Anfang des 20. Jahrhunderts und stellen Madeirenser bei ihren traditionellen Arbeiten dar: Stickerinnen, Korbflechter, Korbschlittenfahrer etc. Wer hier bereits eine erste Müdigkeit verspürt, kann sich im hübschen Theatercafé mit einem *bica* stärken, einem madeirensischen Espresso.

⌃ Wasserspiele im Jardim Municipal

Madeira Wine Lodge

Die Avenida Arriaga weiter stadteinwärts, passiert man links die **Madeira Wine Lodge** in einem Anbau des ehemaligen Franziskanerklosters. Der Weinkeller gehört der britischen Unternehmerfamilie *Blandy* und kann besichtigt werden. Man sieht traditionelles Winzergerät und verfolgt die verschiedenen Stadien der Herstellung des Madeira-Weins (siehe auch Exkurs „An Bord gekeltert – Madeirawein" im Kapitel „Praktische Reisetipps: Essen und Trinken"). Den Rundgang beschließt man in der Probierstube der Wine Lodge, wo es binnen kürzester Zeit recht feucht-fröhlich zugeht. Derart eingestimmt, holen dann die meisten angeheiterten Besucher ihre Portemonnaies heraus, um den teuren Tropfen als Souvenir mit nach Hause zu nehmen.

Madeira Wine Lodge, Laden geöffnet: Mo–Fr 10–18.30, Sa 10–13 Uhr, deutschsprachige Führungen tgl. 10.30, 14.30 und 15.30 Uhr, Sa 11 Uhr, 5,50 € mit Weinprobe (Dauer etwa 1 Std.), www.madeirawinecompany.com.

Palacio de São Lourenço

Neben der Wine Lodge liegt das Büro des **Fremdenverkehrsamtes,** wo es gutes Info-Material gibt, z. B. aktuelle Busfahrpläne, Inselkarte und Funchal-Plan, und Adressen von z. B. Geldautomaten. Auf der gegenüberliegenden Straßenseite sieht man die Nordfassade des **Palacio de São Lourenço.** Lange konnte Funchal ohne Befestigungsanlage auskommen, doch Anfang des 16. Jahrhunderts war die Stadt so wohlhabend geworden, dass sie ins Visier von Freibeutern geriet. 1513 wurde mit dem Bau der Anlage begonnen, 1540 war ein erster Wehrturm errichtet. Gegen die Attacken der französischen Piraten unter *Bertrand de Montluc* half er jedoch wenig. Die Seeräuber überfielen Funchal und plünderten es mehrere Tage lang, bevor sie vor den zu Hilfe eilenden portugiesischen Schiffen flüchteten. Danach wurde São Lourenço zur Festung ausgebaut.

Als Sitz der Regionalregierung ist der Palacio de São Lourenço Besuchern heute nur zu festen Zeiten zu besichtigen. In die Prachträume gelangt man über die Freitreppe und den Eingangssaal mit u. a. einem Gemälde mit dem Bildnis des Inselentdeckers Zarco. Danach geht es in den Roten und den Grünen Saal und vom Bulwark Room schließlich über einen schmalen Gang in den Garten.

Palacio de São Lourenço, Führungen Mi 10 Uhr, Fr 15 Uhr, August zusätzlich Mo 15 und Sa 11 Uhr, Reservierung für außerplanmäßige Besichtigungen unter Tel. 291-202530.

Von der Kreuzung Avenida Arriaga und Avenida Zarco, die eine düster-monumentale **Statue Zarcos** schmückt, kann man an der Ostmauer der Festung entlang in Richtung Meer spazieren und erblickt dann rechts den ältesten Turm mit seinem in dunklen Stein geschlagenen Wappen der Christusritter und den beiden Armillarsphären.

Avenida do Mar

Hier ist Funchals Seepromenade erreicht, die Avenida do Mar. Große und kleine Jachten dümpeln an den Kais, Restaurants und Cafés erwarten fremde und einheimische Gäste. Die Hauptattraktion ist die – leider etwas heruntergekommene – ehemalige **Luxusjacht der Beatles,** die „Vagrant". Sie dient heute als schwimmendes Restaurant. Die Gäste sitzen in kleinen Booten rings um das Mutterschiff und lassen sich die ziemlich touristische, und einfachere Küche schmecken.

Wenige Schritte nach Osten steht links das **Alte Zollhaus,** die *Alfándega Velha.* Es wurde an Stelle des im späten 15. Jahrhundert erbauten und durch das Erdbeben 1748 annähernd zerstörten ersten Zollhauses errichtet. Läuft man die Rua João Tavira an der Westseite des Gebäudes entlang nach Norden und biegt rechts in die Rua da Alfándega ein, sieht man einen noch erhaltenen Teil des alten Zollhauses, ein manuelinisches Portal mit spitz zulaufendem Torbogen. Hier bleiben Besucher ausgesperrt, da die *Alfándega* vom madeirensischen Parlament genutzt wird.

Zuckermuseum

Nun ist man mittendrin im Altstadtgassengewirr rund um die Kathedrale von Funchal. Die meisten Geschäfte verkaufen madeirensisches Kunsthandwerk und Postkarten. Cafés und Restaurants haben sich auf die zahlungskräftigen Touristen eingestellt. Trotzdem macht es Spaß, durch die für den Verkehr gesperrten Gassen zu bummeln.

Einen Stopp verdient die modern gestaltete und von alten Häuserfassaden gesäumte Praça Cristovão Colombo mit dem **Museu Cidade do Açúcar,** dem Zuckermuseum. Die Ausstellung im Untergeschoss zeigt Exponate rund um Zucker, der Madeira in der ersten Phase der Besiedlung reich machte. Dazu gehören Werkzeuge, Sudkessel und Zuckerformen – damals wurde das „weiße Gold" zu Zuckerhüten gegossen. Überdies sind Preziosen ausgestellt, die im Austausch gegen Zucker auf die Insel gebracht wurden, darunter chinesisches Porzellan und flämische Gemälde sowie aus Zuckerkisten geschreinerte Möbel.

Beim Bau des Museums stieß man auf Fundamente eines alten Palastes, der dem Händler *João Esmeraldo* gehört haben soll. Der gebürtige Flame spielte im

041ma sk

15. Jahrhundert eine bedeutende Rolle in der Wirtschaft der Insel, und angeblich war *Kolumbus* mehrmals bei ihm zu Gast.

■ **Museu Cidade do Açúcar,** Mo–Fr 10–12.30 und 14–18 Uhr, Eintritt 2 €, Tel. 291-236910, wegen Sturmschäden seit 2010 auf unbestimmte Zeit geschlossen.

Kathedrale Sé

Die Rua do Sé führt vom Zuckermuseum nach Westen zur Kathedrale von Funchal, der **Sé.** 1514 geweiht ist sie im strengen Stil der manuelinischen Gotik gehalten. Einziger Schmuck der weißen Mauern ist die in dunklem Stein gemauerte Fassade um das Hauptportal, über dem durch eine Rosette Licht in das Kircheninnere fällt. Die Ecken und der von Rundbogenfenstern durchbrochene Abschluss des Kirchturms sind ebenfalls in diesem Stein gearbeitet. Über den Turmzinnen erhebt sich die schmalere, mit alten Kacheln verkleidete pyramidenförmige Turmspitze. Zu Füßen der Kathedrale sorgen Blumenfrauen in ihren traditionellen, rot, gelb und weiß gehaltenen Kostümen für bunte Farbtupfer. Sie verkaufen Calla und Strelitzien, die sie gleich transportfertig in Kartons verpacken.

Im Inneren des Gotteshauses blitzen vergoldete barocke Altäre und Azulejo-Bilder entlang der Seitenkapellen und im Altarraum im flackernden Licht unzähliger Kerzen. Gläubige knien andächtig vor der Muttergottes oder einem Heiligen und beten ihren Rosenkranz. Das blau-goldene **Chorgestühl** glänzt wie neu – dabei gehört das aus Flandern stammende Gestühl aus dem 16. Jahrhundert zu den ältesten Einrichtungsstücken der Sé. Die wunderbare **Mudejar-Decke** aus kunstvoll ineinander verflochtenen Zedernholzteilen, die ein geometrisches Muster ergeben, stammt aus dem frühen 16. Jahrhundert. Viel zu sehen ist davon allerdings nicht, denn der Innenraum der Sé ist stets in ein schummeriges Licht getaucht und die Decke so hoch, dass sie der Kerzenschein nur spärlich erleuchtet.

■ **Kathedrale,** täglich 8–12 und 16.30 –18.30 Uhr.

Kollegiumskirche

Die Fußgängerzone Rua João Tavira führt von der Sé nach Norden und endet an der **Praça de Municipio,** deren Nordseite die mächtige, mit Heiligenstatuen geschmückte Fassade der **Igreja do Cólegio** beherrscht. Mitte des 16. Jahrhunderts waren die Jesuiten, die Kirche und Kloster errichten ließen, gern gesehene Diener Gottes auf Madeira. Im 18. Jahrhundert aber wurde ihnen jegliche Tätigkeit in Portugal und auf Madeira verboten, da ihr Einfluss zu groß geworden war. Ihre Bauten nutzte eine Zeit lang das Militär, heute gehören sie zur Universität von Madeira. In der Kirche sind einige sehr schöne, barocke *azulejos* erhalten.

■ **Igreja do Cólegio,** tgl. 17–18 Uhr und während der Gottesdienste.

◁ Im Zuckermuseum

Schön, aber tückisch: Straßenpflaster aus Flusskieseln

Immer wieder kann man die fantasievollen Muster des Straßenpflasters bewundern, mit dem Gehwege und Plätze Funchals geschmückt sind. Fast immer besteht das Pflaster aus kleinen, dunklen und hellen Steinchen, die zu Bögen, Ornamenten und Jahreszahlen zusammengesetzt sind. Auch die Praça de Municipio ist damit ausgelegt. Früher wurden dafür Flusskiesel verwendet, die entlang der *ribeiras* gefunden wurden. Die unregelmäßige Form der Steinchen macht einen sehr organischen, belebten Eindruck, ist aber tückisch, wenn es geregnet hat. Dann verwandeln sich die meist abschüssigen Straßen in glitschige Rutschbahnen, und es gehört einiges Geschick dazu, auf ihnen durch Städte und Dörfer zu balancieren. Auch Autofahrer müssen dann entsprechende Vorsicht walten lassen.

Rathaus

Die Nordostseite des Platzes säumt das niedrige, langgestreckte Gebäude der **Câmara Municipal,** des Rathauses. Bis Ende des 19. Jahrhunderts war der 1758 errichtete Palast im Besitz einer der einflussreichsten Familien Funchals, der Grafen von *Carvalhal,* denen wir in der Inselhauptstadt immer wieder begegnen. Heute ist er Sitz der Stadtverwaltung und beherbergt ferner das Museu da Cidade, das **Stadtmuseum,** das eine Ausstellung über die Entwicklung Funchals zeigt. Die Dokumente und Fotografien sind nur portugiesisch beschriftet und deshalb wohl für die meisten Besucher wenig aufschlussreich. Was aber unbedingt lohnt, ist ein Blick in die Vorhalle mit dem Treppenaufgang, der mit schönen blau-weißen *azulejos* geschmückt ist. Im idyllischen, efeubewachsenen Innenhof techtelt auf einem Brunnen eine steinerne Leda mit Zeus in Schwanengestalt.

■ **Museu da Cidade,** Di–Fr 10–18 Uhr, Sa/So 12–18 Uhr, 2,50 €, Tel. 291-229761.

Museum für sakrale Kunst

Entlang der Südseite der Praça de Municipio erstrecken sich die Gebäude des Bischofspalastes, in denen das Museum für sakrale Kunst, das **Museu Arte Sacra,** untergebracht ist. Der Eingang befindet sich in der Rua des Ferreiros. Kirchenkunst vom Feinsten ist zu besichtigen, sakrale Objekte aus den Gotteshäusern Madeiras, vor allem aber aus der Sé.

Wer sich für flämische Malerei interessiert, wird in der zweiten Etage seine Freude haben: Hier sind wertvolle Werke flämischer Künstler ausgestellt. Die Gemälde fanden aus Madeiras Kirchen, Kapellen und *quintas* ihren Weg in das Museum. Viele Bilder stammen von unbekannter Hand, einige aber von so prominenten Künstlern wie *Roger van der Weyden.*

▷ Die Câmara Municipal, Funchals Rathaus

039ma sk

Museu Arte Sacra, Di–Sa 10–12.30 und 14.30–18 Uhr, So 10–13 Uhr, Eintritt 3 €, Tel. 291-228900, www.museuartesacrafunchal.org.

Weinmuseum

Von der Praça de Municipio kommend, entlang der Ribeira de Santa Luzia nach Norden, ist es nicht weit zum städtischen **Museo do Vinho** in der Rua 5 de Outubro. Das Museum zeigt, ebenso wie die private Wine Lodge, die verschiedenen Stadien der komplexen Weingärung sowie historische und moderne Utensilien, die dabei verwendet werden. Im Gegensatz zu den privaten Kellereien finden hier keine Weinproben statt.

Museu do Vinho, Mo–Fr 9–18 Uhr, Eintritt frei, Tel. 291-204600, www.sra.pt/ivm.

Fotografiemuseum

Westlich der Praça de Municipio liegt Ecke Rua Bom Jesus und Avenida Zarco, ein paar Schritte in die Rua Bom Jesus hinein, linker Hand mit einem lauschigen Innenhof das Haus, in dem Madeiras berühmter Fotograf *Vicente Gomes da Silva* sein Atelier hatte (siehe Exkurs „Die madeirensische Gesellschaft im Bild – Porträtfotograf Vicente Gomes da Silva" im Kapitel „Gesellschaft und Kultur"). Das **Museu Photographia Vicente** zeigt die Arbeitsräume sowie -mate-

Das Fürstentum

Mitten im Hafen liegt auf einem Felsen das Pricipado Ilheu da Pontinha, zumindest nach Meinung des Herrn Barros, der auf eine königliche Urkunde aus dem Jahr 1903 verweist. Es gibt eine Nationalhymne und Spendenaufrufe – was ein moderner Staat eben so braucht. Wer sich für Schrullen interessiert: www.fortesaojose.org.

rialien des Fotografen. Man kann in historischen Fotoalben blättern und sich anhand der Aufnahmen von Bauern, Fischern und Marktfrauen ein Bild vom damaligen Leben auf Madeira machen.

Das Café/Restaurant **Patio** (Tel. 291-227376) im Innenhof lädt zum Verweilen ein.

■ **Museu Photographia Vicente,** Mo–Fr 10–12.30 und 14–17 Uhr, Eintritt 3 €, Tel. 291-225050.

In der Oberstadt

Die von Antiquitätenläden gesäumte Rua das Pretas führt nun bergauf in die Oberstadt, die höher gelegenen Viertel Funchals oberhalb des Zentrums. An der Kreuzung der Rua das Pretas und der Rua S. Pedro sind gleich mehrere Sehenswürdigkeiten versammelt: Die Ende des 16. Jahrhunderts erbaute **Kirche São Pedro** ist im Inneren vom Boden bis zur Decke mit blau-weißen *azulejos* mit geometrischen Motiven ausgeschmückt. Wenige Schritte über die Kreuzung hinweg liegt der **Palacio São Pedro,** auch dies ein Stadthaus des oben erwähnten Grafen *Carvalhal.* Es beherbergt heute das **Museu de História Natural do Funchal,** das über Flora, Fauna und Geologie Madeiras informiert. Besonders sehenswert ist das **Aquarium** im Erdgeschoss. Die Besucher betreten einen völlig abgedunkelten Raum, in dem nur die spärlich erleuchteten Aquarien etwas Licht spenden. So eingestimmt, fühlt man sich in die Tiefen der Meere versetzt und bewundert ihre bizarren Bewohner wie Muränen, Gründler, Drachenköpfe und Hummer.

■ **Museu de História Natural do Funchal,** Di–Fr 10–18 Uhr, Sa/So 12–18 Uhr, Eintritt 3,78 €, Tel. 291-229761.

Museum Frederico de Freitas

Nun geht es die Calçada St. Clara steil bergauf. Auf halbem Wege liegt ein weiteres Museum, die **Casa Museu Frederico de Freitas,** ein Muss für alle, die sich mit den Wohntraditionen wohlhabender Familien Madeiras beschäftigen möchten. Der überaus begüterte Mäzen *Frederico de Freitas* vermachte 1978 das Haus und seine Sammlung wertvoller **Antiquitäten und Kachelbilder** der Stadt Funchal. Seit der umfangreichen Renovierung gibt es im Museum eine Ausstellung sehr seltener alter *azulejos,* die man sonst kaum noch zu sehen bekommt.

■ **Museu Frederico de Freitas,** Di–Sa 10–17.30 Uhr, Eintritt 3 €, Tel. 291-202570.

Convento de Santa Clara

Schräg gegenüber stehen links an der Ecke Rua das Cruzes das **Kloster** und

die **Kirche Santa Clara,** deren kachelgeschmückte Turmspitze die niedrigen Häuser überragt. Die Kirche ist meist vormittags geöffnet. Wer aber auch das wirklich sehenswerte Kloster besichtigen

Kloster Santa Clara

möchte, klingele an der Pforte. Fast immer ist eine Schwester bereit, Besucher durch die Anlage zu führen.

Ende des 15. Jahrhunderts wurde der Konvent im Auftrag der Enkelinnen des Inselentdeckers *Zarco* errichtet. Der Orden der Klarissinnen leitete das Haus bis Ende des 19. Jahrhunderts, als die letzte Nonne verstarb. Seither unterhalten Franziskanerinnen das Anwesen, in dem ein Kindergarten untergebracht ist. Im Gegensatz zu ihren Vorgängerinnen, die sehr wohlhabend waren und außerhalb der Stadt große Ländereien besaßen, müssen die Franziskanerinnen mit recht beschränkten Mitteln zurechtkommen.

Trotz mancher Um- und Neubauten sind im Konvent Santa Clara einige Elemente aus der Gründungszeit erhalten, so der idyllische manuelinische Kreuzgang. Wahre Preziosen sind zwei mit schlichten Holztüren verschlossene Kapellen mit alten **azulejos.** Einige der Kachelbilder stammen aus den Anfangszeiten dieser aus dem arabischen Raum importierten Kunst: Die Muster und Farben auf den Kacheln sind durch Rillen voneinander abgesetzt, um das Zusammenlaufen der Farben beim Brennen zu verhindern.

In der Klosterkirche haben die Azulejo-Künstler all ihre Fertigkeit und Fantasie ausgelebt: Die im 17. Jahrhundert angebrachten Kacheln an Boden und Wänden sind in Gelb, Grün und Blau gehalten und mit **floralen Motiven** und organischen Formen geschmückt. Obwohl diese Art der Dekoration islamischen Kunsthandwerkern jener Zeit fremd war – man bevorzugte streng geometrische Muster – wirkt die Kirche durch eben diesen Schmuck außerordentlich fremdartig und **orientalisch.**

João Goncalvez Zarco fand in der Kirche Santa Clara seine letzte Ruhestatt unter dem Boden des Altarraums, doch nichts weist auf den berühmten Inselentdecker hin. Ein weiteres Grab, mit manuelinischen Steinmetzarbeiten verschönt, befindet sich im hinteren Teil des Gotteshauses und soll *Zarcos* Schwiegersohn gehören.

■ **Konvent Santa Clara,** Mo–Sa 10–12 und 15–17 Uhr, Eintritt 2 €, Kirche täglich 10–12 und 15–17 Uhr.

Quinta das Cruzes

Der nächste Besichtigungspunkt auf der Route ist die **Quinta das Cruzes,** ein kurzes Stück weiter bergauf an der Calçada do Pico. Angeblich soll hier oben *Zarcos* Haus gestanden haben. Im 18. Jahrhundert wurde auf dem Gelände eine luxuriöse *quinta* errichtet, die nach einigen Besitzer- und Funktionswechseln Mitte des 20. Jahrhunderts von der Stadt Funchal in ein **Museum** umgewandelt wurde. In den sehr kühl und modern gestalteten Räumen kann man Mobiliar, Porzellan und Geschirr bewundern, wie es reiche madeirensische Haushalte besaßen. Außerdem ist hier ein *palanquin* zu besichtigen, eine **Sänfte** mit schmiedeeisernem Tragegestell, in der sich die Damen und Herren von ihren Dienern bergauf und bergab schleppen ließen.

Wer keine Lust hat, nach dem Besuch des Freitas-Museums noch mehr Einrichtung anzuschauen, sollte aber zumindest dem wunderschönen **Garten** der *quinta* einen Besuch abstatten und den herrlichen Panoramablick über

Funchal genießen, in den sich unübersehbar der Kirchturm von Santa Clara drängt. Anscheinend nachlässig angeordnet, aber durchaus mit Gefühl für Wirkung und Perspektive stehen zwischen blühendem Hibiskus und unter mächtigen Bäumen Fragmente manuelinischer Bauwerke, die diese strenge und zugleich detailverliebte Kunstrichtung veranschaulichen. Fensterbögen und Wappentafeln sind von steinernen Ranken und Tauen umschlungen. Anker, Karavellen und Seeungeheuer springen dem Betrachter der grauschwarzen Steinkunstwerke ins Auge. Funchals abgebrochener Schandpfahl *pelourinho* aus dem Jahr 1486 wurde ebenso in die Quinta das Cruzes gerettet wie Weihwasserbecken und Grabplatten. In einer Kapelle am Südwestrand des Gartens ruhen Mitglieder der Genueser Kaufmannsfamilie *Lomellino*, die in Funchal gute Geschäfte tätigte. In der modernen Garten-Caféteria (Mo–Sa 9.30–18 Uhr) lässt sich angenehm pausieren.

■ **Quinta das Cruzes,** Di–So 10–12.30, 14–17.30 Uhr, Eintritt 3 €, Tel. 291-740670, www.museuquintadascruzes.com.

Universo de Memórias

Das **alte Herrenhaus** des Journalisten, Politikers und Vielreisenden *João Carlos Abreu*, zeigt in der Calcada do Pico ein buntes Sammelsurium von wertvollen und skurrilen Mitbringseln aus allen Teilen der Welt sowie Persönliches wie die Hutsammlung seiner Mutter.

■ **Universo de Memórias,** Mo–Fr 10–17 Uhr, Eintritt 3,50 €, Tel. 291-225122.

Aussichtspunkte

Eine weitere schöne Aussicht auf die Bucht von Funchal bietet die **Fortaleza do Pico.** Zu der im 17. Jahrhundert errichteten Festung gelangt man bergan über die Rua do Pico und dann links. Das Fort ist Besuchern versperrt, da es vom Militär als Sendestation genutzt wird.

Eine erholsame Alternative verspricht das Terrassencafé des **Hotels Monte Carlo** (gegenüber der Quinta das Cruzes in die schmale Straße nach Nordosten und geradeaus leicht bergauf). Auch hier eröffnet sich ein schöner Blick über die Dächer und Türme Funchals hinunter zum Hafen.

In der Zona Velha

An der Praça da Autonomia

Die **Praça da Autonomia** ist Ausgangspunkt für den Besuch des ältesten Teils von Funchal, die Zona Velha. An dem verkehrsumtosten Platz starten so gut wie alle Busse in die Umgebung und zu den anderen Orten Madeiras. Hier beginnt auch die Hauptausfallstraße Rua Brigadeiro Oudinot, die zur Autobahn führt. Die jüngste Errungenschaft Funchals ist wie ein Ufo im östlich angrenzenden Park gelandet: Hier befindet sich die Talstation der Seilbahn hinauf nach Monte. Links und rechts wird der Platz von zwei kanalisierten *ribeiras* begrenzt.

Markt

Den Rundgang durch die Zona Velha sollte man vormittags unternehmen,

043ma sk

wenn es auf dem **Mercado dos Lavradores** lebhaft zugeht. Man erreicht den Markt nach wenigen Schritten auf der Rua Brigadeiro Oudinot nach Norden, wo sich an einem Platz die Art Deco-Fassade des Hauptgebäudes des Mercado dos Lavradores erhebt. Besonders am Samstag Vormittag ist hier die Hölle los: Indiobands spielen für die Passanten, Ein- und Verkäufer erholen sich im Marktcafé, streunende Hunde versuchen, ein Stück Fisch oder Brot zu ergattern, schwer mit Tüten beladene Landfrauen hasten durch das Gewühl, um den Bus nach Hause zu erwischen.

Durch einen Torbogen geht es in den von Arkaden eingerahmten Innenhof des in den 1950er Jahren erbauten Marktes. Azulejo-Bilder zeigen das Markttreiben und Szenen des bäuerlichen Lebens im beliebten blau-weißen Stil.

Menschen drängen sich zwischen den **Obst- und Gemüseständen,** prüfen Qualität und Preis von Früchten, Salat und Gemüse oder ruhen sich am Brunnen in der Mitte des Marktes aus. Unter den Arkaden residieren **Blumenverkäufer** und **Gewürzhändler,** in der ersten Etage gibt es auch **Feinkostläden** mit köstlich geräuchertem Schinken, Würsten und aromatischem Käse. Über eine Treppe gelangt man vom Innenhof in eine lang gestreckte und mit Kacheln ausgekleidete Halle, aus der salziger Fischgeruch dringt und sich mit Blütenaroma und den feinen Düften exotischer Früchte zu einer wahren olfaktorischen Symphonie vereinigt. Auf steinernen Tischen werden hier mächtige Thunfische in handliche Portionen zerlegt und *espadas* (Degenfische) zu schwarz glänzenden Rollen aufgewickelt. Ungerührt von glitschigen Abfällen und Gestank gehen die **Fischverkäufer** mit geradezu chirurgischer Präzision zu Werke.

Im Herzen der Altstadt

Die Rua Latino Coelho führt südlich des Marktes nach Osten, von ihr zweigen schmale Gassen nach Süden ins Herz der Zona Velha ab. Das alte Fischerviertel entstand um das 17. Jahrhundert zunächst noch außerhalb der Stadtmauern von Funchal. Die ursprünglich hier errichteten Häuser reicher Händler wurden aufgegeben, da es wegen der ungeschützten Lage zwischen Ribeira de Gomes und Meer häufig zu Überschwemmungen kam. Nach und nach verwandelte sich die Zona Velha in das Armenhaus Funchals. Heute ist sie renoviert und der einst verrufene Stadtteil wandelte sich zu einer wichtigen Attraktion. Nirgendwo sonst in Funchal gibt es so viele **Cafés und Restaurants.** Vor allem in den Abendstunden herrscht lebhaftes Kommen und Gehen.

Madeira Story Centre

Direkt gegenüber der Seilbahnstation nach Monte lädt das **Madeira Story**

< Am Samstagvormittag geht's auf dem Markt von Funchal hoch her

Centre an der Rua D. Carlos zu einem Rundgang durch die Inselgeschichte. Die modern gestaltete Ausstellung unterhält mit interaktiven Exponaten, an denen man riechen, tasten, hören und spielen kann. Erläutert wird nicht nur die Geschichte, sondern auch die geologische Struktur, die Fauna und Flora. Zum Museum gehören ein Café und ein Souvenir-Shop.

■ **Madeira Story Centre,** tgl. 10–18 Uhr, Eintritt 9,60 €, Tel. 291-000770, www.storycentre.com.

Rund um die Rua Santa Maria

Hauptachse der Zona Velha ist die Rua Santa Maria mit Straßenrestaurants, Kneipen und einigen Souvenirläden. Parallel zu ihr verläuft die Rua D. Carlos, auch sie mit großem Angebot für hungrige Mägen. In beiden Gassen neigen die Kellner leider zu penetranter und Madeira-untypischer Aufdringlichkeit, wenn sie versuchen, Passanten zum Besuch ihres jeweiligen Restaurants zu überreden. Preise und Qualität unterscheiden sich hier meist nur minimal. Empfehlenswerte Lokale siehe „Praktische Tipps". Die Rua Santa Maria führt geradewegs auf einen kleinen Platz, an dem die **Capela Corpo Santo** steht, ein weiß getünchtes, zierliches Kirchlein mit niedrigem offenem Glockenturm, das dem Schutzpatron der Fischer und Seefahrer, dem heiligen *Telmo,* geweiht ist. Das gotische Eingangsportal stammt von einem älteren Vorgängerbau aus dem 15. Jahrhundert, die Kapelle selbst wurde im 16. Jahrhundert errichtet und mit Wandbildern des Heiligen ausgeschmückt.

Festung São Tiago

An der Kapelle vorbei und weiter nach Osten erreicht man die **Fortaleza de São Tiago,** an der ab Mitte des 16. Jahrhunderts fast hundert Jahre lang gebaut wurde. Ihre Funktion, die Stadt vor Piratenüberfällen zu schützen, erfüllte die Festung meist recht zuverlässig. 1992 wurde sie in ein Museum umgewandelt, das **Museu de Arte Contemporánea,** in dem moderne portugiesische Kunst ausgestellt wird.

■ **Museu de Arte Contemporánea,** Mo–Sa 10–12.30 und 14–17.30 Uhr, Eintritt 3 €, Tel. 291-213340.

Badeanlage Barreirinha

Östlich der Festung schließt sich die moderne Badeanlage **Praia de Barreirinha** an die grauschwarzen Felsen über dem Meer an. Da fast alle flachen Strände Madeiras mit mindestens faustgroßen Kieseln übersät sind und deshalb nicht gerade bequeme Badefreuden versprechen, wurden an der Felsküste mehrere Strandbäder errichtet, in denen man in Pools plantschen oder über Leitern und Treppen ins Meer klettern kann. Die Barreirinha ist eines der beliebtesten Bäder der Insel und neben dem Lido im Westen Funchals die einzige Stelle in der Stadt, an der man außerhalb der Hotelanlagen im Meer baden kann.

■ **Praia de Barreirinha,** 9–19 Uhr im Sommer, im Winter geschlossen, Eintritt 1,75 €.

> Die Avenida do Mar führt zur Festung São Tiago

045ma sk

Kirche der Errettung

Über dem Bad erhebt sich eine wichtige Wallfahrtskirche der Insel, die **Igreja do Socorro,** die Kirche der Errettung. Man erbaute sie in barocker Gestalt, nachdem ihre Vorgängerin aus dem 16. Jahrhundert bei einem Erdbeben zerstört worden war. Am 1. Mai pilgern Gläubige in einer feierlichen Prozession zu dem Gotteshaus und gedenken der vielen Toten der Pestepidemien, von denen Funchal immer wieder heimgesucht wurde. Die Gläubigen danken dem heiligen Santiago, der stets und zuverlässig dafür sorgte, dass sich die Krankheit wieder zurückzog.

Kunsthandwerksmuseum

Auf gleichem Weg, durch die Rua D. Carlos oder die Rua St. Maria geht es zurück zur Ribeira Gomes. Man überquert sie auf einer Brücke und folgt dann der Rua Visconde Anadia bergauf zur Kreuzung mit der Rua João de Deus. Kurz vor der Kreuzung steht links das **Museu do I.V.B.A.M.,** das Kunsthandwerksmuseum Madeiras. Hier sollte man sich die wunderschönen Stickereien, Gobelins, Leder- und Korbflechtarbeiten ansehen, bevor man sich zum Einkaufsbummel aufmacht. Stücke von solcher Feinheit, wie sie im Museum gezeigt werden, gibt es auch zu kaufen – allerdings zu horrenden Preisen. Im Erdgeschoss des Museums befindet sich das Institut, in dem alle Madeira-Stickereien auf Qualität geprüft und mit einer kleinen Plombe als „Madeira-Handarbeit" gekennzeichnet werden.

■ **I.V.B.A.M.,** Mo–Fr 9.30–12.30 und 14.30–17.30 Uhr, Eintritt 2 €, Tel. 291-211600.

Franco-Museum

Die Rua João de Deus führt nun links zurück ins Stadtzentrum und zur Praça de Municipio. Wer sich einen Überblick über das Werk der beiden madeirensischen Künstler *Francisco* und *Henrique Franco* verschaffen möchte, kann dies im gleichnamigen **Museum** tun. Gemälde und Skulpturen stellen die verschiedenen Schaffensperioden der Brüder vor.

■ **Museu Henrique e Francisco Franco,** Mo–Fr 10–18 Uhr, Eintritt 3,78 €, Tel. 291-230633.

Rundgang durch die Hotelzone

Das Hotelviertel westlich der **Praça do Infante** zeugt vor allem von dem nicht endenden Bauboom und den Hoffnungen, die man auf Madeira in den Tourismus setzt. Hier, wo früher in alten *quintas* hinter hohen Mauern und in üppigen Gärten verborgen feiner Lebensstil gepflegt wurde, wachsen heute Betonpaläste und Hochhäuser in den Himmel. Ursache für den zumeist unattraktiven Baustil ist natürlich der Platzmangel – die Hotels sollen ja möglichst nahe am Meer liegen, und der Platz zwischen Felsküste und den die Bucht einrahmenden Bergen ist begrenzt.

Sehenswürdigkeiten gibt es in diesem Teil Funchals nur wenige: An den im ersten Rundgang beschriebenen **Parque Santa Catarina** schließt das Gartengelände der **Quinta Vigia** an, wo heute Madeiras Staatsbesucher untergebracht werden. Sehenswert und als einziger Teil der Quinta für Besucher zugänglich ist die **Kapelle** (18. Jh.) mit wundervollen blau-weißen Azulejos (Mo–Sa 9–17 Uhr). Dahinter passiert man an der Avenida do Infante zwei futuristische Bauten: Funchals **Casino** und das Pestana Carlton Park Hotel, beide von *Oscar Niemeyer* konzipiert. An der nächsten großen Kreuzung kann man links in die Rua do Dr. Pita einbiegen und der **Quinta Magnolia** einen Besuch abstatten. Hier hatten die Briten ihren Country Club; heute dient der weitläufige Park als Sport- und Freizeitgelände der Madeirenser. (Eintritt für das Schwimmbad 2 €.)

Hotel Reid's Palace

Zurück auf der Avenida do Infante, die nun Avenida Monumental heißt, liegt hundert Meter weiter der Eingang zum **Reid's Palace,** Madeiras schönstem und traditionsreichstem Hotel. 1836 wanderte der Schotte *William Reid* nach Madeira aus und verdiente sein erstes Vermögen als Makler von *quintas* für die reichen Kurgäste. Schließlich begann er mit dem Bau von **Madeiras erstem Hotel,** dessen Eröffnung er aber nicht mehr erlebte. Die Reid-Söhne verkauften Reid's Palace 1925, 1937 übernahmen die *Blandys* die Leitung, und seit 1996 gehört es der Orient Express Group, die das in die Jahre gekommenen Hotel vorbildlich renovieren ließ.

Wer das 1891 eröffnete Schmuckstück von innen besichtigen möchte, kann dies bei der sehr britischen Zeremonie des *five o'clock tea* tun. Zum Tee werden Kuchen, Gebäck und Kanapees gereicht, ein Pianist untermalt das leise Geplauder der Gäste, die gebeten werden, in korrekter Kleidung zu erscheinen. Der Spaß kostet eine Menge, ist aber durchaus sättigend und kann ein Abendessen ersetzen.

Stadtbad Lido

Ein gutes Stück weiter in der Kernzone des Hotelviertels zweigt nach links die Rua Gorgulho zum **Lido** ab, Funchals zweitem Stadtbad (tgl. 8.30–19 Uhr, 5 €). Hier herrscht immer dichtes Gedränge. Wie in der Barreirinha führen Leitern hinunter ins Wasser; Cafés und Snackbars sorgen für das leibliche Wohl. Noch weiter stadtauswärts erreicht die Estrada Monumental den **Complexo Balnear da Ponta Gorda,** ein modernes Schwimmbad mit Pools, Rutschen und Café (tgl. 8.30–20 Uhr, 5 €). Rund 1 km weiter westlich erreicht man den Strand **Praia Formosa** mit zahlreichen neuen Hotelbauten. Lido und Praia Formosa verbindet eine hübsche, neu angelegte und bepflanzte Strandpromenade, an der Rollerblader ihre Freude haben.

Praktische Tipps

Ankunft

Flughafen

Der internationale Flughafen (Aeroporto, Tel. 291-520700) befindet sich bei Santa Cruz an der Ostküste, ca. 10 km von Funchal entfernt. Er wurde im großen Stil ausgebaut. Bushaltestelle und Taxistand befinden sich direkt am Ausgang. Die **Taxifahrt** nach Funchal kostet etwa 20–30 €. Neben dem direkten **Flughafenbus** bedienen die Linien 56, 103 und 138 die Strecke. Abfahrt ist etwa halbstündlich zwischen 7 und 23 Uhr, der Preis beträgt 3,25 €. Die Fahrt dauert ca. eine Stunde (www.anam.pt/aerobus-madeira). Der **Aerobus** der TAP Air Portugal startet an den Hotels an der Praia Formosa und durchquert Funchal mit Stopps u. a. an der Avenida do Mar. Abfahrten sind ca. stündlich, die Fahrt dauert 40–45 Minuten und kostet 4 €, für TAP-Passagiere ist sie kostenlos (nur in Richtung Funchal, Bordkarte vorzeigen). Über die genauen Abfahrtszeiten informiert die Touristeninformation.

Info

■ **Posto de Turismo,** Av. Arriaga 18, 9000 Funchal, Tel. 291-211900, Fax 232151, Mo–Fr 9–19 Uhr, Sa/So 9–15 Uhr. Info-Material sowie Verkauf von Karten und Reiseführern. Gegen Schutzgebühr bekommt man eine Broschüre mit Busfahrplänen und eine Preisliste für Ausflüge mit dem Taxi.

Verkehrsmittel

Busnetz

Madeiras Busnetz ist **hervorragend ausgebaut,** allerdings gibt es nur selten Verbindungen zu abgelegenen Orten, und wenn, ist die Fahrt sehr zeitraubend. Die meisten Busse starten an der Av. do Mar. Fahrkarten gibt es z. B. gegenüber dem Palacio de São Lourenço und an der Praça d'Autonomia, die Verkäufer geben Auskunft über den Abfahrtsort. Die Fahrpreise sind niedrig: Fahrten im innerstädtischen Verkehr 1 €, nach Porto Moniz um 7 €, Fahrpläne und Preisinformationen gibt es auf www.horariosdofunchal.pt.

Stadtbusse

Den Fahrplan der **innerstädtischen Linien** gibt es ebenfalls im Tourismusbüro oder an den Fahrkar-

Funchals Museen im Überblick

- **Museu de Arte Contemporánea,** Museum für zeitgenössische Kunst. In der Festung São Tiago, Mo–Sa 10–12.30 und 14–17.30 Uhr.
- **Museu Arte Sacra,** Museum für sakrale Kunst. Rua do Bispo 21, Di–Sa 10–12.30 und 14–18 Uhr, So 10–13 Uhr.
- **Museu da Cidade,** Stadtmuseum Funchal. In der Câmara Municipal (Rathaus), Di–Fr 10–18 Uhr, Sa/So 12–18 Uhr.
- **Museu Cidade do Açúcar,** Zuckermuseum. Praça Cristovão Colombo, zurzeit geschlossen.
- **Museu Frederico das Freitas,** Privatsammlung von Kunst und wertvollen Antiquitäten. Calçada de Santa Clara 7, Di–Sa 10–17.30 Uhr.
- **Museu Henrique e Francisco Franco,** Werke der madeirensischen Künstler. Rua João de Deus, Di–Sa 10–12.30 und 14–18 Uhr.
- **Museu do I.V.B.A.M.,** Kunsthandwerksmuseum. Rua Visconde do Anadia 44, Mo–Fr 9.30–12.30 und 14.30–17.30 Uhr.
- **Museu de História Natural do Funchal,** Flora, Fauna und Geologie Madeiras. Rua da Mouraría 31, Di–Fr 10–18 Uhr, Sa/So 12–18 Uhr.
- **Museu Photographia Vicente,** Fotografiemuseum. Rua da Carreia 43, Mo–Fr 10–12.30 und 14–17 Uhr.
- **Museu Quinta das Cruzes,** Mobiliar, Geschirr, dekorative Kunst. Calçada do Pico 1, Di–So 10–12.30 und 14–17.30 Uhr.
- **Museu do Vinho,** Weinmuseum. Rua 5 de Outubro, Mo–Fr 9–18 Uhr.
- **Madeira Story Centre,** Interaktives Museum zur Geschichte und Natur Madeiras, Rua D. Carlos, tgl. 10–18 Uhr.
- **Universo de Memórias,** Calçada do Pico, Mo–Fr 10–17 Uhr.

tenschaltern an der Av. do Mar beim Elektrizitätsmuseum (Einzelfahrt 1,90 €). Die orangeroten *horários* fahren in dichtem Abstand, ein Ticket innerhalb der Kernzone (Stadtgebiet) kostet 1,25 €, mit einer wiederaufladbaren Karte *(suporte)*, die man mit der ersten Einzelfahrkarte erwirbt und dort oder in Tabakläden aufladen lässt. Das Entwerten nicht vergessen!

In der Badesaison verkehren oben offene **Doppeldecker** zwischen Lido und Barreirinha entlang der Av. do Mar und der Estrada Monumental.

Umweltfreundlich sind die **Elektrobusse** der Linha Eco, die im Innenstadtbereich fahren.

Sightseeing

In 30-minütigem Abstand fahren oben offene Doppeldeckerbusse auf einer Ringtour (Dauer 1½ Std.) durch die Stadt und am Lido der Hotelzone entlang. Man darf nach Ticketentwertung 24 Stunden lang jederzeit aus- und wieder zusteigen.

- **Sightseeing Portugal,** Tel. 919-558856, www.douroacima.pt, 12 €.

Taxi

Die kanariengelben Taxis sind verpflichtet, innerhalb des Stadtgebiets das Taxameter einzuschalten. Die Fahrten sind relativ billig, allerdings lohnen sie nur für längere Strecken, denn häufig ist man beim permanenten Funchaler Verkehrsstau zu Fuß schneller. Für **Überlandfahrten** kann man Taxen stunden- oder tageweise mieten. Die Preise für die Exkursionen sind festgelegt; das Tourismusbüro hält eine Liste mit den jeweils gültigen Tarifen bereit. Wer außerhalb Funchals zu Abend essen möchte, kann mit dem Fahrer vereinbaren, dass er zu einer bestimmten Zeit wieder abgeholt wird. Dies funktioniert stets zuverlässig und erspart das Warten auf ein herbeitelefoniertes Taxi.

Seilbahn

Vom Caminho das Babosas unweit der Praça da Autonomia startet die Seilbahn nach Monte täglich zwischen 9 und 18 Uhr. Die letzte Fahrt findet um 17.45 Uhr statt. Der Fahrpreis beträgt 15 € hin und zurück, 10 € einfach. Über aktuelle Fahrplan- und Preisänderungen informieren die Teléfericos da Madeira unter Tel. 291-780280 und die Website www.madeiracablecar.com. Die zweite Seilbahn von Monte zum Botanischen Garten startet am Largo das Babosas in Monte, einen kurzen Fußweg von der Bergstation der Monte-Seilbahn nach Osten – und führt hinüber zum Jardim Botânico. Hier gibt es zwei Zu- bzw. Ausgänge: der südliche führt direkt in den Botanischen Garten, der nördliche liegt oberhalb des Gartens am Bus- und Pkw-Parkplatz.

- **Seilbahn,** Fahrten Sommer tgl. 9.30–17.30 Uhr, Winter tgl. 9–17 Uhr, einfache Fahrt 8,25 €, hin und zurück 12,75 €, www.telefericojardimbotanico.com.

Nützliche Adressen

Bank

Entlang der Av. Arriaga befinden sich mehrere Banken mit Geldwechsel. Fast alle verfügen über **Geldautomaten,** an denen man mit der Karte abheben kann.

Post, Telefon, Internet

- Das **Hauptpostamt** (Mo–Fr 8.30–20 Uhr, Sa 9–13 Uhr) befindet sich in der Av. Zarco, daneben liegt die Hauptniederlassung der **Telecom.**
- **WiFi:** Fast alle Plätze in Funchals Zentrum, die Uferpromenade und der Lido sind mit kostenfreien WLAN-Zugang ausgerüstet (www.wifi-madeira.com).

Unterkunft

Luxusklasse

- **Reid's Palace Hotel*****,** Estrada Monumental 139, Tel. 291-717171, Fax 717177, Reservierung in Deutschland unter Tel. 0221-3380300, www.reidspalace.com, DZ ab 280 €. Unter den Top-Hotels eine Klasse für sich, und dies nicht nur wegen der vielen Prominenten, die hier logierten. Reid's ist eine Institution mit absolut perfektem Service, erlesener Einrichtung und elegantem Ambiente. Die Gäste, die in den 128 Zimmern und 35 Suiten absteigen, benötigen einen gut gefüllten Geldbeutel und angemessene Kleidung. Dafür werden sie verwöhnt wie Gott in England. Einen „billigen" Nachmittag im Reid's kann man beim *five o'clock tea* genießen. Vorher reservieren!
- **Choupana Hills Resort & Spa*****,** Travessa do Largo da Choupana, Tel. 291-206020, Fax 206021, www.choupanahills.com, DZ ab 220 €. Über dem Botanischen Garten liegt dieses moderne Wellnesshotel mit in Erdtönen gehaltenen Bungalows in einem üppigen Garten. Architektur und Einrichtung lassen asiatische, südamerikanische und afrikanische Einflüsse erkennen, und tatsächlich hat der Besitzer Antiquitäten und Möbel aus allen ehemals portugiesischen Regionen der Welt zusammengetragen. Unaufdringlich, sehr stilvoll, mit einem herrlichen Wellnesscenter und einem guten Restaurant.
- **Quinta Jardins do Lago*****,** Rua do João Lemos Gomes 29, Tel. 291-750100, Fax 750150, www.

Preiskategorien für Unterkünfte pro Person im Doppelzimmer mit Frühstück:

*	ca. 20–30 €
**	ca. 30–40 €
***	ca. 40–50 €
****	ca. 50–60 €
*****	über 60 €

jardins-lago.com, DZ ab 200 €. Eines der luxuriösesten Boutique-Hotels in Funchal mit 40 Zimmern, einer überaus großzügigen Poollandschaft und einem der empfehlenswertesten Restaurants auf dem ehemaligen Landsitz General Beresfords, des Kommandeurs der britischen Truppen, der während der napoleonischen Kriege hier residierte. Noblesse oblige, so sind nicht nur die schmückenden Möbel, sondern auch die Bäume des 25.000 qm großen Gartens Jahrhunderte alt. Mehrere Gärtner sorgen für eine fortdauernde Blütenpracht. Nach ausgedehnten Wanderungen geht es ins Türkische Bad oder in die Sauna.

■ **Quinta da Bela Vista*****,** Caminho do Avista Navios 4, Tel. 291-706400, Fax 706401, www.belavistamadeira.com, DZ ab 200 €. In der mitten in einem 2 ha großen subtropischen Garten gelegenen Quinta nächtigt nicht nur die schwedische Königsfamilie – es ruft auch schon mal *Mick Jagger* an und bucht seine Eltern ein. Mit Antiquitäten ausgestattet wohnt man sehr britisch und stilvoll. Auch an kälteren Tagen kann man baden, der Pool ist beheizbar. Die Sicht geht über Funchal und das Meer. Unweit der Bars und Lounges gibt es Kamine für die kühleren Abende, einen Billardraum und ein Spielzimmer fürs Whist. Im Restaurant *Casa Mãe* im Herrenhaus von 1844 speist man elegant und vorzüglich – und in formeller Kleidung.

Mittelklasse

■ **Quinta da Casa Branca*****,** Rua da Casa Branca 5/7, Tel. 291-700770, Fax 765070, www.quintacasabranca.pt, DZ ab 150 €. Die 43 Zimmer liegen in einem eleganten und modernen Bau in einem ruhigen Park oberhalb der Hotelzone. Gespeist wird im historischen Herrenhaus. Für die Erholung von Geist und Körper stehen ein großzügiges Wellness-Center und ein schönes Freibad bereit. Das auch für Gäste von außerhalb offene Restaurant gehört zu den besten Funchals – schließlich nutzen es auch die Besitzer, die auf einem eigenen Bereich des Grundstücks noch ihr Haus bewohnen.

■ **Quintinha de São João*****,** Rua da Levada de São João 4, Tel. 291-740920, Fax 740928, www.quintinhasaojoao.com, DZ ab 140 €. Das Herrenhaus und der Garten der in einer ruhigen Wohngegend unweit des Lido gelegen Quinta gehen auf das 18. Jh. zurück. 43 Zimmer vereinen die Annehmlichkeiten eines veritablen Hotels mit der individuellen Betreuung eines Familienbetriebes. Das Restaurant ist für seine madeirensischen Spezialitäten bekannt, die mit Aromen aus Goa um neue Geschmacksnuancen bereichert werden.

■ **Porto Santa Maria****,** Avenida do Mar 50, Tel. 291-206700, Fax 206720, www.portobay.com, DZ ab 125 €. Direkt am Forte São Tiago und an der Zona Velha gelegenes Großhotel für Gruppenreisende mit allem Komfort, eines der wenigen Häuser in Funchal, die nicht unter Verkehrslärm leiden.

Tipp: Außerhalb der Hauptsaison lohnt es sich, um den Zimmerpreis zu handeln! Vor allem die vielen Mittelklassehotels und Apartmenthäuser gewähren dann **Preisnachlässe!**

Preiswert

■ **Monte Carlo***,** Calçada da Saúde 10, Tel. 291-226131, Fax 226134, DZ ab 60 €. Das altehrwürdige Haus in herrlicher Panoramalage liegt nicht weit von der Quinta das Cruzes entfernt. Der steile Weg zum Hotel hält unweigerlich fit, sollte mit Gepäck aber besser nur von konditionsstarken Menschen unternommen werden.

■ **Quinta Mãe dos Homens***,** Rua Mãe dos Homens 39, Tel. 291-204410, Fax 204419, www.qmdh.com, DZ ab 60 €. Moderne, geschmackvolle Studios und Apartments für Selbstversorger im Annex einer historischen Quinta über Funchal unweit des Botanischen Gartens; Pool.

■ **Apartamentos S. Gabriel**,** Rua Pimenta Aguiar 2-A, Tel. 291-740850, Fax 740869, DZ ab 45 €. In einer schmalen Straße zwischen R. da Carreira und R. das Cruzes in einem alten Wohnhaus mit hübschem Garten gelegen, einfach aber zweckmäßig eingerichtet, nette Atmosphäre.

■ **Reno**,** Rua das Pretas, Tel. 291-226125, Fax 227526, www.hotel-ami.com/hotel/reno-funchal, DZ 45/50 €. Absolut zentral gelegenes Aparthotel mit Kleinküchen; Sonnenterrasse.

■ **Estalagem Residencial Monte Verde***,** Azinhaga Casa Branca 8, Tel. 291-774072, Fax 775515, www.madeira-residemonteverde.com, DZ ab 40 €. Kleines, familiär geführtes Hotel mit einer Menge Tipps von den Besitzern. Ruhige Lage am Hang oberhalb der Hotelzone.

■ **Vila Teresinha**,** Rua das Cruzes 21, Tel. 291-741723, Fax 744515, www.vilateresinha.com, DZ um 40 €. Der steile Anstieg zu dieser freundlichen Pension wird mit hübschen, preiswerten Zimmern und einer angenehmen Panoramaterrasse belohnt.

■ **Residencial da Mariazinha**,** Rua de Santa Maria 155, Tel. 291-220239, Fax 241731, www.residencialmariazinha.com, DZ um 35 €. Nette Pension in der Hauptgasse der Zona Velha, liebevoll restauriert und eingerichtet.

■ **Residencial Chafariz***,** Rua do Estanco Velho 3, Tel. 291-232260, Fax 232250, www.freewebs.com/chafariz, DZ um 35 €. Komfortable und nett eingerichtete Apartments direkt gegenüber der Kathedrale Sé.

Essen und Trinken

Teuer

■ **Xôpana,** im Hotel Choupana Hills. Der Küchenchef verbindet madeirensische Klassiker mit Elementen asiatischer und mediterraner Küche. Das Ergebnis ist nicht nur wunderschön dekoriert, sondern schmeckt auch exzellent. Der Service ist sehr aufmerksam, die Weinkarte hervorragend sortiert, die Desserts ein Traum. Dazu der Blick über die Bucht von Funchal – ein Erlebnis für alle Sinne.

■ **Casa Velha,** Rua Imperatriz D. Amélia 69, Tel. 291-205600. Schöne *quinta* mit ausgezeichneter Küche, neben Madeira-Spezialitäten auch französische Gerichte.

■ **Molhe,** Estrada da Pontinha, Mobil-Tel. 915-684858, www.molhe.com. Im Fort an der Hafeneinfahrt: schick, sehr angesagt und wirklich hervorragende Küche, madeirensische Rezepte neu interpretiert.

Mittelklasse

■ **Combatentes,** Rua de S. Francisco 1, Tel. 291-221388, So geschlossen. Das Lokal am Parque San Francisco besitzt den Charme einer urigen Kneipe, zumindest, wenn es mittags hoch hergeht und die Gäste Stuhl an Stuhl zusammenrücken müssen. Trotzdem! Die deftigen Madeira-Spezialitäten schmecken wie bei Muttern. Häufig findet man auf der Speisekarte auch ungewöhnliche Eintopfgerichte. Viele Einheimische.

■ **O Celeiro,** Rua dos Aranhas 22, Tel. 291-230622, So geschlossen. Das winzige Kellerrestaurant gilt unter Funchalesen als gute Adresse für Madeira-Küche; Qualität und Service unterliegen leider Schwankungen. Dennoch: gut gewürzte Fleisch- und Fischspezialitäten zu mittleren Preisen. Unbedingt reservieren!

■ **Golden Gate Café,** Av. Arriaga 29, Tel. 291-234383. Mitte des 19. Jh. gegründet und heute frisch, aber nostalgisch renoviert, ist dieses große Café ein Haus mit traditionellem Charme und moderner Speisekarte. Um Plätze auf dem Balkon mit Blick auf die Av. Arriaga zu ergattern, muss man großes Glück haben. Ideal für den Snack zwischendurch oder ein kleines Mittag- oder Abendessen.

■ **Restaurante O Jango,** Rua de Santa Maria 162, Tel. 291-221280. Sehr beliebtes Lokal, es empfiehlt sich zu reservieren. Neben den Standards gibt es auch Paella und Crevetten mit Piri-Piri.

■ **Portão,** Rua de Portão de São Tiago, Tel. 291-221125, Mo geschlossen. Nettes Lokal hinter der Kapelle mit Tischen im Freien, es gibt die üblichen Spezialitäten, sehr aufmerksamen Service und zudem Longdrinks.

■ **Riso,** Rua de Santa Maria 274, Tel. 291-280360, Mo geschlossen. Minimalistisches Design mit Panoramablick über die Barreirinha; hier dreht sich alles um Reis – von madeirensisch bis Thai.

■ **Armazem do Sal,** Rua da Alfandega, Tel. 291-241285. Rustikaler Schick in der Einrichtung, feine Gerichte mit einigen Crossover-Elementen auf dem Tisch – das beliebte Restaurant ist im Augenblick eines der besten in Funchal.

■ **Gavião Novo,** Rua Santa Maria 131, Tel. 291-229238. Beste Fischküche; hier wird auf Bestellung für mind. 2 Personen auch Ungewöhnliches wie „Caldeirada da espada" gekocht.

■ **Arsenio's,** Rua St. Maria 169, Tel. 291-224007. Der unbestrittene Mittelpunkt der Zona Velha, denn hier gibt es zum Essen *fado* live. Am Ende der Saison wirken die Protagonisten etwas erschöpft, aber sie sind immer wieder für eine Überraschung gut und improvisieren gerne mit einheimischen Gästen. Zudem schmeckt das Essen wirklich toll, offen bis 2 Uhr morgens.

Preiswert

■ **Jardim das Flores,** Rua Ivens 8, Tel. 291-225234, Sa/So mittags geschlossen. Neben Fleisch (auch Huhn) und Fisch gibt es gute Sandwiches und Riesen-Hamburger. Das Angebot nehmen viele Berufstätige aus der Umgebung in Anspruch.

■ **O Regional,** Rua D. Carlos I. 54, Tel. 291-232956. Sympathisches, rustikal eingerichtetes Lokal, Espetada um 12 €, Degenfisch um 10 €.

■ **Beef & Wines,** Av. do Infante 60A, Tel. 291-282257, www.beefandwines.com, So geschlossen. Nicht nur Steakliebhaber kommen auf ihre Kosten, auch die Fischkarte präsentiert Interessantes wie Degenfisch auf Passionsfruchtsauce.

■ **Embaixador Madeirense,** Rua dos Barreiros/Ecke Rua Santa Maria, Tel. 291-224655. Uriges Restaurant in der Zona Velha. Gute Madeira-Küche zu vernünftigen Preisen und sehr zuvorkommender Service.

■ **Sabor da India,** Rampa do Lido 8. Loja A, Tel. 291-765346, sabordaindia.webs.com. Hier bekommt man nicht nur ziemlich authentische indische Küche, sondern auch eine Vielzahl vegetarischer Gerichte.

■ **Xaramba,** Rua da Carreira 67, Tel. 291-229101. Gute Pizza, schneller Service.

■ **Loja do Chà,** Rua do Sabão 33, Tel. 291-972811. Dieses sympathische Teehaus verkauft Tee und schenkt ihn auch aus. Dazu gibt es Snacks, Toast oder Kuchen, und das Ganze auf dem hübschen Platz vor dem Zuckermuseum.

■ **Cidade Velha,** Rua Santa Maria 63, Tel. 291-221007. *Frutaria e bar* heißt der Laden: Vorne gibt's Obst, hinten die köstlichsten, frisch gepressten Säfte, außerdem Kuchen und Kleinigkeiten für den schnellen Hunger.

Nachtleben

Livemusik

■ **Dó fá Sol,** Galeras S. Lourenço, Avenida do Mar/Rua das Fontes, Tel. 291-246414. Tagsüber ein Restaurant-Café mit Snacks, Toasts und schnellen Gerichten; abends angesagte Bar, in der häufig lokale Bands auftreten.

■ **Marcelino,** Travessa da Torres 22, Tel. 291-220216, geöffnet ab 22.30 Uhr. Sobald das Restaurant Arsenio's seine Gäste verköstigt hat, zieht die Crew um die Ecke in die familieneigene Bar: Mutter, Tochter und Sohn wetteifern um die melancholischsten *fados,* und manchmal gesellen sich Freunde dazu.

Casino

Casino da Madeira, Av. do Infante, Tel. 291-231121, Fax 235894, www.casinodamadeira.com. Wer die Naturschönheiten und die Pflanzenpracht über hat, kann sich zwischen blinkenden und scheppernden Automaten erholen. Es gibt alles, was des Spielers Herz begehrt, auch Roulettetische. Wer sein Geld lieber in Essen und Show investiert, wird beim abendlichen Diner mit Las-Vegas-Einlagen bestens und erfreulich niveauvoll unterhalten.

Bar & Disco

FX Bar, Largo das Fontes 1–4, Tel. 965-077875. Großer Freisitz am westlichen Ende des Zentrums, tagsüber wird Lunch serviert, abends trifft sich dann die Jugend zur Pizza (6–10 €) und die Gesetzteren für ein elegantes Dinner (15–25 €), Mi–Sa nachts schließlich wird im 1. Stock in der Disco bis 4 Uhr morgens abgetanzt.

As Vespas, Av. Francisco Sá Carneiro, Tel. 291-234800, http://discotecavespas.com. Techno und Hip Hop ab 23 Uhr. Funchals Jeunesse Dorée zieht dazu eine große Show ab.

Molhe, Rua da Ponte Nova 12, Tel. 291-215294, www.molhe.com. Der Club an der Mole ist Vespas große Konkurrenz; wechselnde DJs, Themenevents.

Café do Museu, Praça do Município, Tel. 291-281121, So geschossen, Menü um 15 €. Sehen und gesehen werden am Museu Arte Sacra. Untermalt von Jazz- oder Lounge-Sounds kommt hier die Künstlerszene zu Drinks und einer kleinen Karte internationaler Standards zusammen.

Café do Teatro, Avenida Arriaga, Tel. 291-226 371, www.cafedoteatro.com. Tagsüber Café mit kleinen Snacks; abends beliebte Bar der Kulturschickeria, am Wochenende Gast-DJs und Live-Musik.

046ma sk

▷ Badespaß an der Barreirinha

Sport und Aktivitäten

Baden

Man badet entweder am hoteleigenen „Strand" (sprich: Meereszugang über Leitern oder Treppen), im Pool oder in einer der vier Badeanlagen Barreirinha, Lido, Ponta Gorda und Praia Formosa (Kiesstrand).

Golf

Ein wunderschönes Green ist der 18-Loch-Platz Palheiro-Golf bei den Palheiro Gardens unter alten Bäumen und stets mit herrlichen Panoramen vor der Nase.

Palheiro-Golf, Sítio do Balancal, São Gonçalo, 9050 Funchal, Tel. 291-790120, Fax 792456, www.palheirogolf.com.

Angeln

Wer sich in bester Hemingway-Tradition auf einen Kampf Mann gegen Fisch (Schwertfisch, Merlin) einlassen möchte, wende sich an *Captain Peter Bristow,* der mit seiner „Katharine B" regelmäßig aufs Meer hinausfährt. Die Fische werden gewogen und vermessen und danach wieder ausgesetzt. Kontakt auch über das Hotel Reid's Palace.

Captain Peter Bristow, Quinta das Malvas, Rua da Levada da Santa Luzia 124, Tel. 291-752685, www.fishmadeira.com.

Segeln

In Câmara de Lobos wurde die Karavelle „Santa Maria" nach dem Vorbild des **Kolumbus-Schiffes** erbaut. Nach einem Ausflug zur EXPO nach Lissabon pflügt sie nun durch madeirensische Gewässer. Besonders schön sind die Törns zum Sonnenuntergang. Ein dreistündiger Ausflug kostet um 30 €.

Santa Maria, Marina, Tel./Fax 291-220327, www.madeirapirateboat.com.

Shopping

Spezialgeschäfte

Fabrica Sto. Antonio, Travessa do Forno 27, Tel. 291-220255. Honig, Honigkuchen und Kekse werden hier seit 1893 hergestellt und verkauft. Der Laden duftet nach allen nur vorstellbaren süßen Genüssen. Unbedingt eine der 14 verschiedenen Honigsorten probieren!

O Bordão, Rua da Carreira 171, Tel. 291-281265, www.obordao.com. Die Wanderspezialisten haben Kleidung, Schuhe und Ausrüstung für Wanderer im Angebot. Außerdem organisierte Trekkingtouren.

Nova Lojinha dos Cafés, Rua Dr. F. Ornelas 82, Tel. 291-221209. Auch hier duftet es – nach frisch gemahlenem Kaffee, nach Gewürzen und nach *bacalhau* (Stockfisch). Wer gerne würzt, findet in dem Laden gegenüber vom Markt reiche Auswahl.

Viola, Larguinho da Feira 3, Tel. 291-221977. Die besten und feinsten Madeira-Stickereien gibt's gleich neben dem Mercado dos Lavradores.

Boa Vista Orchids, Quinta da Boa Vista, Rua Lombo da Boa Vista, Tel. 291-220468. In der Quinta wird ein ganzes Orchideenmeer liebevoll gehegt und zu deutlich günstigeren Preisen als in anderen Gärten verkauft.

D'Oliveiras, Rua dos Ferreiros 107, Tel. 291-220 784. Uriger Weinkeller mit Führung und Verkostung.

San Francisco Wine-Lodge, Av. Arriaga 28, Tel. 291-742121. Nach der Führung durch die Kellerei geht es zum Verkosten, und manch einer verlässt die Räume gefährlich schwankend. Wer nichts kaufen möchte, wird die Ausführungen über den Produktionsprozess und die Geschichte des Madeira-Weins trotzdem interessant finden.

Patricio & Gouveia, Rua Visconde de Anadia 33, Tel. 291-222928. Stickereien von der größten Fabrik Madeiras.

Bordal, Rua Dr. Fernão Ornelas 77 oder Avenida do Infante 26b oder im Shopping Centre Dolce Vita, Tel. 291-222754. Stickereien, eine Besichtigung der Manufaktur ist möglich.

Shopping-Tipp

Zwischen der Praça de Municipio und der Kathedrale Sé liegt ein Shopping-Viertel, das allerdings kaum auf Touristen, sondern eher auf modebewusste Einheimische abgestellt ist. Beim Bummel durch die schmalen Gassen findet man die Läden der meisten internationalen Modedesigner und auch einige portugiesische Boutiquen.

Supermarkt

- Das **Einkaufszentrum „Madeira Shopping"** (tgl. 8–23 Uhr) mit hervorragend sortiertem Supermarkt befindet sich am Caminho de São Martinho. Parkplätze und Tiefgarage vorhanden (Busse 8, 8a, 16).
- Im **Einkaufszentrum „Dolce Vita"** im Stadtzentrum erhält man alles an Mode, Lebensmittel und anderes was das Herz begehrt. Man kann nach dem Einkauf in einem der Cafés lunchen (Rua Dr. Brito Câmara 9).

Feste und Festivals

Weihnachten und Silvester

Zu Beginn der **Adventszeit** wird Funchal mit Tausenden von Glühbirnchen dekoriert, und zwei Wochen vor dem Fest glitzern und leuchten sie in der Innenstadt um die Wette. Die Stickerinnen stellen ihre Motive um, so dass es Deckchen, Bettwäsche und alles andere mit Weihnachtsmotiven geschmückt zu kaufen gibt. Richtig hoch her geht es schließlich in der **Silvesternacht.** Funchal liefert zur Kulisse der leuchtenden Stadt ein grandioses Feuerwerk, das vom Tuten der Kreuzfahrtschiffe begleitet wird, die zu diesem speziellen Anlass den Hafen anlaufen. Dieser Termin ist absolute Hochsaison, und es ist nicht einfach (und schon gar nicht preiswert), eine Unterkunft zu finden.

Blumenfest

Ende April sind die Weihnachtslämpchen abmontiert und durch einen wahren Blütenrausch ersetzt worden. Funchal versinkt unter duftenden Blütenblättern. Und weil das noch nicht reicht, verkleiden sich die Funchalesinnen mit Blumenkostümen, in denen sie in einer fröhlichen **Prozession** durch die Straßen ziehen.

Bach-Festival

Im **Juni** bietet die **Musikveranstaltungsreihe** des Bach-Festivals eine gute Gelegenheit, das ehrwürdige Theater bei einem Konzert von innen zu erleben oder in der Sé klassischer Musik zu lauschen.

Madeirawein-Rallye

Am **ersten August-Wochenende** sollte man keinesfalls Ausflüge planen – dann gehören die Straßen einer laut röhrenden Blechprozession getunter Autos, die über die Insel brettern, als wollten sie das Schicksal herausfordern. Die Rallye gilt als eine der härtesten Europas! Nur wenige Strecken werden für den Verkehr gesperrt – die meiste Zeit rasen die Fahrer auf den normal befahrenen Straßen dahin, was zu bösen Überraschungen führen kann.

Filmfest

Im **November** steht Funchal unter dem Zeichen eines kleinen, aber feinen Filmfestivals mit internationaler Beteiligung, sehr charmant, sehr persönlich und gezeigt wird alles, was eingereicht wird (www.funchalfilmfest.com).

Ausflüge von Funchal

Pico dos Barcelos

Mit dem Auto sind es knapp zehn Minuten Fahrt vom Stadtzentrum zum **Aussichtspunkt** im Westen der Bucht von Funchal. Man folgt der Rua do Dr. Pita nach Nordwesten in Richtung São Martinho und biegt am Kreisverkehr zu Füßen der Kirche nach rechts ab zum Pico dos Barcelos.

Die Kirche **São Martinho** ist zwar jüngeren Datums – Ende des 19. Jahrhunderts wurde der Grundstein gelegt –, lohnt wegen der modernen Azulejo-Bilder im Inneren aber durchaus einen Zwischenstopp. Mit ihrem hohen Glockenturm bildet sie im Westen der Hauptstadt außerdem eine sehr markante Landmarke, an der man sich gut orientieren kann.

Über Serpentinen geht es bis auf 355 Meter Höhe, wo eine Ansammlung von Souvenirständen unübersehbar auf den *miradouro*, den Aussichtspunkt Pico dos Barcelos, hinweist. Der Blick von hier oben reicht über die Hotelzone, den Innenstadtbereich und die Kais bis hinüber zu den Ilhas Desertas. In den späten Nachmittagsstunden ist das Licht am schönsten, allerdings liegen die Hänge über Funchal dann meist unter weißen Wattewolken verborgen.

Fischer bringen Degenfisch auf den Markt – Azulejo am Mercado dos Lavradores

047ma sk

Fußweg

Zu Fuß kann man ebenfalls zum Pico dos Barcelos hinaufwandern. Wer die lauten, viel befahrenen Ausfallstraßen vermeiden möchte, wende sich gegenüber der Quinta Magnolia nach links in den Caminho da Casa Branca und dann rechts in den Caminho de Nazare, der den Caminho de S. Martinho kreuzt und dann als Caminho do Dr. Barreto weiter geradeaus bergauf führt. Unter der Schnellstraße hindurch erreicht man den Caminho do Pilar, geht hier links und an der Straße Estrada Commandante Camacho de Freitas wieder rechts zum Pico des Barcelos. Von der Quinta Magnolia aus benötigt man zu Fuß etwa 30 Minuten.

Anfahrt mit dem Bus

■ Zum Aussichtspunkt fahren zahlreiche Busse, darunter die der Linien 9, 12 und 48.

Botanischer Garten

Der Botanische Garten liegt an der Ostseite der Bucht von Funchal in ca. 300 Metern Höhe. Ursprünglich gehörte das Gelände der Familie *Reid*, deren *quinta* heute das kleine, etwas verstaubte, aber sehr liebevoll zusammengestellte Naturkundliche Museum beherbergt. Der Name **Quinta de Bom Successo,** Landhaus des guten Erfolgs, war Programm für alle geschäftlichen Unternehmungen, in die die *Reids* investierten.

■ **Botanischer Garten,** Tel. 291-211200, www.sra.pt/jarbot, tgl. 9–18 Uhr (Ticketverkauf bis 17.30 Uhr), Eintritt 4 €, der Zugang erfolgt über einen der drei Eingänge (zwei an der Straße, einer von der Seilbahnstation, der Eintritt gilt für alle drei Sehenswürdigkeiten: Garten, Museum und Papageienpark).

Naturkundemuseum

Im **Museu de Historía Natural** kann man sich über einheimische und importierte Pflanzen, über die **Fauna der Insel** und deren geologische Geschichte informieren. Eine tragische Geschichte erzählt man von der ausgestopften **Mönchsrobbe,** die in einem Raum ausgestellt ist: Das Tier sei versehentlich in den Garten eines Madeirensers gelangt und habe eine Zeit lang in dessen Pool gelebt. Als es anfing zu kränkeln, ließ

Abstecher zum Jardim Orchídea

Wer Orchideen liebt, sollte den kleinen Umweg über den privaten Orchideengarten südlich des Botanischen Gartens nicht scheuen. Hinweisschilder führen ein Stück den Hang hinunter, dann nach rechts zu dem Anwesen, in dem ein österreichischer Orchideenzüchter sein kleines Blütenreich eingerichtet hat. Besucher können durch die Gewächshäuser schlendern und Hunderte von verschiedenen Arten bewundern. An der Kasse werden ausgewachsene Orchideen in Töpfen, aber auch Setzlinge verkauft, die man zu Hause mit viel Geduld heranziehen kann.

■ **Geöffnet:** tgl. 9–18 Uhr, Tel. 915-883264, Rua Pita da Silva 37, www.madeiraorchid.com, Eintritt 5 €.
■ **Anfahrt mit dem Bus:** Von Funchal mit den Bussen 29, 30 und 31.

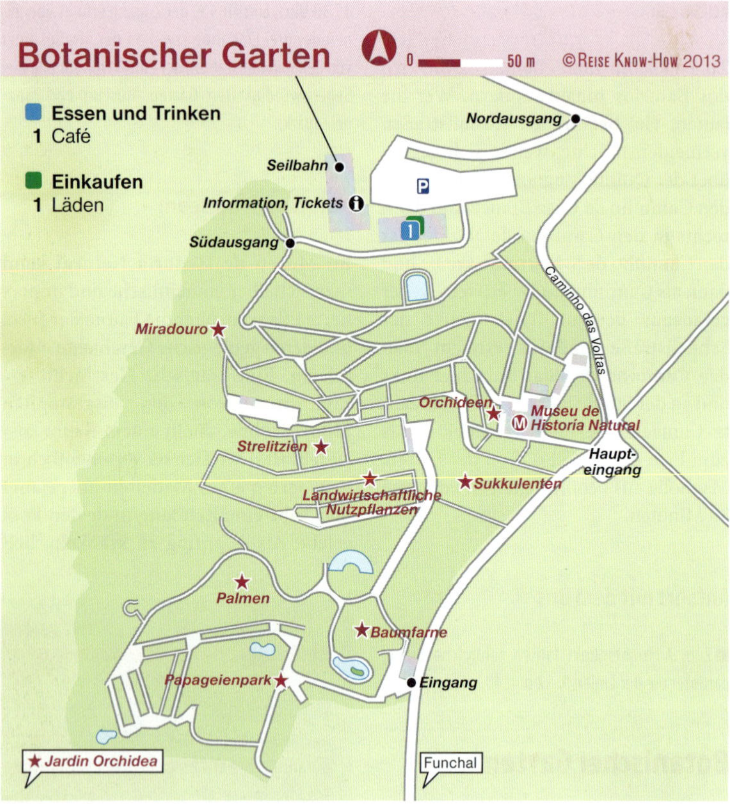

man es nach Funchal bringen, doch es starb während des Transports. Als letztes Exemplar der vom Aussterben bedrohten Spezies, das lebend auf Madeira „gefangen" wurde, ziert es heute das Museum.

Im Garten

Blumenliebhaber werden nicht lange in der Ausstellung verweilen, hält die Natur draußen doch tausendfache Wunder bereit: Strelitzienfelder und **Gewächshäuser** voller Orchideen, ein von trockenresistenten Pflanzen aus aller Welt bevölkerter **Sukkulentengarten** und die mit Guaven, Zuckerrohr, Bananen und köstlich duftenden Kräutern bepflanzten Beete des Nutzgartens wollen erforscht werden. Fast unscheinbar wirken die beiden Abteilungen der Madeira-Flora gegenüber der strahlend blühenden Konkurrenz der später importierten Exoten. Die vier hauptsächlich auf Madeira vorkommenden **Lorbeerarten** und der bizarr geformte **Drachenbaum,** der das trockene Klima Porto Santos liebt, sind vertreten, aber auch kleinere, endemische Blüher wie der Madeira-Storchschnabel.

Zum **Papageienpark** hin begrenzen filigrane Palmfarne ein Wasserbecken, dann steigt man etwas bergab und findet sich zwischen Vogelkäfigen wieder. Alle nur erdenklichen Papageienarten werden hier gezüchtet und gehalten.

■ **Geöffnet:** tgl. 9–18 Uhr, Eintritt 4 €.

Aussichtspunkt

Am westlichen Rand des Botanischen Gartens kann man in einem kleinen Café Erfrischungen kaufen und den Blick über die Anlage genießen. 200 Meter weiter gibt es einen Aussichtspunkt über Funchal. Was aber noch beeindruckender ist: Tief unterhalb vom Betrachter zieht das Asphaltband der Autobahn zwischen zwei Tunnelabschnitten dahin – man kann sich gut vorstellen, welcher Aufwand es war, diese Strecke zu bauen, die im Stadtbereich Funchals immer wieder in Tunneln die Höhenrücken durchquert. Auch der Botanische Garten ist auf diese Weise unterhöhlt.

Üppige Blütenpracht im Jardim Botânico

048ma sk

Anfahrt mit dem Auto

Der schnellste Weg mit dem Auto hinauf führt über die Rua de Manuel Pestana Junior und dann nach rechts in Richtung Boa Nova (Estrada Visconde Cacongo bzw. Rua Boa Nova). An der Kreuzung mit dem Caminho do Meio weist ein Schild nach links und steil bergauf zum Jardim Botânico und Jardim dos Loiros. Parken kann man entweder am unteren Eingang, der zugleich zum Papageienpark führt, oder an der Bushaltestelle gegenüber dem Haupttor zum Botanischen Garten.

Anfahrt mit dem Bus

- Zum Jardim Botânico fahren die **City Busse** der Linien 29, 30, 31 und 31A.

Anfahrt mit der Seilbahn

- **Teleférico do Jardim Botânico.** Die Seilbahn zum Jardim Botânico startet am Largo das Babosas in Monte, einen kurzen Fußweg von der Bergstation der Monte-Seilbahn nach Osten – und endet am Botanischen Garten mit zwei Zu- bzw. Ausgängen: der südliche führt direkt in den Botanischen Garten, der nördliche liegt oberhalb des Gartens am Bus- und Pkw-Parkplatz. Fahrten Sommer tgl. 9.30–17.30 Uhr, Winter tgl. 9–17 Uhr, einfache Fahrt 8,25 €, hin und zurück 12,75 €, www.teleferico jardimbotanico.com.

Monte

Monte ist Funchals **Villenvorort,** nordöstlich der Stadt gelegen. In kühlen 550 Metern Höhe lebten früher vor allem die reichen Kaufleute, denen es im „Stadtkessel“ von Funchal zu heiß war. Noch heute kann man in Monte hochherrschaftliche Villen bewundern, umgeben von Blumengärten und gesichert durch schmiedeeiserne Gitter.

Früher gelangten Besucher mit der Zahnradbahn nach Monte; heute fährt man mit der Seilbahn hinauf. Ansonsten bleiben zwei Alternativen – mit dem Auto über Rua de Janeiro, Rua do Til und Estrada dos Marmeleiros oder mit öffentlichen Verkehrsmitteln (Bus Nr. 20, 21 und 48) bzw. dem Taxi.

Am Largo da Fonte

Endpunkt ist der hübsche Platz Largo da Fonte in 550 Meter Höhe, auf dem **Souvenirhändler** ihr Standardsortiment wie Wollpullover, Madeira-Stickerei und die lustigen Schellen verkaufen, die in der traditionellen Volksmusik eine wichtige Rolle spielen. Ganz hinten steht an einer Felswand eine **Kapelle** über einer als heilkräftig angesehenen Quelle. Sie ist wie die meisten Quellenheiligtümer Madeiras der Gottesmutter geweiht, und fast immer sieht man hier Gläubige, die Kerzen anzünden und von dem Wasser trinken.

Wallfahrtskirche

Den Largo da Fonte begrenzt eine mit Hortensien und Agapanthus bepflanzte Schlucht. Man überquert sie auf einer Brücke und steigt dann bergauf zur Wallfahrtskirche **Nossa Senhora do Monte,** deren von zwei Türmen flankierte Fassade von fast allen Stellen in Funchal aus zu erkennen ist. Die traditionellen Farben – strahlend weiße Mauern und in dunklem Stein abgesetzte Gesimse, Fenster- und Torumrandungen – prägen das Gotteshaus. Einige blau-weiße *azulejos* neben dem Kirchenportal erzählen die Legende von dem Schäfermädchen, dem hier mehrmals die Madonna erschienen sein soll.

Im **Inneren** ist die Kirche eher schlicht. Nur ein durch Gitter gesichertes Grab ist links in einer Seitenkapelle zu erkennen. In einem Sarkophag ruht dort der letzte Kaiser Österreichs, *Karl I.*, der nach dem Ersten Weltkrieg abdanken musste und 1921 in der Quinta Gordon in Monte Zuflucht fand. Kurz danach verstarb der lungenkranke Kaiser und wurde in Nossa Senhora beigesetzt. Verständlich, dass die Kirche häufig von österreichischen Monarchisten besucht wird, verständlich aber auch, dass man die letzte Ruhestätte des Kaisers durch Gitter vor allzu großer Zuwendung – und vor Vandalismus – schützen musste.

Für die Madeirenser hat Nossa Senhora do Monte aber weniger mit den Habsburgern als mit allerlei **Wunderheilungen** zu tun, die durch Fürbitten an die heilige Jungfrau Maria, die Schutzpatronin Madeiras, bewirkt wurden. Ihre Statue wird in einem silbernen Schrein in der Kirche aufbewahrt. Am Marienfeiertag, dem **15. August,** pilgern Heerscharen von Menschen zur Wallfahrtskirche, manche bewegen sich auf Knien die große Freitreppe hinauf. Viele tragen dabei aus Plastik, Holz oder Metall nachgebildete Gliedmaßen mit sich, zur Veranschaulichung ihrer durch Marias Gnade geheilten Gebrechen. Wie es sich für Heiligenfeste auf Madeira gehört, endet das Ganze mit einer fröhlichen lauten Feier, bei der kräftig allerlei Gaumenfreuden zugesprochen wird.

Korbschlittenfahrten

Wer die Freitreppe der Kirche hinuntergeht, landet an der Abfahrtsstation der Korbschlitten *(carros de cesto),* wo die in weiße Tracht und Strohhüte gekleideten Herren auf Passagiere warten. Die Korbschlittenfahrt ist eine lustige Art, den **Rückweg nach Funchal** (Fahrtziel ist der Stadtteil Livramento) anzutreten, und macht besonders Kindern Spaß.

■ **Korbschlittenfahrt,** für 2 Personen 30–40 €.

Bevor man sich aber in die Hände der *carreteros* begibt, sollte man noch einen der schönsten Gärten Funchals, den Monte Palace Tropical Garden, besuchen. Der Eingang zu dieser von einem Privatmann gestifteten Anlage liegt ein kleines Stück die Straße bergab auf der linken Seite.

Monte Palace Tropical Garden

Das Monte Palace war das führende **Hotel** im Villenvorort Monte, in dem jeder reiche Madeirenser, der etwas auf sich hielt, eine Villa oder *quinta* besaß. Das Hotel schloss um 1930 seine Pforten und wurde in den 1980er Jahren von *José Bernardo* gekauft. Dieser hatte in Südafrika sein Geld gemacht und betätigte sich nach seiner Rückkehr nach Madeira als Mäzen. Eines seiner Geschenke an die Heimatinsel ist der üppige Park des Monte Palace.

Das ehemalige Hotel ließ *Bernardo* in ein Museum mit wechselnden Ausstellungen umbauen, den alten **Park mit thematischen Gärten** und Pavillons aufwerten. So gibt es einen asiatischen Be-

reich, den **Oriental Garden,** mit Pagoden, Teichen, japanischen Brücken und Pflanzen aus dem Fernen Osten. Ein Spazierweg führt an alten manuelinischen Wappensteinen und Fenstereinfassungen entlang, ein anderer an schönen alten *azulejo*-Bildern, ein dritter zu einer im Auftrag *Bernardos* erstellten modernen *azulejo*-Wandtafel, die sich den „Abenteuern der Portugiesen in Japan" widmet. An jeder Wegbiegung gibt es Neues zu entdecken. Teiche voller Koi-Karpfen und plätschernde Springbrunnen lockern den Park auf.

Wenn Sie sich für zeitgenössische afrikanische Kunst interessieren, sollten Sie das **Monte Palace Museum** besuchen. Hier wird eine Ausstellung von Skulpturen bekannter Shona-Künstler aus Zimbabwe gezeigt.

■ **Monte Palace Tropical Garden,** Mo–Sa 9.30–18 Uhr, Eintritt 10 €, www.montepalace.com. Museum: 10–16.30 Uhr.

Unterkunft

■ **Quinta do Monte******, Caminho do Monte 192, Tel. 291-780100, Fax 780110, www.quintadomontemadeira.com, DZ ab 100 €. Luxus in einer historischen Quinta, umgeben von einem fast tropisch anmutenden Garten und mit Hallen-Pool.

Terreiro da Luta

Die 300 Meter **Aufstieg von Monte** nach Terreiro da Luta, der ehemaligen Endstation der Zahnradbahn, lohnen wegen der schönen Aussicht auf Funchal. Die **Säule Nossa Senhora da Paz** erinnert an das Ende des Ersten Weltkriegs und ist der Jungfrau Maria geweiht. 1917 wurde Funchal von Deutschen bombardiert, und die Menschen pilgerten nach Monte, um die Madonna um Frieden zu bitten. Als der Krieg zu Ende war, erfüllten sie ihr Gelübde, der Gottesmutter ein Monument zu errichten. Die fünfeinhalb Meter hohe Mariensäule wurde mit einer Kette aus Flusssteinen umwickelt: die eisernen Kettenglieder trugen ursprünglich den Anker eines französischen Kriegsschiffes, das in der Bucht von Funchal versenkt worden war. Über 300 Männer benötigte man angeblich, diesen riesigen „Rosenkranz" aus Kriegsschrott in die luftige Höhe über Funchal zu befördern.

Anfahrt mit dem Bus

■ Linie 20, 21 und 48 fahren zum Platz Largo da Fonte.

Wanderung 1: Von Monte nach Camacha – durch die Vorgärten Funchals

(von Lydia Gallo Gau)

■ **Ausgangspunkt:** Monte
■ **Endpunkt:** Camacha
■ **Schwierigkeitsgrad:** leicht, Variante schwer
■ **Gehzeit:** 3½–5 Stunden
■ **Höhendifferenz:** 300 m hoch, 150 m runter
■ **Wegebeschaffenheit:** großteils breite, oft gepflasterte Wege, nur stellenweise etwas schmal, wenige und kürzere steile Auf- und Abstiege, nur die Variante ist schmal und ausgesetzt. Im letzten Abschnitt gelangt man durch wenig ansprechende Neubauviertel und auf Asphalt zum Ortszentrum.
■ **Ausrüstung:** Wanderausrüstung

Die Wanderung beginnt in Monte hoch über Funchal und führt entlang der Levada dos Tornos nach Camacha – eine herrliche Wanderung meist unter schattigen Bäumen.

Ausgangspunkt ist der **Hauptplatz in Monte** beim „Café do Parque". Von hier folgt man dem ausgeschilderten Caminho das Babosas Richtung Süden, passiert die Korbschlittenfahrer, die auf Gäste warten, und kommt nach 10 Minuten zur Bergstation der Seilbahn nach Funchal etwas unterhalb des Largo das Babosas. Ein Schild mit der Aufschrift „Levada dos Tornos" am oberen Ende des Rondells weist die Richtung an der Seilbahnstation vorbei auf gepflastertem Pfad hinab ins Tal.

Nach 15 Minuten erreicht man einen Abzweig. Ein Schild nach links zeigt die **Levada dos Tornos** an. Diese Variante verläuft auf einem schmalen Betonsims entlang der Levada bis zum Ort **Romeiros.** Nur geübten und schwindelfreien Wanderern ist dieser Weg empfohlen, da auf dem ausgesetzten Pfad Absturzgefahr besteht. Wir gehen weiter bergab ins Tal hinunter und queren unten eine Brücke. Nun geht es wieder auf breitem Pfad zügig bergan und nach 45 Minuten sind wir in Romeiros angekommen. Zwischen den Häusern hindurchgehend erreicht man kurz vor Ende des Ortes nach einer Kapelle linkerhand eine Treppe, die man hinaufsteigt. Oben angekommen biegt man nach wenigen Metern rechts ab und trifft schließlich zwischen zwei Häusern auf die Levada dos Tornos, die die ersten 15 Meter noch mit Platten abgedeckt ist.

Nun wandern wir angenehm und ohne Steigung auf gutem und meist bequem breitem Pfad am Wasserlauf der Levada entlang. Bäume spenden Schatten, man passiert die luxuriösen Bungalows des 5-Sterne-Hotels „Choupana Hills", quert 5 Minuten später eine Straße und sucht sich auf der anderen Straßenseite den Mauerdurchbruch, durch den hindurch es weiter geht. Auf dem folgenden Teilstück kommen wir an zwei Teehäusern, dem „Hortensia Tea House" und dem „Jasmin Tea House" vorbei, die zur Rast laden. An einigen Häusern (etwa knappe drei Stunden hinter Monte) verschwindet die Levada dos Tornos unter dem Asphalt der Hauptstraße, die hoch nach Poiso führt. Hier nehmen wir auf der anderen Seite den alten Pflasterweg auf und gelangen nun wieder entlang der Levada nach 15 Minuten an einen sehr engen und niedri-

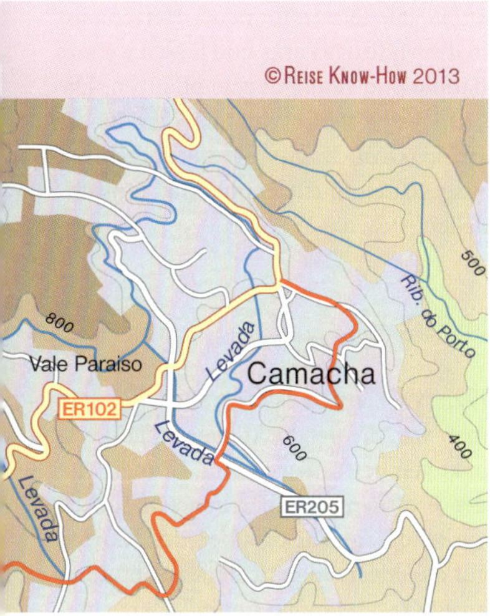

gen Tunnel, in dem die Levada verschwindet. Wir betreten nicht den Tunnel, sondern gehen auf schmalem Pfad hügelan, kommen an eine Straße, gehen bergauf, nach 100 m rechts und nach 50 m hinter einem Haus nach links und gelangen so zur anderen Seite des Tunnels, wo wir den Levadaweg wieder aufnehmen können.

Etwa eine halbe Stunde hinter dem Tunnel gelangen wir wieder in ein Dorf und steigen dort, wo die Levada mit Platten abgedeckt ist, die Treppe hinauf. Wir folgen nun der Straße, bis wir am Schild „Vereda da Nogueira" wieder auf Treppen hinunter zur Levada gelangen. Nach etwa 10 Minuten geht es an einem Drahtzaun hinauf zur Straße und auf dieser weiter bergan. Durch die Neubaugebiete von Camacha gelangen wir uns nördlich haltend auf Asphaltstraßen in 15 Minuten und etwa 3½ bis 5 Stunden hinter Monte zum Ortszentrum von **Camacha.** Hier sind Bushaltestellen bzw. Taxis für die Weiterfahrt zu finden. Und der große Korbflechterladen „Relogio" verdient allemal einen Besuch.

Palheiro Gardens (Blandy's Garden)

Etwas untertrieben wird das Anwesen westlich Funchals **Quinta do Palheiro Ferreiro** (www.palheirogardens.com) genannt, denn das „Landhaus des Schmieds" hat so gar nichts mit einer

Funchals ökologischer Park

Fährt man 6 km von Monte Richtung Santana und Pico do Arieiro gelangt man zum Eingang des Parque Ecológico do Funchal. Auf zahlreichen, teils steilen Spazierwegen lässt sich die ursprüngliche Flora und besonders die Avifauna der Insel erkunden. Wer will kann weiter marschieren bis hoch zum Pico do Arieiro. Wer von Monte nicht mit dem Auto, sondern zu Fuß kommen will, muss mit 1½–2 Std. Anmarsch rechnen. An der Rezeption kann man zahlreiche Werke zum Thema Natur erwerben. Wer Aktivitäten liebt, kann im Park Canyoning betreiben. Wer es gemächlich angehen möchte, darf vom Südeingang aus auch mit dem eigenen Wagen hineinfahren und auf der einzigen Straße den Park durchqueren (und auf demselben Weg zurückfahren).

■ **Parque Ecológico do Funchal,** 9.30–19 Uhr, Eintritt frei, Tel. 291-784700.
■ **Canyoning,** Tel. 917-443933.

schlichten Hütte gemein. Vielmehr liegt hier oben in 600 Metern Höhe eine wunderschöne Villa in einem mit heimischen und exotischen Pflanzen begrüntem Park, der heute der Familie *Blandy* gehört.

Geschichte

Im Auftrag des Grafen *Carvalhal* wurde 1790 die *Casa Velha* („Altes Haus") am südöstlichen Ende der Anlage erbaut, die der Graf von einem Landschaftsgärtner in einen **kunstvollen Park** verwandeln ließ. Teile wurden im Stil englischer Landschaftsgärten gestaltet, andere wiederum nach dem Vorbild französischer Barockgärten angelegt. Ende des 19. Jahrhunderts übernahmen die *Blandys* die *quinta*. Sie setzten ihr neues Herrenhaus in die Mitte des Parks und ließen weitere Bäume und Blumenbeete pflanzen. Die *Casa Velha* verfiel, bis die *Blandys* sie 1998, reichlich mit EU-Fördergeldern ausgestattet, in ein Traumhotel umwandelten.

Im Park

Blandy's Garden ist ein Park, in dem man v. a. die geschickt angelegten Perspektiven bewundern kann. Immer wieder eröffnen sich herrliche, natürlich wirkende Ausblicke: über den Garten auf das Meer, vom Herrenhaus hinüber zu einer vom Grafen *Carvalhal* errichteten Kapelle oder vom Spazierweg aus über das Urwalddickicht des „Inferno"-

Tals. Auch der Pflanzenbestand ist großartig. Uralte mächtige **Araukarien, Madeira-Mahagoni** und eine Vielzahl anderer Bäume beschatten die Spazierwege, auf den Rasenflächen blühen riesige Protea-Büsche, Strelitzien und zierliche Rosen. **Thematische Gärten** wie der „Versunkene Garten" und der im Barockstil konzipierte „Garten der Dame" bilden kunstvolle Kontraste zur gepflegten Natürlichkeit des Parks. Hier serviert ein Teehaus auch Getränke, Sandwiches, Salate und Kuchen.

Das **Herrenhaus** mit seiner weißen Fassade und den dunklen Steineinfassungen an Fenstern und Türen ist von einer schützenden, duftenden Hecke umgeben. Ein schmiedeeisernes Tor erlaubt einen Blick durch das Grün auf das großbürgerliche Anwesen. Folgt man dem Wasserkanal, der Levada, nach Süden, erreicht man eine kleine Pforte, die hinüber zum Hotel Casa Velha führt, Gartenbesuchern aber versperrt ist.

■ **Geöffnet:** Mo–Fr 9–16.30 Uhr, Eintritt 10,25 €.

Anfahrt mit dem Auto

Von Funchal aus fährt man zunächst auf die Autobahn via Flughafen Santa Catarina und biegt dann auf die ER 162 in Richtung Palheiro-Golf bzw. Camacha ab. Es gibt **zwei Zugangsmöglichkeiten** zum Park: die eine befindet sich nordwestlich der Anlage, die andere nordöstlich, wo der Taxistandplatz ist.

Wegen der schönen Perspektiven empfiehlt sich der westliche Eingang. Er führt direkt zu einer Allee von Kamelien, durch die man bergab auf das Herrenhaus der *Blandys* zuschreiten und sich die wechselvolle Geschichte des Parks in Erinnerung rufen kann.

Anfahrt mit dem Bus

■ Busse der Linien 36, 36A, 37 und 47 fahren in ca. 20 Min. zu Blandy's Garden.

Unterkunft

■ **Casa Velha do Palheiro*******, Palheiro Golf, São Gonçalo, 9050 Funchal, Tel. 291-794901, Fax 794925, www.casa-velha.com, DZ 180–350 €. Ein Schmuckstück historischer Quinta-Architektur aus dem Jahr 1804, zudem mit den Palheiro Gardens und dem Golfplatz vor der Tür (und mit direktem Zugang). Hier vereinen sich absolute Ruhe und alle Annehmlichkeiten eines Fünf-Sterne-Hauses. Individuell eingerichtete Zimmer und Suiten, beheizter Außenpool, Sauna, Dampfbad, ein herrlicher Park und ein ausgezeichnetes Restaurant. Ein Paradies auch für Nicht-Golfer.

Camacha

9 km sind es von Funchal in den 800 m hoch gelegenen Ort, der sich als Madeiras Zentrum der Weidenflechterei etabliert hat. Hier bietet das **Café Relógio** am Hauptplatz die größte Verkaufsausstellung von Korbwaren auf der Insel. Zum Relógio gehört ein 1896 erbauter **Uhrturm,** dessen Vorbild „Big Ben" unverkennbar ist. Im Ortsbild sieht man noch manch hübsches Herrenhaus hinter hohen, schmiedeeisernen Gittern in verwilderten Gärten. Mitte des 19. Jh. war Camacha, wie viele andere Orte in den Bergen um Funchal, ein beliebter Sommersitz wohlhabender englischer Familien, die in dem kühlen Klima Zuflucht vor der Hitze an der Küste suchten. Auf Initiative der Familie Hunton wurde damals in Camacha mit der

Korbflechterei begonnen. Zunächst produzierte man Korbmöbel für die reichen Bewohner von Funchal, später für die ersten Hotels in der Hauptstadt und schließlich auch für den Export nach Europa. Noch heute werden die Möbel und Körbe fast ausschließlich in Heimarbeit hergestellt. **Relógio** (tgl. 9–21 Uhr) bietet Flechtwaren in allen erdenklichen Arten und Größen an. Daneben gibt's im Café Snacks und Getränke und oben im sehr touristischen Restaurant mit vielen Busgruppen auch Menüs.

Unterkunft

- **Estalagem Relógio***,** Achada, Tel. 291-922 114, Fax 922415, www.caferelogio.com, DZ um 60 €. Mittelklassehotel mit einfachen, zweckmäßig eingerichteten Zimmern am Hauptplatz von Camacha.
- **Abrigo do Pastor,** ER 203, Tel. 291-922060, www.abrigodopastor.com, Menü um 15 €. Knappe 5 km von Camacha auf der ER 203 Richtung Ribeiro Frio gibt es in gemütlicher Atmosphäre ländlich-typische und sehr leckere Gerichte wie Kaninchen, Ziege oder Wildschwein in riesigen Portionen.

Anfahrt mit dem Bus

- Von Funchal etwa stündlich mit Bus 129.

Curral das Freiras

Der Abstecher in die **Gebirgswelt Madeiras** nach Curral das Freiras beginnt bei São Martinho, wo es an der Autobahnauffahrt vorbei über die ER 107 in Richtung Eira do Serrado geht. Kaum sind die Vororte Funchals passiert, schlängelt sich die Straße durch **Eukalyptuswald** steil bergauf. Im Frühjahr und Sommer säumen die blauen und weißen Blüten von Agapanthus und Hortensien den Weg, kühle Waldluft dringt durch das Autofenster. Nach etwa fünf Kilometern passiert man rechter Hand ein uriges Espetada-Lokal, die Parada dos Eucaliptos (Estrada da Eira do Serrado 258, Tel. 291-776888), in dem noch getreu nach traditionellem Rezept gekocht wird. Wenige Meter weiter liegt links das moderne Ausflugsrestaurant Estrela (Estrada da Eira do Serrado 251, Tel. 291-766413) mit ebenfalls guter Küche. Danach werden die Serpentinen so eng, dass man die Aufmerksamkeit ungeteilt auf die Straße richten sollte.

Eira do Serrado

Nach rund 10 km Fahrt beendet ein Tunnel das Gekurve bergauf und bergab. Der 2,4 km lange Durchstich endet 1 km

› Curral das Freiras

Tipp: Fotografen finden die besten Lichtverhältnisse um die Mittagszeit, denn nur dann erreichen die Strahlen der Sonne den Talkessel. Allerdings ist es um diese Zeit häufig bereits bewölkt.

vor Curral das Freiras im Tal. Wer weiterfährt, erreicht nach insgesamt zwölf Kilometern den Abzweig zum **Aussichtspunkt** Eira do Serrado in knapp 1000 Metern Höhe. Vom Parkplatz am Hotel und seinen Kiosken mit Souvenirverkauf folgt man etwa fünf Minuten einem bequemen Wanderweg ein Stückchen bergauf, umrundet die Kuppe des **Pico do Serrado** und steht schließlich hoch über dem eigenartigen Talkessel von Curral das Freiras, den links der Pico Grande (1659 m), rechts der Pico da Geada (1400 m) und geradeaus im Norden der Pico das Torrinhas (1509 m) begrenzen.

Entstehungsgeschichte

Lange Zeit hielt man den tief zwischen den steilen Bergen liegenden **Talkessel,** in dem die roten Dächer von Curral das Freiras aufleuchten, für den Überrest eines Vulkankraters. Heute gilt als sicher, dass nicht das unterirdische Feuer des Magmas, sondern die überirdische **Erosionskraft des Wassers** die Geländeform schuf: Durch das Tal fließt die Ribeira dos Socorridos bergab, um bei Câmara dos Lobos ins Meer zu münden. In Jahrmillionen befreite der Fluss den harten Basaltkern der umliegenden Berge von ihrer weichen Tuffschicht und grub somit den Kessel, auch Gran Curral genannt, in die Landschaft.

Fußweg nach Curral das Freiras

Ein steiler Weg verläuft vom Parkplatz an der Eira do Serrado hinunter ins Nonnental. Stufen führen vom Parkplatz ein paar Schritte hinunter auf den Wanderweg, der zunächst durch Kastanienwald, dann durch Buschwerk und schließlich erneut im Schatten von Kastanien bergab leitet. Die mächtigen Bäume wurden in Curral das Freiras nicht zufällig gepflanzt, sondern erfüllen zweierlei Zweck. Sie liefern köstliche Früchte, aus denen Likör, Sirup und Kuchen hergestellt werden, und sie dienen den für den Export so wichtigen Weinreben als Halt. Ein Erlass verpflichtete die Madeirenser, wo immer möglich, Kastanien und Wein gemeinsam anzupflanzen.

Den Wegverlauf und das Ziel im Tal stets deutlich vor Augen, erreicht man nach einer dreiviertel Stunde schließlich das Dorf Curral das Freiras.

Im Dorf

Curral das Freiras, der „Nonnenstall", wie die wörtliche Übersetzung lautet, war seit dem 17. Jahrhundert im Besitz der Klarissinnen des Klosters Santa Clara in Funchal. Hierher flohen die Nonnen, wenn die Inselhauptstadt von Piraten geplündert wurde. Ihre mit Wein und Kastanien bepflanzten Ländereien in dem abgeschiedenen Tal brachten so viel Geld ein, dass der Konvent bald zu den wohlhabendsten der Insel zählte.

Heute ist Curral das Freiras ein kleiner, beschaulicher Ort mit vielen älteren Häusern und einem Hauptplatz, auf dem mehrere Restaurants, darunter das berühmte „Nun's Valley", Erzeugnisse aus

Kastanien und andere Naturprodukte verkaufen. Etwas unterhalb steht die Kirche **Nossa Senhora de Livramento,** deren Fest am letzten Sonntag im August begangen wird. Im Inneren birgt die Kirche eindrucksvolles Barockschnitzwerk und Wandverkleidungen mit blau-weißen *azulejos.*

Anfahrt mit dem Bus

- Busse der Linie 81 fahren in ein- bis zweistündigem Abstand nach Curral das Freiras; wer am Abzweig zur Eira do Serrado aussteigen möchte, sollte den Busfahrer rechtzeitig darauf hinweisen.

Unterkunft

- **Estalagem Eira do Serrado,** Curral das Freiras, Tel. 291-710060, Fax 710061, www.eiradoserrado.com, DZ 50/70 €. Modernes Berghotel in unvergleichlicher Lage über Curral das Freiras, mit 25 Komfortzimmern und einem besonders mittags von Bustouristen überlaufenen Restaurant. Abends ist es ruhiger und man genießt die Aussicht.

Essen und Trinken

- **Nun's Valley,** Curral das Freiras, Tel. 291-712177, tgl. bis 20 Uhr (Winter bis 19 Uhr), Mahlzeit um 10 €. Das familiär geführte Restaurant am Hauptplatz ist für seine Maronenspezialitäten berühmt. Neben Maronenkuchen und -likör werden auch Köstlichkeiten aus Bananen, Kokosnuss und Madeirawein gebacken.

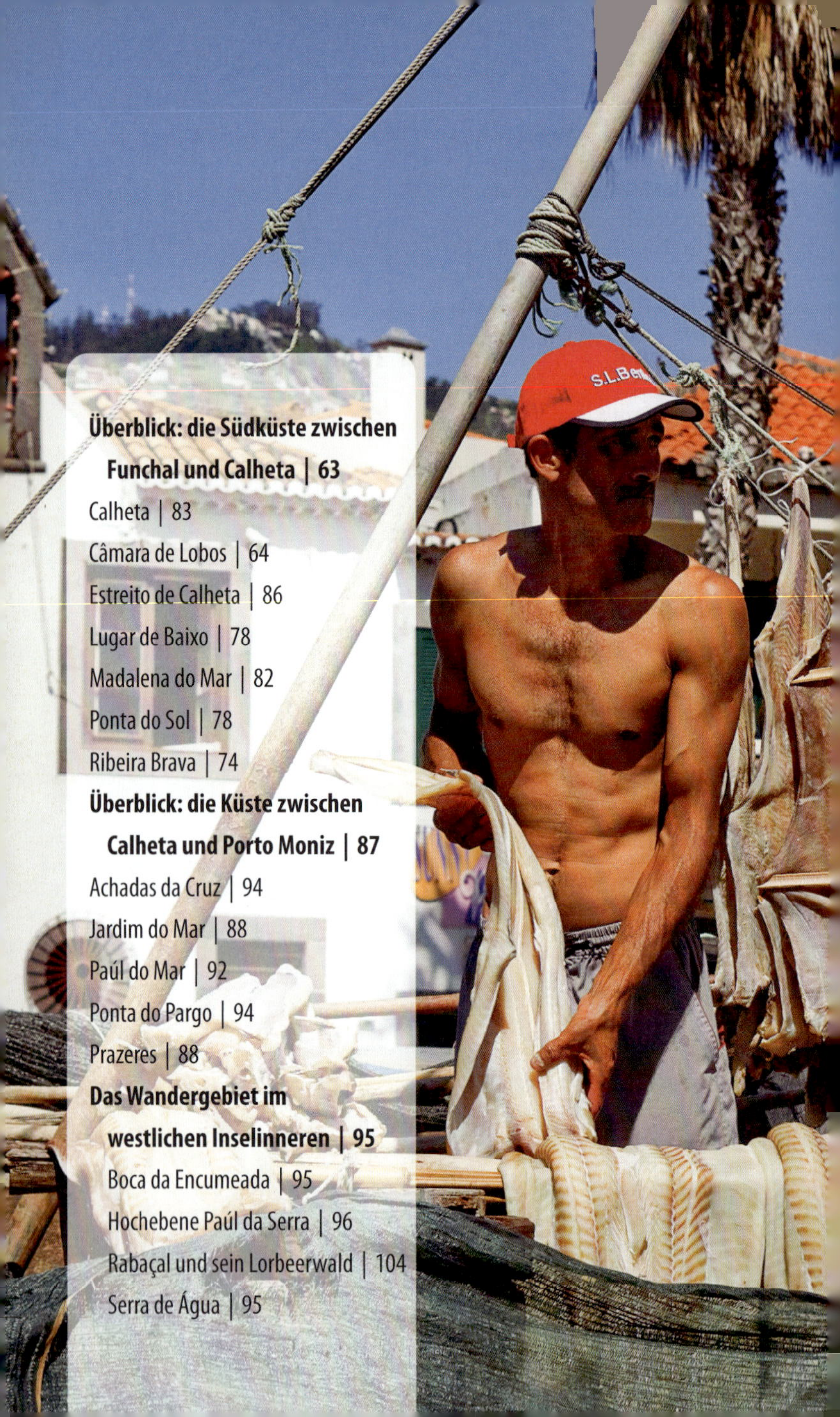

2 Der Südwesten

Ländliche Städtchen zwischen Bananen und Zuckerrohr, herrschaftliche Quintas und schicke Hotels im Hinterland, ein verzweigtes Netz von Levadawegen für Aktive und Strände von Kies bis Sand für Sonnenanbeter.

< Câmara de Lobos: Katzenhaie werden zum Trocknen aufgehängt

DER SÜDWESTEN:

HISTORISCHE STÄDTCHEN UND EIN LEUCHTTURM

Entlang der Küste zwischen Câmara de Lobos und der Westspitze Madeiras beim Leuchtturm Ponta do Pargo wechseln sich Steilhänge mit tief ins Inselinnere greifenden Tälern ab. Überall, wo ein einigermaßen flaches Stück Land eine Siedlung erlaubt, haben Madeiras Entdecker Häfen und Orte gegründet, die heute weit über ihre historischen Stadtkerne hinaus die Hänge hinaufgewachsen sind. Bananenpflanzungen und üppige Blütenpracht verraten, wie fruchtbar der Boden hier ist. Den Reisenden erwarten malerische Städtchen, moderne Badeanlagen, eine ländliche, pikante Küche, romantische Quintas und zahllose Wanderwege entlang der Küste und hinauf auf die Hochebene Paúl da Serra.

NICHT VERPASSEN!

- **Câmara de Lobos** mit seiner Hafenwerft, in der heute noch Schiffe gebaut werden | 64
- **Cabo Girão,** eine der höchsten Klippen Europas, mit einem spektakulären Skywalk | 72
- **Calheta** mit einer historischen Zuckerrohrschnapsbrennerei, einer wunderbaren Mujedar-Decke in der Pfarrkirche und dem postmodernen Kunstzentrum Casa das Mudas | 83
- **Calheta Beach,** der künstlich aufgeschüttete Sandstrand erlaubt unbeschwerte Badefreuden | 85
- **Jardim do Mar,** einer der beliebtesten Surfspots der Insel | 88
- **Paúl da Serra,** Hochebene mit Schottlandflair und Inseln üppiger Vegetation z. B. um Rabaçal | 96

Diese Tipps erkennt man an der gelben Hinterlegung.

Überblick: die Südküste zwischen Funchal und Calheta

Madeiras Südküste zwischen Funchal und Calheta ist geprägt von steil aus dem Meer emporstrebenden Bergen und zumeist schmalen, tiefen Buchten. Diese bildeten sich überall dort, wo die von den Bergen und der Hochebene Paúl da Serra herabfließenden *ribeiras* ins Meer münden und durch ihre Erosionsarbeit Täler ins Gebirge fraßen.

Bereits die ersten Siedler gründeten Orte entlang der Südküste und nutzten die Berghänge landwirtschaftlich, und noch heute ist dieser Teil Madeiras nach Funchal die **am dichtesten besiedelte Region.**

Die am Meer liegenden Orte Ribeira Brava, Ponta do Sol, Madalena do Mar und Calheta verbindet eine gut ausgebaute Schnellstraße, die die Bergbarrieren zwischen den Tälern durch Tunnel passiert. Benutzt man die alte Küstenstraße ER222/ER229 geht es wie auf einer Achterbahn in engen Kehren immer wieder **steil bergauf** bis auf 400 m Höhe und **wieder bergab.** Für einige Strecken zwischen den Siedlungen, die stellenweise nur wenige Kilometer Luftlinie voneinander entfernt sind, benötigt man ein Vielfaches der Fahrzeit auf der Küstenstraße.

Bananen und Wein bilden das landwirtschaftliche Standbein der Region, doch bezeugen die an der Strecke liegenden Zuckerfabriken – heute fast alle Ruinen – dass die Südküste ein bedeutendes Zuckeranbaugebiet war. Der Fischfang spielt vor allem in Câmara de Lobos eine wichtige Rolle.

Klimatisch ähnelt die Südwestküste der Bucht von Funchal: Das Wetter ist beständiger als im Norden, doch ziehen häufig ab Mittag Wolkenbänke von den Bergen die Hänge hinab.

Touristisch ist die Südküste als Ausflugsziel für **Tagestouren von Funchal** aus erschlossen. Dementsprechend gibt es viele Restaurants und Cafés, doch nur wenige Unterkunftsmöglichkeiten. Eine Ausnahme bilden Ribeira Brava, Ponta do Sol und Prazeres. Letzteres eignet sich hervorragend als Ausgangspunkt für Wanderungen im Westteil der Insel.

Wer baden möchte, findet in fast jedem Ort einen kleinen **Kieselstrand,** die Steine sind allerdings ziemlich groß und erschweren den Weg ins Wasser. Bei unruhiger See ist es gefährlich, sich den gegeneinander schlagenden und reibenden Wackersteinen auszusetzen. Dann badet man besser in den inzwischen überall vorhandenen Meeresschwimmbädern.

103ma sk

Câmara de Lobos

Der 15.000-Seelen-Ort 15 Kilometer westlich von Funchal gilt als **das Fischerdorf Madeiras** und gehört zum Standardprogramm aller Ausflugstouren von der Inselhauptstadt aus.

Man erreicht Câmara de Lobos auf der Autobahn innerhalb weniger Minuten. Von der Ausfahrt geht es bergab zur Hauptkreuzung oberhalb des grob in drei Stadtviertel unterteilten Ortes: In

westlicher Richtung dehnt sich das eigentliche Stadtzentrum um den runden Largo da Republica aus, geradeaus führt die Straße in das Fischerviertel Ilhéu, das auf einem Felsensporn über dem Hafen liegt, östlich schließt sich ein modernerer Stadtteil mit Geschäften und Cafés an. Parkmöglichkeiten gibt es auf dem öffentlichen, von Mauern umschlossenen Parkplatz am Rand des Fischerviertels an der Rua da Cacarreira.

Câmara de Lobos ist eine der **ältesten Siedlungen Madeiras.** Hier trafen *Zarcos* Leute auf Mönchsrobben *(lobos)*, die es zur Zeit der Entdeckung Madeiras noch zahlreich gab und denen der Ort seinen Namen verdankt. Nachdem die Wälder um Funchal gerodet waren, zogen die Inselentdecker weiter nach Osten in die größere Bucht von Funchal. Relikt der ersten Ansiedlung ist eine von *Zarco* gegründete Kapelle unweit des Hafens.

Berühmt wurde Câmara de Lobos durch einen Prominenten: Der englische

Am alten Fischerhafen von Câmara de Lobos

Premierminister *Winston Churchill* kam im Winter 1950 hierher, um den **idyllischen Hafen** zu malen, und wurde dabei von dem Fotografen *Perestrello* abgelichtet. Die Aufnahme zeigt *Churchill* unter einem Sonnenschirm in einen warmen Mantel gehüllt vor seiner Staffelei, mit der charakteristischen Zigarre im Mund. Das Bild gehört zu den berühmtesten historischen Fotografien des Museu Vicentes in Funchal.

Câmara de Lobos profitierte touristisch von diesem prominenten Besuch – jeder möchte die berühmte Malerperspektive mit eigenen Augen begutachten. Wirtschaftlich aber hat es dem Ort wenig gebracht. Er gilt als **Armenhaus Madeiras,** denn der Fischfang, traditionell die wichtigste Erwerbsquelle der Menschen hier, bringt immer schlechtere Erträge. In keinem anderen Ort Madeiras tritt das sonst eher unsichtbare **Elend der unteren Bevölkerungsschichten** so deutlich zu Tage wie in Câmara de Lobos: Hier haben die Familien überdurchschnittlich viele Kinder, die Analphabetenrate ist höher, ebenso die Zahl der Arbeitslosen.

Sehenswertes

Rund um den Fischerhafen

Erstes und malerischstes Ziel in Câmara de Lobos ist sicherlich der Fischerhafen, den im Osten die Felszunge mit dem Viertel Ilhéu begrenzt. Durch schmale Gassen geht es von der Rua Nunez Pereira, der Haupteinfallstraße, am Dorfbrunnen vorbei bergab in einem Bogen nach links. Schon nach wenigen Schritten steht linker Hand die Kapelle **Nossa Senhora de Conceiçao,** deren Bau 1420 angeblich von *Zarco* in Auftrag gegeben wurde. So nah am Meer war das Kirchlein mehrmals dem zerstörerischen Werk der Naturgewalten ausgeliefert und wurde deshalb immer wieder renoviert. Im Inneren ist es heute barock gestaltet, der Glockenturm stammt dagegen noch aus der Gründungszeit. Die Wandmalereien zeigen das Leben und Wirken des Schutzpatrons der Fischer, des heiligen *Telmo.*

Traditioneller Bootsbau

Nun biegt man um die Ecke und steht an der **Hafenmole** der schmalen, tief eingeschnittenen Bucht von Câmara de Lobos. Wie bunte Farbkleckse liegen die blau und rot gestrichenen Holzboote der Fischer kieloben auf dem dunklen Kiesstrand. Wie Wimpel trocknet der Stockfisch an langen Leinen und in den Takelagen der Schiffe. Fast immer sitzen hier einige Seeleute herum, um beim Domino- oder Kartenspiel den Tag zu vertrödeln, denn gefischt wird nachts. Von den Felswänden beiderseits der Bucht hallt das Hämmern der Werftarbeiter wider: In Câmara de Lobos werden nach traditionellem Vorbild die **Boote noch aus Holz gebaut.** Urtümlichen Gerippen gleich liegen die unverschalten Konstruktionen zwischen den schlanken Pal-

[>] An der Hafenwerft von Câmara de Lobos

052ma sk

Hart und wenig ergiebig – Fischerei in Madeiras Gewässern

Anfang des 21. Jahrhunderts verzeichnete die madeirensische Statistik ein jährliches Gesamtvolumen von knapp 14.000 Tonnen gefangener Fische. 553 Boote wurden aufgelistet, davon nur 165 mit Motorkraft. 1407 Fischer waren offiziell registriert, das sind nur knapp 0,6 Prozent der etwa 250.000 Madeirenser – eine erstaunliche Tatsache für eine Insel.

Betrachtet man die Entwicklung der letzten 20 Jahre, ist die Zahl der Fischer stetig gesunken; 1976 waren es immerhin noch knapp zweitausend. Hinter den trockenen Zahlen verbergen sich extrem harte Arbeitsbedingungen und finanzielle Not, nur die wenigsten Fischer können sich eine moderne, effektive Ausrüstung leisten. Dies soll sich nun durch einen von der EU bezuschussten Ausbau der madeirensischen Fangflotte ändern.

Ein Grundproblem des Fischfangs liegt in der Oberflächengestalt Madeiras. So steil und schroff die Insel mit über 1800 Metern über den Meeresspiegel herausragt, so tief setzt sich ihr unterseeischer Teil bis in 4000 Meter Meerestiefe fort. Folglich gibt es kaum flache Küstengewässer, in denen sich die üblichen Fischschwärme wie Sardinen aufhalten. Zudem ist das Meer sehr nährstoffarm, sodass große Schwärme hier keine Nahrung finden. Deshalb und wegen der schroffgezackten Felsenküste in Inselnähe können Madeiras Fischer kaum mit Netzen arbeiten. Sie fangen den Fisch mit Angelleinen – und gemessen an dieser doch sehr uneffektiven Methode erscheinen die Mengen, die aus dem Meer geholt werden, immens.

Der *espada,* der **schwarze Degenfisch,** wird mit mehrere hundert Meter langen Leinen, an denen bis zu 150 Angelhaken befestigt sind, aus seinem tiefen Lebensraum gelockt. Jährlich werden 3500 Tonnen dieses Fisches an Land gezogen.

Den Hauptanteil bildet **Thunfisch** *(atum)* mit knapp 9000 Tonnen, auch er wird mit Angeln aus dem Wasser geholt. Dazu werden die Schwärme durch ins Wasser geworfene Köderfische angelockt und so lange gereizt, bis sie hysterisch nach allem schnappen, was sich bewegt. Nun werfen die Fischer die Angeln aus und ziehen Fisch für Fisch ins Boot.

men, während die Schiffsbauer auf ihnen herumklettern, sägen, hämmern und feilen. Das Knowhow der Werftarbeiter von Câmara de Lobos ist weit über Madeira hinaus berühmt. Hier wurde ein originalgetreuer Nachbau des Kolumbus-Schiffes Santa Maria gebaut, eine der schönsten Attraktionen der Expo 1998 in Lissabon. Heute versieht die Santa Maria ihren Dienst als Ausflugsschiff entlang der Südküste Madeiras.

Aussichtspunkt

Eine Treppe führt von der Hafenbucht hinauf zu jener berühmten Stelle, an der *Winston Churchill* malte. Eine Gedenktafel erinnert an den Politiker. Mehrere Restaurants und Cafés, alle mit „Churchill“ im Namen, verwöhnen ihre Gäste an diesem historischen Platz mit hübschem **Hafenpanorama** und köstlichem frischen Fisch.

Am Largo de Republica

Eine moderne Uferpromenade führt vom Hafen zum großen, lebhaften Largo da Republica und umrumdet dabei das Felskliff, auf dem Câmaras Altstadt thront. Vom Republica-Platz geht's die Stufen hinunter an den öffentlichen Kiesstrand Praia do Vigário an der Mündung einer schmalen *ribeira.* An einer Seite wird der Platz von der großen **Pfarrkirche São Sebastião** begrenzt, die auf Anordnung *Heinrichs des Seefahrers* 1426 erbaut, etwa hundert Jahre später aber abgerissen und wieder neu errichtet wurde. Im Inneren beherrscht – wie fast überall in Madeira – der Barockstil den Chor und die Seitenkapellen; einige schöne, ebenfalls barocke *azulejos* sind in den Seitenschiffen zu sehen. Von außen wirkt die Kirche schmucklos und schlicht.

Ein Stück die Straße bergan sieht man den futuristischen **Weinkeller von Henriques & Henriques,** einem der größten Produzenten und Exporteure von Madeira-Wein. Die Kellerei kann nach Voranmeldung von Gruppen besichtigt werden (s. u.).

Praktische Tipps

Anfahrt mit dem Bus

- Das **öffentliche Busnetz** zeichnet sich durch schnelle und häufige Verbindungen aus. Von Funchal fahren die Linien 1, 4, 6 und 7 nach Câmara de Lobos.

Schiffbauer bei der Arbeit

Taxi

Largo do 28 Maio, Tel. 291-942407.

Unterkunft

Hotel Orca Praia*,** Estrada Monumental 335, zwischen Funchal und Câmara de Lobos, Tel. 291-707070, Fax 763311, www.orcapraia.com, DZ ab 120 €. Das Mittelklassehotel klebt regelrecht am steilen Küstenfels und ist vom Straßenniveau hinunter ans Meer gebaut – daher von allen Zimmern beste Fernsicht. Dazu eine nette Poolanlage und ein Kiesstrand.

Essen und Trinken

Praia do Vigàrio, Praça da Autonomia, Tel. 291-626489, Menü um 30 €, Lunch 12 €. Mit Aussichtsterrasse über dem gleichnamigen Strand und Blick aufs Cabo Girão speist man hier gut und nicht allzu teuer vor allem frischen Fisch.

Coral, Largo da Republica, Tel. 291-941451, Menü 15–20 €. Modernes Café-Restaurant mit großer Auswahl an Fischgerichten. Besonders toll ist der Blick vom Gastraum im ersten Stock auf die Klippe des Cabo Girão.

Espada Preta, Complexo B Salinas, Tel. 291-942240, Menü 20–25 €. Modernes Gebäude über dem Schwimmbad mit viel Glasfläche und minimalistischer, eleganter Einrichtung. Hier ist Fisch angesagt, aber Entenbrust gibt's auch.

Vila do Peixe, Rua Doutor J.A. de Freitas, Tel. 291-099909, Menü 35–50 €. Das hochgelobte Fischrestaurant ist nicht billig, bietet dafür aber sehr gute Qualität.

Shopping

Henriques & Henriques, Sítio de Belem, Tel. 291-941551. Der moderne Weinkeller wirkt sicherlich nicht so charmant wie die alten Gewölbe der Wine Lodge in Funchal, der Wein kann sich aber durchaus mit dem der Konkurrenz messen! Besichtigung nach Voranmeldung für Gruppen, danach Verkostung der Weine.

Markt

Für einen Besuch von Câmaras Fischmarkt am Hafen heißt es früh aufstehen. Er beginnt um 7 Uhr und dauert selten länger als eine Stunde!

Nachtleben

Numéro Dois, Largo da Poço 1, Tel. 291-930276. Beliebte Disco-Bar im Ortszentrum.

Estreito da Câmara de Lobos

Die Schwesternsiedlung Estreito da Câmara de Lobos liegt nördlich der Autobahn in 400 Metern Höhe am Hang über dem Ort inmitten von Bananen- und Weinpflanzungen. Man erreicht ihn von Câmara de Lobos den Hinweisschildern zur Autobahn folgend, dann weiter auf der ER 229 bergauf bis zur Abzweigung in Richtung Estreito (ca. 5 km).

▷ Auf dem Sonntagsmarkt in Estreito

055ma sk

Auch Estreito besitzt ein postmodernes **Centro Civico,** das in Panoramalage mit seiner kühlen Architektur der Kirche gegenüber Konkurrenz macht. Im Civic Garden Café kann man Kaffee trinken und die Aussicht genießen.

Markt

Berühmt ist die Siedlung für ihren quirligen **Sonntagsmarkt,** der vormittags in den Markthallen und beiderseits der bergan führenden Hauptstraße abgehalten wird. Bauern bringen ihre Ernte mit kleinen Lastautos nach Estreito, und Fischer bieten ihren frischen Tagesfang feil. Zu den Käufern gesellen sich mindestens ebenso viele Müßiggänger, die das Angebot bestaunen, Freunde treffen oder die Gelegenheit nutzen, der Sonntagsmesse in der alten, mit manuelinischen Steinmetzarbeiten dekorierten Kirche beizuwohnen.

Weinfest

Im madeirensischen Zyklus der Heiligen- und Erntedankfeste hat sich das Weinfest von Estreito einen besonderen Namen gemacht. Es wird Ende September mit Weinproben und allerlei Gegrilltem gefeiert. Besucher können beim Traubenstampfen mitmachen, Folkloretänze bewundern und die **köstlichen**

Tropfen goutieren, die an jeder Straßenecke ausgeschenkt werden. Vor allem die *espetada,* ein über Holzkohle gegrillter Rindfleischspieß, soll in Estreito besonders gut schmecken. Mehrere Restaurants führen ihn das ganze Jahr über auf der Speisekarte.

Pico da Torre

Den **Aussichtsberg** mit einem herrlichen Panorama über Câmara de Lobos und das Cabo Girão erreicht man auf dem Weg in Richtung Estreito über eine ausgeschilderte Abzweigung.

Anfahrt mit dem Bus

- Zahlreiche Busse nach Westen halten in Estreito: Linien 4, 6, 80, 107, 139, 142 und 148.

Unterkunft

- **Quinta do Estreito****,** Rua José Joaquim da Costa, Estreito de Câmara de Lobos, Tel. 291-910530, Fax 910549, www.quintadoestreitomadeira.com, DZ um 100 €. Kern der Anlage ist ein altes Herrenhaus, ergänzt durch den modernen Gästetrakt. Herrlicher Panoramablick über die Küste, schöner Garten, Pool.
- **Vila Afonso,** Estrada João Gonçalves Zarco, 574 B, Tel. 291-911510, www.vilaafonso.com, DZ ab 65 €. Ein altes Herrenhaus mit modernem Anbau und wunderbarem Blick über Câmara de Lobos.

Essen und Trinken

- **As Vides,** Rua Achada 17, Tel. 291-945322, Menü 20–25 €. Angeblich Madeiras ältestes Espetada-Restaurant. Die Spieße mit Knoblauchbrot schmecken hier äußerst delikat.
- **Santo António,** Qt. St. Antão, unterhalb der Kirche, Tel. 291-910360, Menü um 22 €. Viele Funchalesen behaupten, hier würden die besten *espetadas* der ganzen Südküste zubereitet. Übrigens gibt es hier auch hervorragenden *bacalhau* (Stockfisch).

Cabo Girão

Am Cabo Girão („Wendekap") ragt eine der höchsten Klippen Europas knapp 600 Meter fast senkrecht aus dem Meer. Man erreicht sie über die ER 229 oder die Autobahn in Richtung Ribeira Brava. Im Ort Quinta Grande zweigt eine ausgeschilderte Stichstraße bergauf durch Eukalyptuswald zum Cabo Girão ab. Leider macht Madeiras Bauboom auch vor diesem hübschen Fleckchen nicht Halt. Gleich neben dem Aussichtspunkt erwartet die britische Time-Sharing-Anlage *Encosta Cabo Girão* gut verdienende Feriengäste. Und seit Ende 2012 „bereichert" ein futuristischer **Skywalk** dieses früher so idyllische Stück Steilküste.

Tipp: Die beste „Fotozeit" am Cabo Girão ist der späte Nachmittag, wenn die schräg stehende Sonne silbrige Bahnen auf das Wasser zaubert.

Skywalk

Der gläserne Boden des neuen Skywalk erlaubt einen Blick in die **Schwindel erregende Tiefe.** Was neben der imposanten Höhe der Klippe wohl jeden überrascht, ist die Tatsache, dass beiderseits des Kaps winzige terrassierte Felder bis an den Meeressaum reichen. Wie die Bauern früher ihre Felder per Boot oder angeseilt von der Spitze der Klippe aus erreichten – darüber kann man beim Blick in die tiefblaue See nachdenken. Heute geht's bequem vom nahen Rancho per Seilbahn bergab. Und so absurd diese winzige Anbaufläche auch erscheinen mag, belegt sie doch deutlich, wie wertvoll noch das kleinste Stückchen urbares Land auf Madeira ist, auch wenn der Aufwand, es zu bearbeiten, in unseren Augen in keinem Verhältnis zum Ertrag stehen kann.

Fotoausstellung

In einem kleinen **Besucherpavillon mit Café** kann man Getränke kaufen und eine repräsentative Ausstellung von historischen Fotografien besichtigen. Neben Fotos von prominenten Inselgästen sieht man auch Aufnahmen von der Ankunft eines Passagierdampfers der Union Castle Company in den 1930er Jahren und des Wasserflugzeugs „Hampshire" in den 1950er Jahren. Bis zur Eröffnung des Flughafens auf Porto Santo erfolgte mittels dieses Wasserflugzeugs der Linienverkehr zwischen Madeira, Portugal und England.

■ **Besucherpavillon,** geöffnet je nach Besucheraufkommen.

Essen und Trinken

■ **Restaurant Miradouro da Caldeira,** Estrada João Gonçalves Zarco 65, Tel. 291-943349, Menü um 25 €. Am Abzweig der Stichstraße zum Cabo Girão ist das Restaurant selbst ein Aussichtspunkt mit viel Glas und einer Terrasse, auf der Karte stehen die üblichen Verdächtigen.

Kirche Santa Fátima

Etwa 500 Meter weiter die Straße bergauf steht die moderne Kirche Santa Fátima, ein nicht gerade ansprechender Betonbau mit offenem Glockenturm aus dem Jahr 1931. Im Inneren des schlichten, mit dunklem Marmor verkleideten Kirchenschiffs befindet sich die Statue der Muttergottes von Fátima, die in Madeira ebenso wie in Portugal hoch verehrt wird. Ihr Festtag ist der 13. Mai, an dem sie mit andächtigen Prozessionen gefeiert wird.

Seilbahn Rancho

Rancho liegt auf halbem Weg zwischen Câmara des Lobos und Cabo Girão Girão (Anfahrt durch die unterhalb des Cabo Girão liegende Ferienanlage mitten hindurch und in Serpentinen nach unten). Hier beginnt die Seilbahn hinunter an den Fuß der Klippen, eine enorme Arbeitserleichterung für die Bauern, die dort unten ihre Felder bewirtschaften.

■ **Seilbahn Rancho,** Mo 8–9 und 17–20 Uhr, Di–Sa 8–19 Uhr, So 9–19 Uhr, 5 €.

Essen und Trinken

■ **Restaurant/Pizzeria Teleferico,** Rancho, Tel. 291-944248, Menü um 25 €, Pizza ab 6 Euro. Direkt neben der Bergstation ist das Teleferico besonders bei der Jugend beliebt, italienische Küche mit Pasta, gute Pizzen.

Fajã dos Padres

Folgt man weiter der mäandernden Küstenstraße, erreicht man kurz vor der Autobahn die Abzweigung zur Fajã dos Padres, einem **Kiesstrand mit Restaurant** und einigen restaurierten Fischerhäuschen am Fuß einer 250 m hohen Felsklippe. Ein gläserner Aufzug führt in 4 Minuten steil und spektakulär hinunter ans Meer (Mi–Mo 11–18 Uhr, 7,50 €, Jan./Febr. geschlossen). Das Restaurant serviert frische Fischgerichte, in den Häuschen kann man sich einmieten und Robinson spielen.

Essen und Trinken

- **Restaurant Fajã dos Padres,** Quinta Grande, Mi–Mo 11–18 Uhr, Tel. 291-944538, www.fajadospadres.com, Menü um 25 €. Fischküche und Snacks zum Lunch, DZ (2 Tage Mindestaufenthalt) ab 95 €/Nacht.

Anfahrt mit dem Bus

- Linie 154 fährt von Funchal über Câmara de Lobos zum Cabo Girão.

Ribeira Brava

Der 6000-Seelen-Ort am „Wilden Fluss", wie die Übersetzung von *ribeira brava* lautet, liegt 15 Kilometer westlich von Funchal und ist auf der Autobahn in wenigen Minuten zu erreichen. Hübscher, aber wesentlich zeitraubender ist die Fahrt entlang der Nationalstraße ER 229, die sich über Hügel und durch Dörfer schlängelt und die Strecke in 30 Kilometern bewältigt. Es gibt auch zahlreiche Busverbindungen zwischen Funchal und Ribeira Brava.

Gebührenpflichtige Parkplätze findet man an der Uferpromenade und in der Parkgarage.

Sehenswertes

Der Ort liegt am Taleinschnitt der gleichnamigen *ribeira,* die von mehreren aus dem Gebirge abfließenden Wasserläufen gespeist wird. Gegründet wurde Ribeira Brava angeblich von *Zarcos* Getreuen; schon bald entwickelte es sich zum wohlhabenden Mittelpunkt einer intensiv landwirtschaftlich genutzten Region. Der Reichtum zog Piraten an, denen die Menschen im 17. Jahrhundert mit dem Bau eines wirklich putzigen Festungsturms begegneten: der **Fortale-**

> Die Pfarrkirche São Bento in Ribeira Brava

za São Bento. Sie beherbergt heute das örtliche Tourismusbüro.

Zu Füßen erstreckt sich die breite, hübsch gestaltete **Uferpromenade** mit Straßencafés und der kleinen Markthalle. Eine Betonmauer begrenzt den mit Riesenkieseln übersäten Strand, der links und rechts durch hohe dunkle Felswände eingerahmt ist. Die Mitte des Strandes nimmt ein Strandbad mit Meeresschwimmbecken, Liegen und kleinem Café ein. Nach Norden ragt die mit blauweißen Kacheln verkleidete Spitze der Pfarrkirche über den niedrigen Wohnhäusern des Ortes empor. Tiefgrüne, zumeist mit Bananen bepflanzte Hänge begrenzen das Panorama. Durch die östliche Felsenbarriere führt ein kleiner Tunnel, dahinter liegt der geschützte **Fischerhafen.**

056ma sk

Entlang der Rua do Visconde

In der mit modernen *azulejos* dekorierten **Markthalle** geht es besonders in den Vormittagsstunden sehr lebhaft zu. Neben Gemüse, Obst, Fisch und Fleisch gibt es hier Souvenirs wie Korbwaren und Madeira-Wein zu kaufen.

Die Hauptstraße Rua do Visconde führt von der Uferpromenade schnurgerade nach Norden, und schon nach wenigen Schritten hat man die links liegende **Pfarrkirche São Bento** erreicht. Im Jahr 1440 wurde ihr Grundstein gelegt, später wurde sie mehrmals gründlich umgebaut. Noch heute erstrahlt sie im schönen madeirensischen Stil mit weißen Wänden und dunklen Steinmetzeinfassungen an Türen, Fenstern und Ecken. Im Inneren wird ein im 16. Jahrhundert von König *Manuel I.* der Gemeinde geschenkter, mit Weinranken geschmückter Taufstein aufbewahrt. Barocke *azulejos* zieren die Seitenwände, ältere Kacheln verkleiden den Altarraum bis zur Decke. Zu den wertvollsten Schätzen gehört die von einem flämischen Künstler im 16. Jahrhundert geschaffene **Statue der Virgem do Rosário** und ein flämisches Gemälde über dem linken Seitenaltar, auf dem die Anbetung des Christuskindes dargestellt ist.

Ein geometrisches Muster aus dunklen und hellen Flusskieseln schmückt den großzügigen Kirchenvorplatz. Gegenüber auf dem Spielplatz turnen und schaukeln Kinder unter dem wachsamen Blick ihrer Mütter.

Rathaus und Park

Zurück auf der Rua do Visconde öffnet sich wenige Schritte weiter nach Norden rechter Hand ein kleiner, üppig mit Bäumen und Büschen bepflanzter Garten. Er gehört zur **Câmara Municipal** (Rathaus), das in einem rosa gestrichenen Herrenhaus aus dem 18. Jahrhundert untergebracht ist. Sogar einen winzigen Ententeich haben die Stadtväter in ihrem Park angelegt; die hier wachsenden exotischen Pflanzen sind sorgfältig ausgezeichnet. Man kann sich im Schatten ausruhen, bevor es durch die von kleinen Läden und Restaurants gesäumte Straße weiter an den nördlichen Ortsrand zum Ethnographischen Museum geht.

Ethnografisches Museum

Das **Museu Étnográfico da Madeira** befindet sich an der Rua de São Francisco. Ursprünglich beherbergte das Gebäude eine Zuckermühle, nach Jahrzehnten des Verfalls wurde 1997 eines der sehenswertesten Museen Madeiras darin eingerichtet. Es widmet sich nicht der hohen Kunst, sondern der **Alltagskultur der Menschen.** Arbeitsgerät, Kleidung und Brauchtum sind sorgfältig dokumentiert, und in den museumseigenen Werkstätten wird madeirensisches Kunsthandwerk hergestellt und verkauft.

■ **Museu Étnográfico da Madeira,** Di–So 10–12.30 und 14–18 Uhr, Tel. 291-952598, Eintritt 2,50 € (So frei).

Moderner Stadtteil

An der Peripherie Ribeira Bravas, aber auch beiderseits der Uferpromenade, sind die Folgen des Tourismusbooms unübersehbar: **Moderne Hotelbauten und Einkaufszentren** verschandeln das sonst so einheitliche Ortsbild. Da die Stadt auch ein wichtiger Verkehrsknotenpunkt ist – von hier führt der schnellste Weg an die Nordküste –, erfreut sie sich als Zwischenstopp immer größerer Beliebtheit.

Praktische Tipps

Info

■ **Touristeninformation,** im Fort an der Uferpromenade, Tel. 291-951675.

Anfahrt mit dem Bus

■ Busse der Linien 4, 6, 7, 107, 139 fahren von Funchal aus entlang der Küste nach Ribeira Brava.

Taxi

■ Standplatz an der Uferpromenade, Tel. 291-952349.

Unterkunft

■ **Hotel do Campo****,** Sítio do Pico Banda d'Alem, Tel. 291-950270, Fax 950279, www.hoteldocampo.com, DZ 115 €. Modernes Haus über Ribeira Brava mit Panoramablick, Pool, Fitnessraum und Sauna.

■ **Quinta do Cabouco,** Caminho do Cabouco, Tel. 918-696996, www.quintadocabouco.com, DZ um 70 €. Das alte, komfortable Herrenhaus steht am Hang hoch über Ribeira Brava und ist von einem öko-zertifizierten Ost- und Gemüsegarten umgeben.

■ **Brava Mar***,** Vila, Tel. 291-952220, Fax 951122, DZ 50 €. Das moderne Haus an der Promenade verschönert nicht unbedingt das Stadtbild. Innen ist es aber mit gutem Komfort ausgestattet und besitzt eine hübsche Dachterrasse mit kleinem Pool.

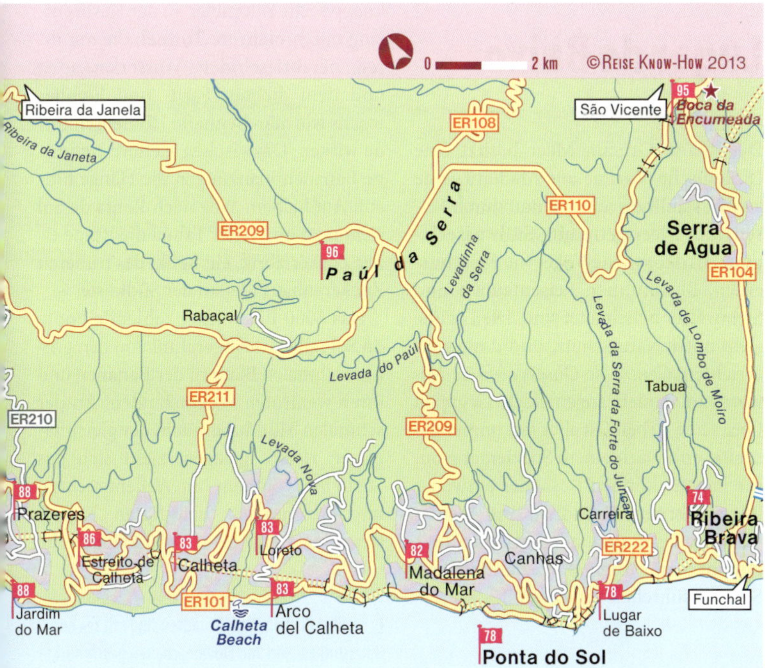

Essen und Trinken

■ **Ponte Vermelha,** Ponte Vermelha, Tel. 291-952298, Menü um 15 €. Madeira-Spezialitäten mit Fisch und Fleisch vom Holzkohlegrill und internationale Küche an der Brücke über die Ribeira Brava (am Ortsende Richtung Funchal beim Hospital).

■ **O'Patio,** Rua S. Bento, Tel. 291-952296, Menü um 15 €. Das Lokal mit urigen Holzbänken und schattigem Innenhof ist berühmt für den *bacalhau* vom Grill und seinen Besitzer, einen Ex-Rallye-Fahrer Fahrer (an der Bushaltestelle, etwas abgesenkt und deshalb leicht zu übersehen).

■ **O Muralha,** Estrada Regional 220, Tel. 291-952592, Menü um 25 €. Kräftige Farben geben in dem modernen Restaurant oberhalb des Schwimmbads den Ton an. Die madeirensische Küche schmeckt sehr gut.

Lugar de Baixo

Der kleine Ort am Meer besitzt eine ökologische Rarität auf Madeira, eine kleine, schilfbewachsene und durch Felsen vom Meer getrennte **Süßwasserlagune,** in der seltene Vögel wie Moschusenten, Blesshühner, Felsentauben und Steinwälzer beheimatet sind. Die Lagune steht unter Naturschutz, und das eigens errichtete *Centro de Observacão de Natureza* informiert angemeldete Gruppen über seine Arbeit (ist aber fast immer geschlossen). Nach einem Spaziergang um die Lagune können Besucher entweder im modernen Strandbad ins Wasser hüpfen oder in dem hoch gelobten Restaurant *Santo Antonio* Spezialitäten wie Schweinsöhrchen verkosten.

Essen und Trinken

■ **Dom Petisco,** Lugar de Baixo, Tel. 291-972977, Menü 15–25 €. Einfache, aber gut zubereitete Gerichte, frischer Fisch und sehr zuvorkommender Service.

■ **Lareira Portuguesa,** Marisqueira 3, Tel. 291-973414, Menü um 30 €. Das ehemalige „San Antonio" hat unter neuem Namen nichts von seiner hervorragenden Qualität verloren. Sehr empfehlenswert.

Ponta do Sol

Von Ribeira Brava zum nächsten Küstenort Ponta do Sol verläuft die Straße knapp sechs Kilometer an der Küste entlang durch **mehrere Tunnel,** die mit ihren herabrieselnden Wasserkaskaden und dem dichten Farn- und Efeubewuchs wie märchenhafte Höhlenschlünde wirken. Dazwischen klettern tiefgrüne Bananenpflanzungen die Hänge hinauf. Auf halbem Weg nach Ponta de Sol sieht man im Weiler **Tábua** die Ruine einer Zuckerfabrik, ein Relikt des früheren Zuckeranbaus hier an der Südküste.

Das 5000 Einwohner zählende Ponta do Sol selbst ist eingerahmt von den großen, schmalen Blättern der Bananen und ihren weinroten Fruchtständen. An der schmalen Mündungsbucht der gleichnamigen *ribeira* gelegen, zieht sich das Städtchen von dem mit Wellenbrechern und Betonmauer befestigten Kieselstrand die Berge bis auf 400 Meter Höhe

▷ Selbst Kirchen in Kleinstädten sind mit reichen Holzschnitzereien und Einlegearbeiten geschmückt

zu den Ortsteilen Lombada und Lombo de São João hinauf.

An der Uferpromenade

Die wenigsten trauen sich hier richtig ins Meer, denn Wackersteine und starke Strömungen sorgen für schwierige Badebedingungen. Im Freibad an der Marina sorgen jedoch Meeresschwimmbecken für Badespaß. Trotz der eher mageren Schwimmmöglichkeiten besitzt Ponta do Sol gleich mehrere Hotels, darunter ein Design-Hotel. Zudem wurde fast die gesamte die Promenade säumende Häuserzeile in ein Luxushotel verwandelt.

Nossa Senhora de la Luz

Hinter dieser Hotelfront erhebt sich die Kirche Nossa Senhora de la Luz, deren pyramidenförmige Spitze eine Armillarsphäre schmückt. Im Inneren des im 15. Jahrhundert errichteten Gotteshauses kann man ein mit eigenwilligem Noppenmuster versehenes grünes Taufbecken bewundern, das König *Manuel I.* der Gemeinde schenkte. Die Mudejar-Decke wurde in späteren Jahrhunderten leider mit Mariendarstellungen übermalt. Flämische Tafelbilder und die Grabkapelle des Kirchengründers *Rodrigues Eanes* sind Überreste der ursprünglichen Kirche, die im 18. Jahrhundert

058ma sk

057ma sk

gründlich renoviert und dabei barockisiert wurde.

Dos-Passos-Haus

Neben der Kirche gibt es in Ponta do Sol noch eine weitere historische Sehenswürdigkeit: das **Wohnhaus der Familie Dos Passos.** Die Familie, die im 19. Jahrhundert aus Madeira auswanderte, brachte mit *John dos Passos* (1896–1970) einen der berühmtesten amerikanischen Schriftsteller hervor. Sein erfolgreichster Roman wurde „Manhattan Transfer".

John dos Passos kam 1960 zu einem Kurzbesuch nach Madeira und nach Ponta do Sol. Sein Eindruck von der Insel war eher ernüchternd, und er empfand weniger die Schönheit als das beengende Gefühl, auf Madeira in einer „Zwangsjacke" gefangen zu sein, wie er es acht Jahre später beschrieb.

Neben dem Wohnhaus zeigt das moderne **Centro Cultural John dos Passos** Ausstellungen zum Werk des Autors (Mo–Fr 9–17.30 Uhr, Tel. 291-974034).

Lombada

Von der Uferpromenade kann man am westlichen Hang entlang der Ribeira da Ponta in Richtung Funchal und dann in den Ortsteil Lombada hinauffahren, wo man schon von weitem die rosa gestrichene Fassade eines großen Herrenhauses über den Feldern erkennt. Hier lag eine der größten Zuckerrohrplantagen Madeiras, deren Besitzer *João Esmeraldo* mit *Kolumbus* bekannt gewesen sein soll. Die **Quinta der Esmeraldos** wird heute als Schule genutzt und kann leider nicht besichtigt werden.

Ihr gegenüber erhebt sich die im 18. Jahrhundert erbaute **Capela do Espiritu Santo,** die Heilig-Geist-Kapelle mit der Familiengruft der Großgrundbesitzer. Wie die *quinta* ist auch die Kapelle Besuchern (fast immer) versperrt, aber man kann sich mit dem schönen Blick über die Bucht von Ponta do Sol und ihrem grünen Bananen-Meer trösten.

◁ Schlichte Architektur: Nossa Senhora de la Luz

Anfahrt mit dem Bus

■ Busse der Linie 4 fahren ab Funchal entlang der Küste über Ponta do Sol nach Madalena do Mar.

Taxi

■ **Taxistandplatz** an der Uferpromenade, Tel. 291-972110.

Unterkunft

■ **Estalagem Ponta do Sol/Quinta da Rochinha****,** Tel. 291-970200, Fax 970209, www.pontadosol.com, DZ 100–120 €. Das modern eingerichtete Haus auf einem Felsen über Ponta do Sol ist Mitglied der „Design Hotels" und wegen seines einzigartigen Preis-Leistungsverhältnisses sowie der entspannten Atmosphäre einer der angesagten Plätze auf der Insel. Großer Infinity-Pool! Wer will, kann die ganze Nacht im Spa verbringen und vom Jacuzzi das atemberaubende Panorama genießen. Die Küche vereint einheimische Traditionen mit asiatischen Einflüssen – leicht, gut, exzellent, natürlich. Am Wochenende kommen sogar Einheimische aus Funchal zum Relaxen.

■ **Enotel Baia do Sol****,** Rua Dr. J. A. Teixeira, Tel. 291-970140, Fax 970149, www.enotel.com, DZ ab 110 €. Das Hotel residiert in den einstmals maroden Häusern an der Uferpromenade und erfreut durch zurückhaltende Eleganz, einen Indoor-Pool, eine Sonnenterrasse und die Tatsache, dass der Kiesstrand gleich auf der anderen Straßenseite liegt.

■ **Quinta do Alto de São João****,** Tel. 291-974188, Fax 974187, www.madeiramanorhotel.com, DZ ab 50 €. Klassische, komfortable Quinta mit wunderschöner Terrasse und altem Garten; herrlicher Panoramablick.

■ **Da Vila**,** Rua Dr João Augusto Teixeira, Tel. 291-973356, Fax 970209, www.pontadosol.com, DZ ab 60 €. Wer glaubt, dass ein Design-Hotel direkt am Strand teuer sein muss, liegt falsch. Bis ins kleinste Detail perfekt und edel gestylt, wo man hinblickt eine Augenweide. Was für die früheren Bewohner des Gebäudes nicht galt: Es war einst das Stadtgefängnis.

Essen und Trinken

■ **Sol Poente,** Cais, Tel. 291-973579, Menü um 20 €, Mo geschlossen. Auf einem Plateau über dem Kiesstrand mit herrlichem Blick. Spezialitäten sind *espadas, bacalhau, gambas* und *lapas*. Dazu gibt es köstliches *milho frito* (Maispolenta).

■ **Klick,** Estrada dos Combatentes 81, Menü um 17 €. Das Restaurant liegt oberhalb von Ponta do Sol mit schönem Blick über den Ort. Die Küche serviert traditionelle Rezepte etwas verschlankt und verjüngt.

Festivals

Im **Dezember** findet bei Calheta und Ponta do Sol alljährlich das **Festival für digitale Musik und Kunst** statt, eine der avantgardistischsten Veranstaltungen der Insel und Treffpunkt zahlreicher Klangkünstler (www.madeiradig.net).

Madalena do Mar

Sechs Kilometer am Meer entlang und mehrere Tunnel weiter erreicht man das Dorf Madalena do Mar, das vom Strand aus die Hänge „emporgewachsen" ist. So exponiert, wie sich Madalena an einer geradezu großen, weiten Bucht zum Meer hin öffnet – die Betonmauer stammt erst aus jüngerer Zeit – ist es kein Wunder, dass es immer wieder von Flutkatastrophen heimgesucht wurde. Wohlweislich haben die ersten Siedler ihre **Pfarrkirche Santa Maria Madalena do Mar** etwas weiter oben auf einer mit Palmen bestandenen Plattform errichtet. 1471 wurde ihr Grundstein gelegt, im Inneren wurde sie nachträglich barockisiert und mit besonders schönen *azulejo*-Bildern geschmückt, die Szenen der biblischen Geschichte erzählen.

Anfahrt mit dem Bus

■ Busse der Linie 4 fahren ab Funchal entlang der Küste nach Madalena do Mar.

Essen und Trinken

■ **A Poita,** Sítio dos Lombos, Tel. 291-972871, Menü um 22 €. Bei João Poita stehen Fischspezialitäten und *lapas* auf der Speisekarte, eine der Dauerbrenner-Adressen.

■ **A Taberna,** am Strand, Tel. 967-573690. Angesagte Strandkneipe – hier gibt es angeblich die besten *Ponchas* der Insel sowie Karaoke bis zum Abwinken.

Rätsel um ein geheimnisvolles Paar

Um Madalena do Mar rankt sich eine rätselhafte Geschichte, in der ein polnischer König die Hauptrolle spielt. *König Wladislaw III.*, der in der Schlacht von Warna 1444 gegen die Türken den Tod fand – so will es jedenfalls die offizielle Geschichtsschreibung –, sei gar nicht gestorben, sondern nach dieser für das christliche Europa so katastrophalen Niederlage gegen die Osmanen zusammen mit seiner Gattin auf Schleichwegen nach Madeira ins Exil gegangen. Hier habe er von *João Gonçalvez Zarco* Ländereien um Madalena do Mar zugesprochen bekommen. Unter dem Namen *Henrique Alemano* („Heinrich der Deutsche") habe der König inkognito auf der Insel gelebt und sei später bei einem Bootsunfall unterhalb des Cabo Girão getötet worden.

Als sichtbaren Beweis für diese Legende zieht der Volksmund ein Gemälde heran, das zu den wertvollsten Exponaten des Museu Arte Sacra in Funchal gehört. Das Ende des 15. Jahrhunderts von einem flämischen Meister gemalte „Treffen des heiligen Joachim mit der heiligen Anna" wurde in der Kirche von Madalena do Mar entdeckt. Der König und seine Gattin standen angeblich für die beiden Heiligen Modell. Die Grabstätte des geheimnisvollen Paares befindet sich den Legenden nach in der Pfarrkirche von Madalena do Mar.

Arco del Calheta und Loreto

Die ER 222 führt von Madalena do Mar kurvenreich durch Felder und Bananenplantagen in den schon zur Gemeinde Calheta gehörenden Ort **Arco de Calheta** und weiter nach Loreto, wo man einen der eigenwilligsten Kirchenbauten Madeiras bewundern kann: Die **Capela de Nossa Senhora do Loreto** besteht aus einer im 16. Jahrhundert errichteten Kirche, deren manuelinisches Südportal und die Mudejar-Decke noch gut erhalten sind. Letztere wurde allerdings blauweiß übermalt. Der offene Vorbau wurde später hinzugefügt, wahrscheinlich weil die wundertätige Gottesmutter von Loreto so viele Pilger anzog, dass das Kirchlein nicht ausreichend Platz bot. Am 7. und 8. September ist die Kapelle das Ziel einer großen Wallfahrt, bei der Madeirenser aus allen Teilen der Insel die Jungfrau um ihre Fürbitte anflehen.

Calheta

Das 6000 Einwohner zählende Calheta ist der Hauptort eines aus mehreren Gemeinden bestehenden Konglomerats, zu dem unter anderem Arco de Calheta, Loreto und Estreito de Calheta gehören. Calheta selbst liegt am Ausgang eines Tals, das die Ribeira de S. Bartolomeu, einer der größten Flüsse der Insel, geschaffen hat. Als altes Zuckerrohranbaugebiet ist es in historischen Chroniken verzeichnet und auch als Lehen, das der Inselentdecker *Zarco* seinen Kindern übertrug. Nach dem Niedergang des

Energiegewinnung auf Madeira

Da Erdöl und die Lizenzen für CO_2-Emissionen für die wirtschaftlich gebeutelte Insel zu teuer sind, setzt man auf Madeira konsequent auf erneuerbare Energien wie **Wind- und Wasserkraft sowie Sonne.** 2013 soll der gesamte Strom für die privaten Haushalte aus grünen Quellen kommen; der für die Industrieunternehmen immerhin zu 30 Prozent.

Zuckerhandels ging man zum Weinanbau über. In den niedrigeren Lagen wurden Bananen gepflanzt, die noch heute die grüne Kulisse um das weiße Städtchen bilden.

In Calheta findet man eine **hübsche Uferpromenade,** zwei künstliche Sandstrände und an der Nordwestseite eines der vier **Wasserkraftwerke** der Insel. Von einem Auffangbecken oberhalb des Ortes wird das Wasser der Ribeira do S. Bartolomeu auf dessen Turbinen geleitet.

Schnapsbrennerei

Nördlich und etwas bergauf trifft man auf Madeiras einzige noch heute produzierende Zuckerschnapsfabrik, die **Fábrica de Aguardente.** Wie lange das traditionsreiche Unternehmen noch arbeiten wird, steht allerdings in den Sternen, denn der Aguardente, früher das Getränk der Armen, würde durch die bald fällige EU-Besteuerung von Alkoholika so teuer werden, dass er gegen Importprodukte keine Chance mehr hätte.

Die Fabrik kann besichtigt werden, was besonders im April interessant ist, wenn die Produktion auf Hochtouren läuft. In dem kleinen Laden kann man Zuckerschnaps und Honig kaufen.

■ **Fábrica de Aguardente,** an den Werktagen, Laden und Schnapsprobe 8–20 Uhr (50 Cent/Glas), Tel. 291-822264.

Heilig-Geist-Kirche

Die Hauptstraße weiter bergan liegt die aus dem 15. Jahrhundert stammende Heilig-Geist-Kirche, die in den nachfolgenden Jahrhunderten zahlreiche bauliche Veränderungen erfuhr, 1999 aber originalgetreu restauriert wurde. Im Inneren kann man eine sehr schöne **Holzdecke im Mudejar-Stil** mit wertvollen Einlegearbeiten aus Holz bewundern, die den Vergleich mit Funchals Kathedrale nicht zu scheuen braucht. Der wuchtige, niedrige Kirchturm ist mit einer Armillarsphäre und dem Kreuz des Christusordens geschmückt.

Kunstmuseum

Portugals Stararchitekt Paolo David zeichnet für den modernen, mit ineinander verschachtelten, grauen Kuben

[>] Ausstellung
historischen Arbeitsgeräts vor Calheta

059ma sk

schier aus dem Fels herauswachsenden Bau des **Centro das Artes Casa das Mudas** verantwortlich. Es beherbergt wechselnde Ausstellungen zeitgenössischer Kunst, Ateliers, eine Kunstbuchhandlung und ein Café mit spektakulärem Panoramablick.

■ **Centro das Artes,** Tel. 291-822808, www.cm-calheta-madeira.com, Di–So 10–19 Uhr, Eintritt je nach Ausstellung 5–7 €.

Calheta Beach

Auf direktem Weg die Küste entlang sind es knapp acht Kilometer von Madalena do Mar nach Calheta. Kurz vor Calheta passiert man die **Hotelanlage** Calheta Beach, die einzige Anlage Madeiras mit einem **Sandstrand.** Der Sand für die beiden schmalen Streifen wird von Porto Santo herbeigeschafft. Geschützt von Wellenbrechern, kann man in der so geschaffenen Lagune schwimmen, Kajak fahren und auf den Beachvolley-Plätzen toben. Auf der gegenüber liegenden Straßenseite gibt es in einem Supermarkt alles zu kaufen, was das Herz begehrt. Vom Yachthafen starten die Fischertouren des Unternehmens Lobosonda.

Anfahrt mit dem Bus

■ Busse der Linie 107 fahren von Funchal aus an der Küste entlang nach Calheta.

Taxi

■ **Fonte Til,** Tel. 291-822423.

Unterkunft

■ **Calheta Beach****,** Vila de Calheta, Tel. 291-724264, Fax 762171, www.hotelcalhetabeach.com, DZ um 85 € (mindestens 4-tägiger Aufenthalt). Das moderne, hochkomfortable Hotel am Sandstrand besitzt zusätzlich Pools, einen Fitnessbereich und das sehr gute Restaurant *Onda Azul.* Im Sommer gibt es ein umfangreiches Sport- und Animationsprogramm.

Essen und Trinken

■ **Onda Azul,** Cais, Tel. 291-823230, Menü um 25 €. Restaurant des Hotels Calheta Beach mit schöner Aussicht und großem Fischangebot.
■ **Costa Verde,** Achada S. Antão, Tel. 291-823422, Menü ab 18 €. Hier beherrschen Grillgerichte, darunter natürlich *espetada,* die Speisekarte.
■ **Restaurante Rocha Mar,** Cais, Tel. 291-823600, Menü 20–25 €, Di geschlossen. Man sitzt auf der Terrasse mit Blick auf den Hafen und genießt Fischspezialitäten, wie z. B. Paella mit Meeresfrüchten.
■ **Casa das Mudas,** im Centro das Artes, Tel. 291-630716, Menü um 30 €. Im Restaurant des Kulturzentrums werden madeirensische Klassiker neu interpretiert, z. B. *Bacalhau com pão de milho.*
■ **Manifattura di Gelato,** Porto de Recreo di Calheta, Tel. 961-805266. Ein Tipp eines begeisterten Lesers – das beste Eis Madeiras! Schokolade mit Chili, indonesischem Zimt ... alles hausgemacht und fast ohne künstliche Aromastoffe.

Estreito de Calheta

Die Hauptstraße von Calheta führt bergauf in die Nachbarsiedlung Estreito de Calheta, einen von vielen modernen Einfamilienhäusern geprägten Ort in 400 Metern Höhe. Auf den Feldern sieht man den Übergang von Bananen- zu Weinkulturen, die zwischen 350 und 700 Metern Höhe die Hänge mit ihren parallel gezogenen Reihen beherrschen.

Dreikönigskapelle

Estreitos große Attraktion ist die **Capela dos Reis Magos,** eine aus dem 16. Jahrhundert stammende Kapelle, die allerdings nicht ganz leicht zu finden ist. Von der Hauptstraße (ER 101) von Calheta in Richtung Prazeres biegt man in Estreito de Calheta vor der Filiale der Banif (Bank) nach links in eine schmale Straße ab, die bergab führt und immer schmaler wird. Linker Hand sieht man nach etwa 50 Metern den mauerumschlossenen Vorplatz der Kapelle. Geht man die Gasse vor der Kapelle nach links, kommt man zu einem an die Kirche angrenzenden Wohnhaus, in dem man den Schlüssel holen kann – wenn jemand zu Hause ist, was leider selten der Fall ist.

Wozu die Mühe? Nun, die 1529 von dem Zuckerbaron *Francisco Homem de Gouveia* erbaute Kapelle ist eines der wenigen Gotteshäuser Madeiras, in denen

manuelinische Architektur noch unverfälscht erhalten ist. Am Deckengewölbe prunkt eine **Mudejar-Decke,** die zwar nicht so zierlich und fein gearbeitet ist wie das Vorbild in der Sé, aber durchaus eindrucksvoll diese von muslimischen Handwerkern inspirierte Kunst veranschaulicht. Den Altar schmückt eines jener flämischen Gemälde, mit deren Erwerb Madeiras Gutsherren und Aristokraten ihren durch Zucker erworbenen Reichtum zur Schau stellten. Hier ist es das kostbare dreiteilige Altarbild eines anonymen Künstlers: „Die Anbetung der Heiligen Drei Könige".

Anfahrt mit dem Bus

- Busse der Linie 107 fahren von Funchal aus an der Küste entlang nach Estreito de Calheta.

Unterkunft

- **Quinta das Vinhas****,** Tel. 291-824086, Fax 822187, www.qdvmadeira.com, DZ ab 65 €. Inmitten von Weingärten mit Blick hinunter auf das Meer liegt dieses wunderschön restaurierte Herrenhaus aus dem 17. Jahrhundert.
- **Atrio****,** Caminho des Moinhos Acima, Tel. 291-820400, Fax 820419, www.atrio-madeira.com, DZ ab 85 €. Dieses wunderschöne, individuelle und sehr aufmerksam geführte Hotel ist ein idealer Standort für Gäste, die die Ruhe genießen oder wandern möchten. Die Eigentümer helfen gerne mit Tipps und Empfehlungen weiter und vermitteln Ausflüge oder sportliche Abenteuer. Jedes Zimmer hat sein besonderes Flair, die Bibliothek mit offenem Kamin ist urgemütlich, und das Restaurant kocht madeirensisch-international mit Schwerpunkt auf leichter Küche. Kurzum – eine Insel auf der Insel.

Essen und Trinken

- **Snack-Bar/Restaurante A Seara,** Caminho da Ribeira Funda, 267, Tel. 291-822270, Menü ab 12 €. Grillspezialitäten und kleine Snacks.

Überblick: die Küste zwischen Calheta und Porto Moniz

Madeiras Westen zwischen Calheta an der Südküste und Porto Moniz an der Nordküste gehört zu den Regionen der Insel, die bislang weniger besucht werden. Die Landschaft ist hier nicht ganz so spektakulär, ja an der Westspitze bei Ponta do Pargo sogar ziemlich flach; die Dörfer liegen auf einem Plateau, das zum Meer hin etwa 300 Meter recht steil abfällt. Die wenigen Orte – Jardim do Mar, Prazeres und Paúl do Mar – haben keine großartigen manuelinischen Kunstwerke zu bieten und wurden touristisch bislang kaum „ausgerüstet". Vielleicht wirken sie deshalb umso liebenswerter und authentischer.

Der Westen der Insel bietet **gute Wandermöglichkeiten.** Die Besitzer des Hotel- und Apartmentkomplexes Jardim Atlântico bei Prazeres haben sich mit großem Engagement an die Ausarbeitung von Wanderwegen in der Region gemacht.

Jardim do Mar

Von der Küstenstraße ER 101 zweigt in Estreito de Calheta die Stichstraße zum kleinen Ort Jardim do Mar ab, der nach zweieinhalb Kilometern erreicht ist. Abgelegen und nur schwer zugänglich, war Jardim do Mar einer jener Orte Madeiras, aus dem es die Menschen nach Übersee zog, nach Südafrika, Südamerika und in die USA. Verlassen und nahezu aufgegeben, erlebte Jardim do Mar aber schließlich eine – wenn auch späte – Blüte: Finanziert durch Geldüberweisungen der Exilanten konnten die daheimgebliebenen armen Verwandten ihre Häuser sanieren und eine neue, stolze Kirche erbauen.

Die **Nossa Senhora do Rosário** sei, so liest man oft, eine Kopie von Notre Dame in Paris. Die Ähnlichkeit bezieht sich wohl auf die durch dunkle Bögen dreigegliederte Fassade, die verglichen mit anderen madeirensischen Kirchen sehr eigenwillig wirkt. Eingesegnet wurde das Gotteshaus im Jahr 1907. Im Inneren sind in einem Seitenschiff noch Relikte der ursprünglichen Kapelle von 1736 zu sehen.

Vom Kirchenplatz führen schmale Gassen an alten **Fischerhäusern** entlang bergab in Richtung Meer; Frauen hocken vor mit Geranien geschmückten Hauseingängen beim Plausch oder beugen sich über eine Handarbeit, Kinder spielen mit streunenden Katzen. Eine ruhige Stimmung liegt über Jardim do Mar, und man kann unbehelligt durch die Straßen streifen oder zum Restaurant Tar Mar hinunterlaufen, das die besten Fischgerichte hier im Südwesten serviert.

Seit einigen Jahren gilt die Küste hier als heißester **Surf-Spot** Madeiras; es werden internationale Wettbewerbe abgehalten, und selbst bei schlechtem Wetter sind die Wellen-Enthusiasten auf ihren Brettern unterwegs. Anfänger sollten aber gut aufpassen und nur bei ruhigem Meer ins Wasser gehen.

Anfahrt mit dem Bus

- Busse der Linie 115 von Funchal nach Ponta do Pargo.

Unterkunft

- **Moradia Turistica Cecilia**,** Sitio da Igreja, Tel./Fax 291-822642 oder Tel. 961-111936, cecilia_sumares@hotmail.com, DZ ab 30 €. Freundlich eingerichtete, preiswerte Zimmer und Appartements in einem familiär geführten B&B-Betrieb am Meer; beliebt bei Surfern.

Essen und Trinken

- **Tar Mar,** Sítio da Piedade, Tel. 291-823207, Menü ab 30 €. Vom Hauptplatz nach links durch die Altstadt. Im Südwesten der Insel ist es das beste Fischlokal weit und breit.

Prazeres

Die im Folgenden beschriebene Route folgt der alten Straße über Prazeres nach Paúl do Mar. Von Jardim do Mar kann man mittlerweile aber auch wesentlich bequemer auf der Schnellstraße durch ein Tunnel nach Paúl do Mar gelangen.

Von Jardim do Mar geht es zunächst zurück nach Estreito de Calheta (5,5 km) und dann auf der ER 101 weitere zwei Kilometer bis zum Ortszentrum von Prazeres (der Ortsname übrigens bedeutet übersetzt „Vergnügen"). Dort erhebt sich die Ende des 19. Jahrhunderts errichtete **Kirche Nossa Senhora da Neves.** Das Gotteshaus sah lange Zeit aus, als wären die Bauarbeiten urplötzlich abgebrochen worden: Ein Turm trug die typische pyramidenförmige Spitze, während der zweite wie ein flach abgeschnittener Klotz erschien. Erst in den 1990er Jahren wurde die zweite Spitze ergänzt.

Am 15. August, wenn das große **Fest der Jungfrau Maria** gefeiert wird, versinken Kirche und Ort in einem Meer von Blüten und Baumgrün – dann stört auch die eigenartige Architektur der Pfarrkirche nicht mehr.

Um die Kirche herum, vor allem aber bergab in Richtung Küste, sind in Prazeres viele traditionelle Elemente der bäuerlichen Kultur Madeiras zu entdecken: flache, geduckte Häuschen, öffentliche Backöfen und Brunnen, kleine Schreine für einen Heiligen und winzige, von Mauern umschlossene Felder. Dieser idyllische ländliche Eindruck endet abrupt am Hotelkomplex des Jardim Atlântico, der sich hoch über einem Steilhang erhebt. **Ferienhäuschen und Apartments** ziehen sich ein Stückweit den Felsen hinunter, alle mit fantastischem Blick über das Meer.

Hinter der Kirche verdient der **Pädagogische Park** einen Besuch. Die Stadtquinta besitzt eine Galerie, einen Park, einen kleinen Zoo auch mit exotischen Tieren und ein sympathisches Teehaus, in dem Biologisches wie Tee, Marmelade und Cidre aus eigener Herstellung verkauft wird, ein idealer Zwischenstopp für Familien mit Kindern.

- **Quinta Pedagogica,** Tel. 291-822204, 9–20 Uhr.

Anfahrt mit dem Bus

- Bus 115 von Funchal.

Unterkunft

- **Jardim Atlântico****,** Lombo da Rocha, Tel. 291-820220, Fax 820221, www.jardimatlantico.com, Apartment um 100 €. Apartments und Zimmer hoch über dem Meer – man sollte sich vom kühlen, modernen Äußeren nicht abschrecken lassen. Dieses Hotel gehört zu den angenehmen Häusern Madeiras und ist die ideale Adresse sowohl für Aktivurlauber als auch für Erholungsbedürftige. Es bietet neben geführten Wanderungen und Ausflügen Massagen, Kosmetikbehandlungen und Aromatherapie an. Das Restaurant serviert schmackhafte Küche und vegetarische Gerichte. Viele deutsche Gäste finden sich im Jardim Atlântico ein, im hauseigenen Supermarkt gibt es Lebensmittel auch deutscher Herkunft. Zahlreiche Zertifikate in der Eingangshalle belegen, dass das Hotel der Vorreiter für ökologischen Tourismus auf Madeira ist. Es werden sogar eigene Führungen durch die Eingeweide des Hotels unternommen, um den Gästen ökologisches Bewusstsein nahe zu bringen.

Essen und Trinken

- **O Tosco,** Sítio da Estacada, Prazeres, Tel. 291-822726, Mo geschlossen, Menü ab 18 €. Das unscheinbare, einfache Lokal überzeugt mit einer überraschend gut sortierten Weinkarte, exzellenter *espetada* und dem angeblich besten Stockfisch der Insel.

■ **Chico,** Igreja, Prazeres, Tel. 291-822836, Menü um 25 €. Traditionelle madeirensische Küche von sehr guter Qualität.

■ **Prazeres Rurais,** St. da Estaca, Tel. 291-827221, Menü um 20 €. Mitten Im Ort speist man ausgezeichnete ländliche Fisch- und Fleischküche mit südafrikanischen Würzsaucen. Unbedingt das selbstgebackene Brot bestellen, das traditionell (aus Mehl und Süßkartoffeln) im Holzofen gebakken wird, sympathische Adresse. Besondere Gerichte wie Ziegen-, Lamm- oder Fisch-Stew und Hase in Wein und Knoblauch benötigen eine 24-stündige Vorbestellung.

Wanderung 2: Von Prazeres entlang der Levada Grande nach Raposeira

■ **Ausgangspunkt:** Prazeres
■ **Endpunkt:** Miradouro bei Raposeira
■ **Schwierigkeitsgrad:** leicht
■ **Gehzeit:** 1–1½ Stunden
■ **Höhendifferenz:** keine
■ **Wegbeschaffenheit:** leichter Wanderweg, teils auf Asphalt
■ **Ausrüstung:** keine

Wanderungen 2 und 3

Bei dieser Wanderung handelt es sich um nichts Spektakuläres, sondern um einen hübschen, kurzweiligen Spaziergang, den man bei Müdigkeit oder plötzlichem Wetterumschwung jederzeit abbrechen kann, denn die Strecke folgt weitgehend dem Verlauf der Hauptstraße von Prazeres nach Ponta do Pargo, allerdings immer abseits durch Wiesen und Wälder.

Ausgangspunkt ist die ER 210 von Prazeres auf die Paúl da Serra, wo man nach etwa 150 Metern die **Levada Nova** kreuzt. Hier folgt man dem Levada-Weg nach links in westliche Richtung in einen Wald und überquert etwas weiter die **Ribeira do Paúl.** Bei hohem Wasser-

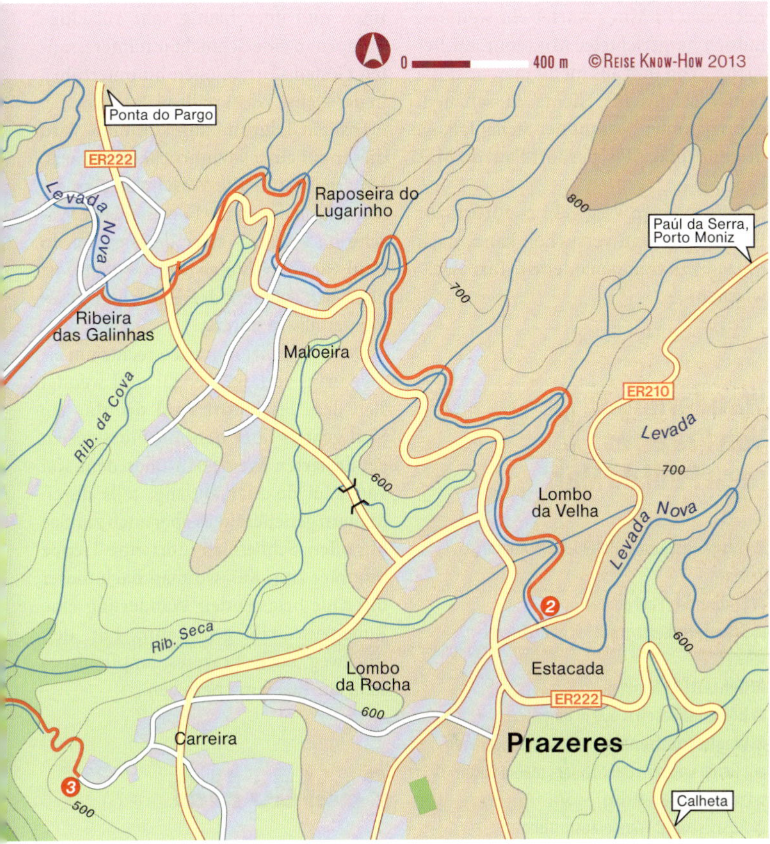

stand muss man es etwas weiter bachaufwärts versuchen. Nach etwa 20 Minuten Wanderzeit stößt der Weg auf die Hauptstraße, verlässt sie mit der Levada aber wenige Schritte später bereits wieder. Nach 40 Minuten Gesamtwanderzeit trifft man auf das hübsche Dörfchen **Maloeira.**

Die Levada Grande schwingt vom Dorf weg nach Norden und führt anschließend wieder nach Süden zur Hauptstraße zurück (weitere 20 Minuten). Nun überquert man die Asphaltstraße und wandert entlang der Levada auf das Dorf **Raposeira** zu. Etwas unterhalb der Dorfkirche befinden sich zwei gelbe Markierungen an einer Kreuzung: Man läuft den Kamm abwärts und erreicht nach einer knappen halben Stunde einen 609 Meter hoch gelegenen **Aussichtspunkt.** Etwas unterhalb und auf schmalem, teils sehr steilem Pfad erreichbar (10 Min.) wartet ein weiterer, hübsch hergerichteter Miradour auf Besucher. Von ihm aus meint man über die Felder hinaus ins Nichts zu schauen, denn dahinter beginnt der Steilabfall, an dessen Fuß das Fischerdorf **Paúl do Mar** liegt.

Auf gleichem Weg geht es zurück zur ER 101, wo man versuchen kann, nach Prazeres zu trampen oder ein Taxi zu erwischen.

Wanderung 3: Von Prazeres nach Paúl do Mar

- **Ausgangspunkt:** Hotel Jardim Atlântico, Prazeres
- **Endpunkt:** Paúl do Mar
- **Schwierigkeitsgrad:** leicht bis mittelschwer.
- **Gehzeit:** 45 Minuten
- **Höhendifferenz:** 500 m hinunter
- **Wegbeschaffenheit:** steiler, steiniger Weg mit Geröll und teils über Stufen, mäßig ausgesetzt, bei Nässe rutschig
- **Ausrüstung:** Wanderausrüstung

In einem nach Norden gewandten Bogen verlässt der Wanderweg die Apartmentanlage des Jardim Atlântico und senkt sich zunächst sanft hinunter zu einem Kiefernwäldchen auf einem Felskamm. Von hier sieht man bereits, wie steil es nun in ein schmales Tal abwärts geht. Eine Abzweigung nach rechts zu einem Tunnel wird ignoriert, man folgt dem Hauptweg, der in engen Serpentinen und über häufig sehr rutschige Treppen in eine Schlucht mit interessanten Gesteinsformationen hinunterführt, in der kleine Wasserfälle plätschern.

Fast am Talgrund angekommen, wird dieser auf einer Steinbrücke überquert. Unterhalb sind alte Waschplätze zu erkennen, an denen die Frauen früher Wäsche im klaren Wasser der **Levada do Paúl** wuschen. Einige Schritte weiter ist über den Köpfen das Rauschen eines Wasserfalls zu hören.

Der Weg führt nun nach rechts um eine Kurve, verlässt das Tal und wendet sich dem Fischerort **Paúl do Mar** zu: Steil geht es über den mit Flusskieseln gepflasterten Weg hoch über dem Kai von Paúl do Mar entlang, teils durch Mauern gesichert, teils aber auch zur See hin offen. Schließlich führt eine Treppe hinunter zum Kai, wo man nach dieser die Knie belastenden Wanderung eine Ruhepause einlegen kann. Für den Rückweg nach Prazeres empfiehlt es sich, ein Taxi vorzubestellen.

Paúl do Mar

Von Prazeres verläuft die ER 222 über Raposeira do Lugarinho auf etwa gleichbleibender Höhe. Dann zweigt die ER 223 in Richtung Meer nach **Fajã da Ovelha** und Paúl do Mar ab, letzteres ist nach insgesamt zwölf Kilometern und entnervender Kurverei erreicht. Wer unterwegs Lust verspürt, eine Kirche zu besichtigen, sollte vor Erreichen von Fajã da Ovelha nach der **Capela de São Lourenço** fragen. Das verwitterte Kirchlein aus dem 16. Jahrhundert mit einem offenen Glockenturm liegt malerisch zwischen Feldern.

Mit einer hohen Betonmauer, die als Schutz vor dem anbrandenden Meer fungiert, begrüßt der **Fischerort** Paúl do Mar seine Besucher. Die Häuser sind ärmlich, und die verschlafene Stimmung hebt sich nur, wenn die Fischer am Vormittag ihren Fang entladen. Mit einfachsten Mitteln wird hier Jagd auf den Thunfisch gemacht, der wie fast über-all auf Madeira mit Angelleinen geködert wird.

Seit der Straßentunnel zwischen Paúl und Jardim do Mar den Ort an die „Außenwelt“ angeschlossen hat, verändert sich das Ortsbild rapide. Moderne Hotels entstehen auch hier am ehemaligen „Ende der Welt“.

060ma sk

Anfahrt mit dem Bus

- Busse der Linie 107 von Funchal nach Ponta do Pargo.

Unterkunft

- **Aparthotel Paul do Mar****,** Ribeira das Galinhas, Calheta, Tel. 291-870050, Fax 870059, www.pauldomarhotel.com, DZ ab 65 €. Apartmenthotel am Strand, Pool, breites Sportangebot.
- **Quinta de São Lourenço ***,** Tanque do Lombo, Sítio de São Lourenço, 9370-313 Fajã da Ovelha, www.madeirarural.com, DZ ab 75 €. Hoch über Paúl do Mar gelegenes Landhaus mit freundlichen Zimmern, Apartments und einem Pool.

Essen und Trinken

- **O Precipio,** Fajã da Ovelha, Tel. 291-872425, Menü um 15 €. Das Restaurant liegt auf halbem Weg nach Paúl do Mar. Große Auswahl an Omeletts, frischem Fisch und Meeresfrüchten, dazu der Blick aufs Meer.
- **Lago Mar,** Paúl do Mar, Tel. 917-171371, Menü 10–15 €, Mo geschlossen. Einfaches Fischrestaurant an der Uferpromenade, in dem unprätentiös und gut gekocht wird, auf der Terrasse erlebt man herrliche Sonnenuntergänge.

Landarbeiter beim Dreschen

Ponta do Pargo

Zurück auf der ER 101 sind es achteinhalb Kilometer durch Wälder, Weiden und Felder bis zum Dorf Ponta do Pargo. Von hier führt eine Straße auf weiteren drei Kilometern zum **Leuchtturm** an der westlichsten Spitze Madeiras. Rotweiß gestreift erhebt sich der *farol* über der etwa 200 Meter hohen Klippe. Auf den Wiesen weiden noch die Kühe, und mehr als das tiefe Grün des Grases und das ebenso tiefe Blau von Himmel und Atlantik ist bislang nicht zu sehen. Doch die Bagger warten schon. Hier soll der dritte Golfplatz der Hauptinsel entstehen. Eine der letzten Idyllen an der madeirensischen Küste ginge verloren, wenn die Wirtschaftskrise das Projekt nicht vorläufig gestoppt hätte. Die Zukunft ist ungewiss.

Auf der ER 101 sind es 21 serpentinenreiche Kilometer bis nach **Porto Moniz** an der Nordküste.

Unterkunft

■ **Residencial a Carreta,** zwischen Ponta do Pargo (5 km) und Achadas da Cruz (3 km), Tel. 291-882163, DZ 35 €. Nettes, freundliches Residencial an der Hauptstraße mit gutem Restaurant (Menü 18 €).

Essen und Trinken

■ **Casa de Chá O Fío,** Tel. 291-882525. Ein hübsches Teehaus und Restaurant 1 km vom Leuchtturm entfernt, mit vielen Kleinigkeiten wie Chicken Wings, *bacalhau* oder Toast und einer tollen Aussicht. Ob das Teehaus dem Golfplatz weichen muss oder zum Hotel umgebaut wird, war 2012 noch unklar.

■ **O Forno,** an der Durchgangsstraße in Ponta do Pargo, Tel. 291-098341, Menü 15–18 €, Mo bis 16 Uhr. Kleines Lokal mit freundlichem Wirtspaar (die Dame des Hauses hat als Busfahrerin in London gearbeitet), Fisch- und Fleischküche, Lunch mit Tagesgericht und Getränk ab 6 €.

Achadas da Cruz

Rund 10 km südwestlich von Porto Moniz liegt an der Straße ER 101 von Ponta do Pargo der Weiler Achadas da Cruz an einem Hang über dem Meer. Folgt man im Ort dem Schild *teleferico* bzw. *Calhau* bergab, erreicht man schließlich die **Bergstation einer Seilbahn,** die 500 Höhenmeter an der Steilküste hinunterführt ans Meer, wo die Bauern aus Achadas da Cruz ihre Felder haben. Alternativ kann man die Strecke auch auf einem knapp 5 km langen etwa zweistündigen Wanderweg bewältigen, der in schmalen Serpentinen den Hang hinunter mäandert. Zurück geht es dann mit der Seilbahn wieder in luftige Höhe. Wer länger wandern will, kann bis Porto Moniz gelangen (ca. 3½ Std).

■ **Teleferico:** Sommer tgl. 10–18 Uhr, (im Winter eingeschränkte Zeiten), Hin- und Rückfahrt 5 €, Tel. 291-852951.

Anfahrt mit dem Bus

■ Busse der Linien 107 und 142 nach Funchal; Busse der Linie 80 nach Porto Moniz, der Linie 150 nach Porto Moniz und São Vicente.

Das Wandergebiet im westlichen Inselinneren

Bei Riberira Brava beginnt die Hauptstraße ER 104. Sie führt durch das Inselinnere an die Nordküste und nach São Vicente und ist dank des neuen Tunnels der schnellste Weg gen Norden. Kurz vor dem Tunnel zweigt die Straße ER 228 in westlicher Richtung ab; sie bietet die landschaftlich reizvollere, aber auch langsamere Möglichkeit, an die Nordküste zu gelangen. An ihrem höchsten Punkt, der Boca da Encumeada, beginnt die häufig befahrene Straße ER 110 nach Porto Moniz an der Nordwestspitze Madeiras. Sie führt über die Hochebene Paúl da Serra.

Serra de Água

Hinter Ribeira Brava geht es durch das schmale Tal der **Ribeira da Serra de Água,** in dem man nach fünf Kilometern den gleichnamigen Weiler Serra de Água erreicht. Von hohen Gipfeln umschlossen, scheint der Ort kaum jemals von der Sonne beschienen zu werden. Oleanderbüsche und Eukalyptus säumen das Flüsschen. Im Osten sind zwei hohe Berge auszumachen, der **Pico da Pocinha** und der **Pico Topeiro,** während im Westen der **Pico Queimado** Schatten wirft und hinter dem Ort der **Pico das Furnas** das Tal abschließt.

Unterkunft

- **Pousada dos Vinháticos**,** Serra de Água, Tel. 291-952344, Fax 952540, www.dorisol.com, DZ ab 70 €. Eine rustikale Bleibe für passionierte Wanderer mit hübschen Zimmern und einem Ausflugsrestaurant. Wer übernachten möchte, sollte reservieren. An warmen Tagen hat man von der Café-Terrasse einen herrlichen Blick in die Bergwelt.
- **Residencial Encumeada***,** Feiteiras, Serra de Água, Tel. 291-951282, Fax 951281, www.hotelencumeada.com, DZ um40 €. Mittelklassehotel in Panoramalage über dem Tal der Ribeira Brava; guter Ausgangspunkt für Wanderungen.

Boca da Encumeada

Auf 600 Metern Höhe fährt man hinter Serra de Água entweder rechts zum Tunnel oder links auf einer viereinhalb Kilometer langen Serpentinenstrecke weiter. Man passiert die Berghütte Pousada dos Vinháticos und erreicht schließlich den **Encumeada-Pass** auf 1007 Metern Höhe. Ein Aussichtspunkt erlaubt einen fantastischen Blick auf die vor dem Betrachter liegende Nordküste. Wer Lust auf ein Picknick hat, sollte ein kurzes Stück weiter gen Norden fahren und im **Chão dos Louros** Halt machen. Die Picknicktische und Grillplätze in einem Lorbeerwald sind ein beliebter Ausflugsort madeirensischer Familien.

Anfahrt mit dem Bus

- Busse der Linien 6 und 139 fahren von Funchal über die Boca da Encumeada an die Nordküste.

Hochebene Paúl da Serra

Am Encumeada-Pass zweigt die ER 110 nach Westen ab, kurvt durch eine herrliche Gebirgslandschaft und passiert drei in den Felsen geschlagene Tunnel. Ein letzter Blick nach Osten auf die Bergriesen Madeiras, dann findet man sich plötzlich in einer relativ flachen Gegend wieder. Beim Forsthaus **Bica da Cana,** dessen Dach aus dem Talgrund heraufleuchtet, ist nach acht Kilometern die Hochebene Paúl da Serra erreicht.

Die Paúl („Moor“) ist ein hundert Quadratkilometer großes, fast ebenes Gelände. Mit einer durchschnittlichen Höhe von 1300 bis 1400 Metern liegt sie schon über der Baumgrenze und ist von **dichten Farnwiesen** bewachsen, die sich im Sommer gelbbraun färben. Auch hier gibt es einige „Gipfel“, die aber nur um ein- bis zweihundert Meter die Hochebene überragen.

In den Sommermonaten weiden Kühe auf der Paúl. Meist läuft das Vieh frei und ohne Einzäunung über die Wiesen, weshalb man beim Autofahren aufpassen sollte. Umsichtiges Fahren ist auch wegen der **häufigen Wetterumschwünge** nötig. Urplötzlich kann Nebel aufziehen und den eben noch klaren Himmel verdunkeln. Dann wirkt die Hochebene wie ein geheimnisvolles Zauberreich, und die Rotoren der Windräder, die hier oben helfen Madeiras Energiebedarf zu produzieren, winken wie riesige Krakenarme aus der weißen Suppe.

Die Paúl da Serra spielt eine besondere Rolle im Wasserhaushalt Madeiras: Die hier sehr häufigen Niederschläge sammeln sich in Kuhlen zu kleinen Teichen oder versickern im Boden. An den Rän-

061ma sk

dern der Hochebene, wo Felsschichten das weitere Absinken des Wassers verhindern, kommt es in Form von **Quellen** wieder hervor. Besonders viele Bäche sprudeln am Nordrand der Paúl, so dass die ohnehin vom Regen begünstigte Nordküste in den Genuss von noch mehr Wasser kommt. Bereits früh haben Bewässerungsingenieure versucht, die Gaben der Hochebene mittels Levadas dorthin umzuleiten, wo sie dringender gebraucht werden, nämlich in den Süden.

Ausgangspunkte der Wanderungen

Mitten auf dem Campo Grande, dem großen Feld, das auf topographischen Karten aussieht wie ein dicker Tintenklecks, zweigt die ER 209 nach Süden ab. Drei Kilometer hinter der Abzweigung findet sich bei der **Statue Cristo Rei** der Ausgangspunkt zu einer faszinierenden Wanderung (Wanderung 5). Weiter auf der ER 209 erreicht man nach kurvenreicher Fahrt durch Eukalyptuswälder zwischen Canhas und Arco da Calheta die südliche Küstenstraße.

Auf der ER 110 Richtung Westen fahrend, ist die Paúl da Serra knapp zehn Kilometer hinter dem Forsthaus Bica de Cana überquert. Ein **Parkplatz** an einem *miradouro* (Aussichtspunkt), an der **Abzweigung nach Rabaçal,** bietet sich als Zwischenstopp an. Dieser Parkplatz ist der Ausgangspunkt der Wanderungen 4 und 6. Bei Souvenirhändlern kann man hier dicke Wollpullover und Mützen erwerben, und natürlich gibt es auch eine große Auswahl an Madeira-Stickerei sowie T-Shirts mit Madeiramotiven.

Etwa 18 Kilometer sind es von dieser Abzweigung bis zur Nordküste bei Porto Moniz. Zwei Stichstraßen führen von der ER 110 hinunter an die Südküste: auf der Höhe von Rabaçal in Richtung Calheta und einige Kilometer weiter westlich nach Prazeres.

062ma sk

< Warme Stricksachen auf der stets kühlen Paúl da Serra

> Karges Bergland prägt das Inselinnere

Anfahrt mit dem Bus

- Bus 139 von Funchal über Boca da Encumeada nach Porto Moniz. Wer trampen möchte, steige an der Boca da Encumeada aus. Da viele Touristen über die Paúl unterwegs sind, findet man fast immer eine Mitfahrgelegenheit.

Unterkunft

- **Pico da Urze***,** Paúl da Serra, Tel. 291-820150, Fax 820159, www.hotelpicodaurze.com, DZ ab 60 €. Die *pousada* (Berghütte) befindet sich auf der Hochebene zwischen der Kreuzung zu Cristo Rei und dem Parkplatz oberhalb von Rabaçal. Etwas deplatziert wirkt das mit Plastikpalmen und -lianen dekorierte „Dschungel-Café", in dem man, begleitet von Löwengebrüll, Toasts und Sandwiches verzehren kann.

Wanderung 4

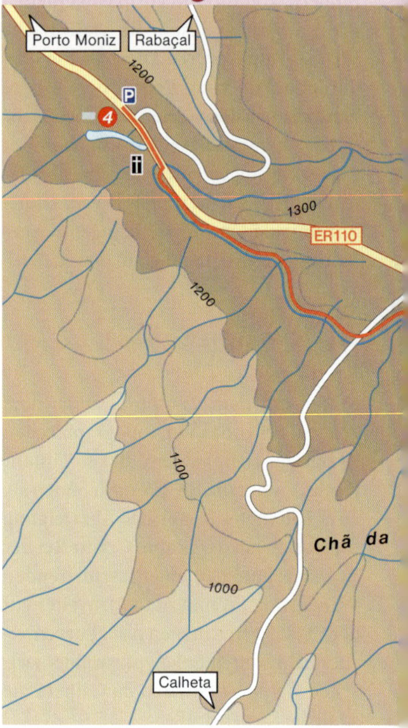

Wanderung 4: Zur Statue Cristo Rei

- **Ausgangspunkt:** Parkplatz an der Abzweigung nach Rabaçal
- **Endpunkt:** Statue Cristo Rei
- **Schwierigkeitsgrad:** leicht
- **Gehzeit:** 1–1½ Stunden in eine Richtung
- **Höhendifferenz:** 50 m hinauf
- **Wegbeschaffenheit:** einfacher Levada-Weg, nur in wenigen Abschnitten schmal, kein Schatten
- **Ausrüstung:** Wanderausrüstung

Ausgangspunkt der Wanderung ist der **Parkplatz** an der ER 110 bei der Abzweigung nach Rabaçal.

Geht man von hier ein Stück die Hauptstraße ER 110 entlang in Richtung Encumeada-Pass, gelangt man zu einer **kleinen Kapelle** neben den Wasserbassins der Levada do Paúl. Hier schwenkt man auf den entlang der Levada führenden Weg gegen die Fließrichtung ein. Im weiteren Verlauf folgt man dem schmalen Kanal, der mehrmals von Bächen gequert wird, den Südhang entlang nach Osten. Wenn das Wetter klar

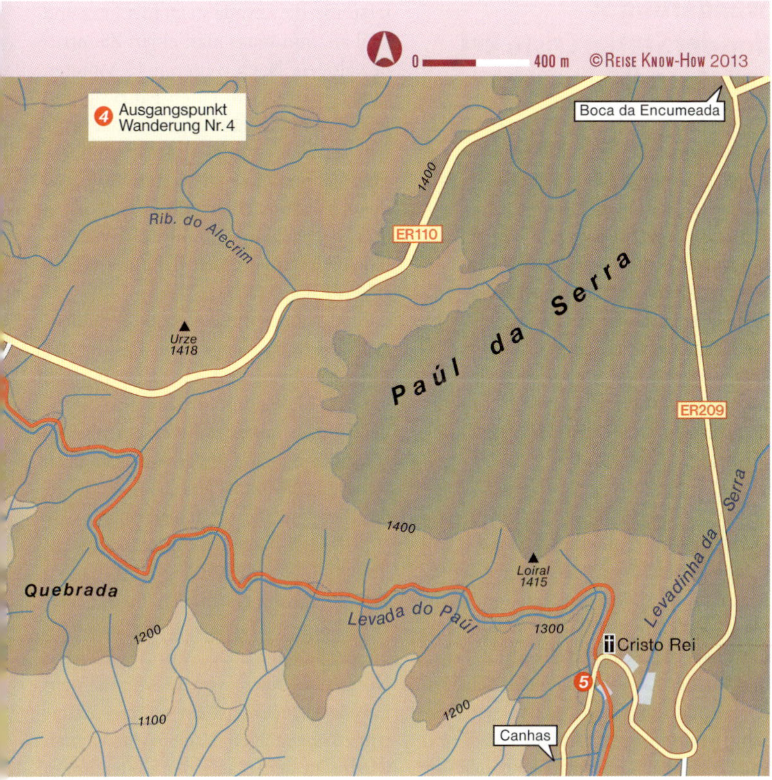

ist, liegt die Südküste dem Wanderer zu Füßen.

Damit kein Schwindel oder Unsicherheiten aufkommen können, ist diese **durch einen Zaun begrenzt.** Unterwegs begegnet man manchmal frei laufenden Ziegen; gelegentlich sieht man aus Steinen errichtete Unterstände der Hirten, in denen bei rauer Witterung auch das Vieh Schutz sucht. Die Landschaft ist beherrscht von Krautbewuchs und Farn, hier und da stehen verkrüppelte Baumheide-Stämme in der Landschaft. Nach einer Dreiviertelstunde kommt der Zielpunkt schon in den Blick: die **monumentale Statue Cristo Rei.** Durch einen Talgrund, dessen Feuchtigkeitshaushalt auch empfindlichere Pflanzen wie Ginster und Madeira-Heidelbeeren nährt, gelangt man eine halbe Stunde später ans Ziel. Von hier geht man auf gleichem Weg zurück oder läuft die Straße nach Norden bergan, bis sie in die ER 110 mündet. Da auf der Paúl meist reger Touristenverkehr herrscht, stehen die Chancen nicht schlecht, von einem Auto zum Parkplatz mitgenommen zu werden.

Wanderung 5: Von der Statue Cristo Rei zum Cascalho

- **Ausgangspunkt:** Statue Cristo Rei
- **Endpunkt:** Schutzhütte Bica da Cana
- **Schwierigkeitsgrad:** schwer
- **Gehzeit:** 2 bis 3 Stunden
- **Höhendifferenz:** 350 m hinauf
- **Wegbeschaffenheit:** wegen der zahlreichen Erdrutsche komplizierter Levada-Weg, teils stark ausgesetzt und mit Abschnitten, die Klettern erfordern, kein Schatten, Orientierungsfähigkeit erforderlich
- **Ausrüstung:** Komplette Wanderausrüstung

Der tiefgrüne **Talkessel Cascalho** mit seinen zahlreichen Wasserfällen ist für Naturfreunde ein wunderschöner Anblick. Doch davor steht eine Wanderung, die **absolute Schwindelfreiheit** erfordert, da der Levada-Steig an vielen Stellen ziemlich ausgesetzt verläuft, teils rutschig ist und massive Erdrutsche die Levada mehrfach unterbrochen haben (die wohl auch nicht mehr instandgesetzt wird).

Die Tour beginnt 150 Straßenmeter unterhalb der auffälligen weißen **Statue Cristo Rei** an der Verbindungsstraße 209 zwischen der Hochebene Paúl da Serra und Arco da Calheta, wo die Levada in die andere Richtung zum Parkplatz von Rabaçal abfließt.

Man folgt dem Wasser entgegen der Fließrichtung nach Osten. Auf dem Wiesenpfad überquert man einen Bachüberlauf, bei einer Levada-Kreuzung folgt man dem Hauptweg geradeaus. Man kreuzt etwa nach 20 Min. eine alte Pflasterstraße, die Levada steigt hier kurz und steil an, nun muss man einen Zauntritt bewältigen. Nach weiteren 15 Minuten kreuzt man erneut einen Fahrweg und gut 10 Minuten danach geht es über eine teils zerstörte Treppe hoch. Oben blickt man erstmals in den **weiten Talkessel des Cascalho.** Über 600 m geht es in ihm steil nach unten, zahlreiche Wasserfälle bilden im dichten Grün der Hänge silberne Bänder.

20 Min. nach diesem ersten beeindruckenden Bild gelangt man – weiter der Levada folgend und das weite Talrund etwa zur Hälfte durchschreitend – an einen kleinen Talkessel mit einem Wasserfall, an dem man sich vorbeidrückt, nach weiteren 20 Min. ist an einem Wildbach der Ursprung der Levada erreicht.

Nun fasst man den Südost-Hang ins Auge und geht diesen hoch, bis man zu einer kleinen und schmalen, in der Wiese verborgenen Levada gelangt und folgt dieser bergan über Almwiesen nach Nordosten. Nach etwa 15 Min. ab dem Levada-Ursprung ist ein weiterer Zauntritt zu übersteigen. Nach 5 Min. ist man wieder an dem Bach, der weiter unten die Levada speist und hält sich an ihm entlang nach Norden auf die nun sichtbare Gruppe der **Windräder** zu, teils folgt man dabei einem überwachsenen Pfad und weiterhin einer schmalen Levada. Spätestens nach 10 Min. sieht man oben die ersten Autos über die Paúl da Serra brausen und hält auf das **Forsthaus von Bica da Cana** zu, an dem nach 5 Min. ein Durchgang im Zaun den Weg zur Straße ermöglicht.

Für den **Rückweg** sollte es nicht schwer sein, eines der vorbeifahrenden Autos um eine Mitfahrgelegenheit zum Ausgangspunkt Cristo Rei zu bitten.

Wanderung 6: Ribeira Grande – im Tal des großen Flusses

- **Ausgangspunkt:** Parkplatz an der Abzweigung nach Rabaçal
- **Endpunkt:** Parkplatz an der Abzweigung nach Rabaçal
- **Schwierigkeitsgrad:** leicht
- **Gehzeit:** 1½–2 Stunden
- **Höhendifferenz:** 50 m hinauf, 50 m hinunter
- **Wegbeschaffenheit:** einfacher Levada-Weg, gering ausgesetzt
- **Ausrüstung:** Wanderausrüstung

Die Wanderung verläuft immer entlang der Levada und hat deshalb eine vernachlässigbare Steigung. Außerdem bietet die Tour beinahe das gesamte Spektrum einer typischen Levada-Wanderung. Man geht auf angenehmen Wiesenpfaden genauso wie auf einer etwas ausgesetzteren Betonmauer und folgt stets dem Wasserlauf bis zu seinem Ursprung, einem Zubringer des längsten Flusses Madeiras, der Ribeira Grande.

Ausgangspunkt ist der **Parkplatz** an der Abzweigung der Straße auf der Hochebene Paúl da Serra nach Rabaçal. Von hier folgt man zu Fuß ein kurzes Stück der Hauptstraße Richtung Osten (Encumeada-Pass). An einem Wasserbassin und einer **kleinen Kapelle,** die

Wanderungen 6, 7 und 8

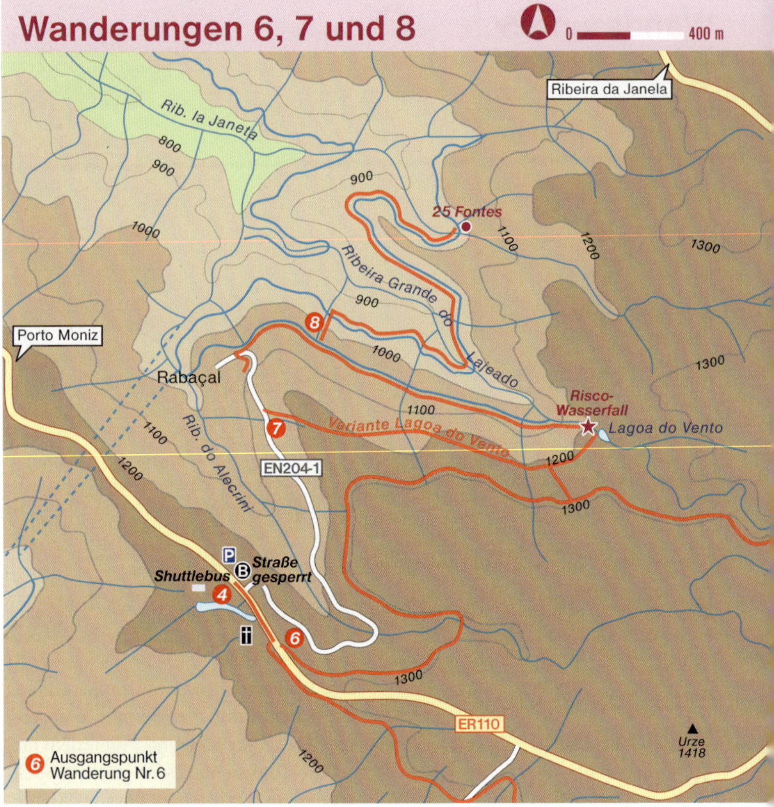

rechts unterhalb der Straße liegen, geht man vorbei. Hier beginnt die Wanderung entlang der Levada do Paúl (Wanderung 4), die in eineinviertel Stunden zur Statue Cristo Rei führt.

Dieser Weg führt den Wanderer aber noch einige Schritte weiter entlang der linken Straßenseite, bis die Rosmarin-Levada direkt vor ihm zu sehen ist. Über einen schmalen Steig gelangt man zum Wasserlauf hinunter. Man befindet sich hier oberhalb der kleinen Asphaltstraße nach Rabaçal und folgt nun immer dem breiten Wasserlauf. Man wandert in das kleine **Seitental Ribeira do Alecrim** und sieht auf der anderen Talseite den Wanderweg an den Hängen unterhalb der Hochebene entlang. Nach etwa einer viertel Stunde erreicht man eine Levada-Anlage. Im klaren Wasser huschen einige kleine Forellen blitzschnell weg. Kurz darauf überquert man das Bachbett der Ribeira do Alecrim und wandert nun talauswärts.

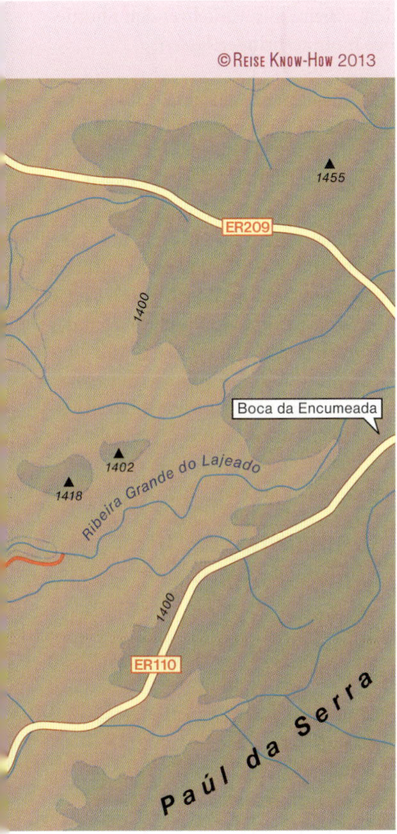

Zur Lagoa do Vento

Die Wanderung 6 lässt sich für geübte Wanderer schön mit den Wanderungen 7 und 8 verbinden und dabei passiert man noch einen verwunschenen Ort, den die wenigsten Touristen zu sehen bekommen – die Lagoa do Vento, ein **kleiner See, der selbst von einem Wasserfall gefüllt als Risco-Wasserfall ins Tal stürzt.** Doch von unten ist der See nicht zu sehen. Um den Pfad zu finden folgt man der Wanderung 6 etwa 25–30 Min. und achtet talseitig in einem Rechtsbogen auf einen schmalen Pfad nach unten, dem man folgt (kehrt man vom Ursprung der Levada zurück sind es etwa 15–20 Min.). Felsig und schmal geht es hinunter, man folgt dem Pfad dann schräg zum Hang und durchschreitet mehrere Bächlein. Nach etwa 20 Min. nach dem Abzweig kommt man an einen steileren Abschnitt mit kurzen Serpentinen und nach 5 Min. auf den Weg, der die Lagoa do Vento mit dem Forsthaus verbindet. Hier geht es rechts und nach gut 10 Min. über den wurzelbewachsenen Pfad steht man am idyllischen See.

Man kehrt nun zur Kreuzung zurück und folgt dem Weg durch mehrere Bachläufe bis zur Asphaltstraße schräg hinunter, die nach 30–40 Min. ab dem See erreicht ist. Von hier sind es 5 Min. zum Forsthaus.

Am Ende des kleinen Seitentals blickt man zu unserem Ausgangspunkt zurück. Hier erstreckt sich das **Tal der Ribeira da Janela.** Für ein kurzes Stück wurde die Levada direkt durch einen Felsen getrieben. Gleich darauf kommt man zu einem Abschnitt, der ein wenig Trittsicherheit und Schwindelfreiheit erfordert. Es geht auf einer Betonmauer ungesichert über eine nicht sehr hohe Felswand.

Nach einer knappen halben Stunde erreicht man eine **Steintreppe,** die durch Baumheidegebüsch zum **schönsten Teil der Wanderung** führt. Hier führt – nur aufmerksamen Augen sichtbar – ein schmaler Pfad hinunter zu einem kleinen **See** oberhalb des **Risco-Wasserfalles (Lagoa do Vento).** Nimmt man diesen auf dem Rückweg, gelangt man abkürzend zum Forsthaus von Rabaçal. Wir gehen weiter oberhalb des Risco-Wasserfalls, den man von hier aus aber nicht sehen kann. Man wandert über den moosweichen Weg durch hohe **Baum-**

heide und Heidelbeersträucher. Die endemische Strauch-Heidelbeere *(Vaccinium padifolium)* kommt nur auf Madeira vor. Sie blüht im Juni/Juli und trägt ihre saftigen Früchte im Spätsommer.

Ab und zu gibt das dichte Gebüsch einen Ausblick auf den Talkessel um Rabaçal frei. Schließlich sieht man auf der anderen Talseite den Rand der Hochebene mit ihrem Meer aus Farnkraut. Man kommt nun dem Bach immer näher, der dieses Tal einst bildete und sieht bereits die tiefgrünen Gumpen (Wasserbassins), die sich zwischen großen Steinen aufgestaut haben. Nachdem man mehrere kleine Wasserläufe überquert hat, erreicht man schließlich das Ende der Wanderung: Nach etwa einer Stunde kommt man am fast trockenen **Bachbett der Ribeira Grande** an.

Hier enden die Levada und der Weg. Auf den glatten Felsen lässt es sich wunderbar rasten. Nur wenige Schritte flussabwärts ist eine große tiefgrüne Gumpe zu sehen, eingerahmt von Baumheide, in der recht stattliche Forellen nach Insekten schnappen. Zurück geht es auf derselben Strecke wieder zum Ausgangspunkt oder eben die Abkürzung nehmend hinunter zum Forsthaus.

Rabaçal und sein Lorbeerwald

Bis vor einigen Jahren konnten Besucher die schmalen und kurvenreichen 2 km von der Hochebene zum Forsthaus Rabaçal mit dem Auto hinunterfahren. Nun ist die Straße für den Verkehr gesperrt. Wer sich den halbstündigen Fußweg ersparen möchte, kann sich von dem regelmäßig verkehrenden Shuttle-Bus hinunterbringen lassen.

- **Shuttle-Bus nach Rabaçal:** tgl. 9.30–19.30 Uhr, hin und zurück 5 €, einfache Fahrt 3 €.

Nach zwei Kilometern ist ein **Forsthaus** erreicht. Zwei Wanderungen, die auch bei Madeirensern beliebt sind, beginnen am Forsthaus, beide sind recht leicht zu bewältigen (Wanderungen 7 und 8). Sie führen durch üppige Vegetation, in der Lorbeerbäume, Baumheide, Madeira-Heidelbeeren und Flechten (Lebensgemeinschaften von Algen und Pilzen) eine verwunschene Atmosphäre zaubern.

Wanderung 7: Vom Forsthaus von Rabaçal zum Risco-Wasserfall

- **Ausgangspunkt:** Parkplatz an der Abzweigung nach Rabaçal
- **Endpunkt:** Forsthaus von Rabaçal
- **Schwierigkeitsgrad:** leicht
- **Gehzeit:** Parkplatz – Forsthaus 20–30 Min, Forsthaus – Wasserfall 20–30 Min.
- **Höhendifferenz:** 300 m hinunter, ab Forsthaus keine
- **Wegbeschaffenheit:** einfacher Levada-Weg bzw. breiter Wanderpfad
- **Ausrüstung:** Wanderausrüstung

Seit die Straße vom Parkplatz zum Forsthaus gesperrt ist, sind Wanderer gezwungen, den 20–30-minütigen Abstieg (und entsprechend längeren Aufstieg) bis zum Ausgangspunkt der Wanderung zu Fuß zu bewältigen oder den Dienst eines Shuttle-Busses in Anspruch zu nehmen. Am Forsthaus biegt man in einen von Holzgeländern begrenzten Treppenweg ein, der über zahllose Stufen talwärts führt (Hinweisschild „Risco, 25 Fontes"). Unter mit Baumbart bewachsenen Bäumen wandert man den breiten Weg an der **Levada do Risco** entlang, bis man nach ca. fünf Minuten den Abzweig zu den 25 Quellen erreicht. Diesen ignoriert man und läuft weiter geradeaus, passiert einen sehr schönen Aussichtspunkt, wo einem die **Levada das 25 Fontes** zu Füßen liegt, und biegt nach einer guten Viertelstunde nach rechts in einen Levada-Pfad ab, der zum **Risco-Wasserfall** führt. Nach gut 20 Minuten steht man auf der Aussichtsplattform gegenüber dem Wasserfall. Früher konnte man noch durch die Tunnels unterhalb des Wasserfalles weitergehen, dies ist heute verboten.

Wanderung 8: Vom Forsthaus von Rabaçal zu den 25 Quellen

- **Ausgangspunkt:** Parkplatz an der Abzweigung nach Rabaçal
- **Endpunkt:** Forsthaus von Rabaçal
- **Schwierigkeitsgrad:** leicht
- **Gehzeit:** Parkplatz – Forsthaus 20–30 Min, Forsthaus – 25 Quellen 50–60 Min.
- **Höhendifferenz:** 400 m hinunter, 100 m hinauf
- **Wegbeschaffenheit:** einfacher und gesicherter, teils aber sehr schmaler Levada-Weg
- **Ausrüstung:** Wanderausrüstung

Die Wanderung sollte man bevorzugt **am frühen Morgen** machen, da der schmale Weg sonst zu langen Wartezeiten führt, wenn die Busgruppen kommen. Auch hier sind Wanderer gezwungen, den Abstieg bis zum Ausgangspunkt zu Fuß zu bewältigen oder mit dem Shuttle-Bus zu fahren. Der Anfang der Wanderung vom Forsthaus Rabaçal an der Levada do Risco entlang ist in Wanderung 7 beschrieben. Nach 5 Min. Spaziergang auf dem breiten Levada-Weg verlässt man an dem ausgeschilderten Abzweig nun die Levada do Risco und folgt dem Weg nach links in Richtung 25 Fontes. Über Treppenstufen geht es hinunter zur **Levada das 25 Fontes,** die man nach etwa 5 Min. erreicht und nach rechts an ihr entlang läuft. Wenn im Frühjahr und Sommer die Hortensien am Wasserkanal blühen, ist dieser Streckenabschnitt besonders schön.

Für ein kurzes Stück muss man die Levada, die durch einen Berg läuft, verlassen und die Stelle auf Stufen und einer Brücke umgehen. Danach erreicht man bergauf über eine Treppe wieder den Wasserlauf und kann mit **Ausblick auf den Risco-Wasserfall** kurz verschnaufen.

Die folgenden zehn Minuten führen auf schmalem Pfad wieder an der Levada das 25 Fontes entlang. Zur Talseite hin begrenzt hohe Baumheide den Weg, so dass man den Abgrund daneben nicht wahrnimmt. Nach insgesamt einer halben Stunde Wanderzeit biegt die Levada nach rechts ins Tal der 25 Quellen ab. Dem breiten Wasserkanal folgend (ein schmalerer kreuzt den Weg), erreicht man nach einer Dreiviertelstunde den **dicht bewachsenen Talkessel,** in den die 25 Quellen als kleine und größere Wasserfälle hinabsprudeln. Auf gleichem Weg geht es zurück nach Rabaçal.

102ma sk

3 Die Nordküste

Wilde, ungezähmte Küste, Wetterkapriolen, charmante Städtchen und Wanderwege ins Inselinnere – wer dem herben Reiz der Nordküste verfällt, wird immer wieder kommen.

[<] An der Nordküste eröffnen sich herrliche Panoramen

DIE NORDKÜSTE:

STEILER FELS UND SÜSSER WEIN

Es ist noch gar nicht so lange her, da waren die Orte der Nordwestküste nur durch eine schmale durch unendlich viele in Fels gehauene Tunnels führende Straße zu erreichen. Die Fahrt von Porto Moniz nach São Vicente war noch ein richtiges Abenteuer! Heute verbindet eine moderne, bequeme Straße die beiden Orte, und auch weiter Richtung Osten ist die Nordküste bestens erschlossen. Was moderne Infrastruktur nicht ändern kann, sind die unberechenbaren Kapriolen des Nordküstenwetters: Ob sich die Landschaft von Nebel umhüllt oder in strahlender Sonne präsentiert, entscheidet häufig nur ein kräftiger Wind. Lassen Sie sich von schlechten Aussichten nicht abhalten, diesen wilden Teil Madeiras und seine herrlichen Wanderwege zu erkunden!

NICHT VERPASSEN!

- **Porto Moniz,** weiße Häuschen, schwarzer Fels, sprühende Gischt und das tiefe Blau des Atlantik | 116
- **São Vicente,** eine Altstadt wie aus dem Bilderbuch, Kopfsteinpflastergassen und Blumenschmuck, dazu faszinierende Höhlen | 110
- **Santana,** dank der eigenwilligen Architektur der strohgedeckten Casas de Colmo einer der hübschesten Orte Madeiras | 127
- **Wanderung zum Caldeirão Verde,** durch Madeiras Urwälder zu einem tiefgrün schimmernden See | 132
- **Wanderung zum Pico Ruivo,** eine Tour auf den höchsten Gipfel der Insel | 135
- **Porto da Cruz,** mit dem schönsten Meeresstrandbad der Insel | 137

Diese Tipps erkennt man an der gelben Hinterlegung.

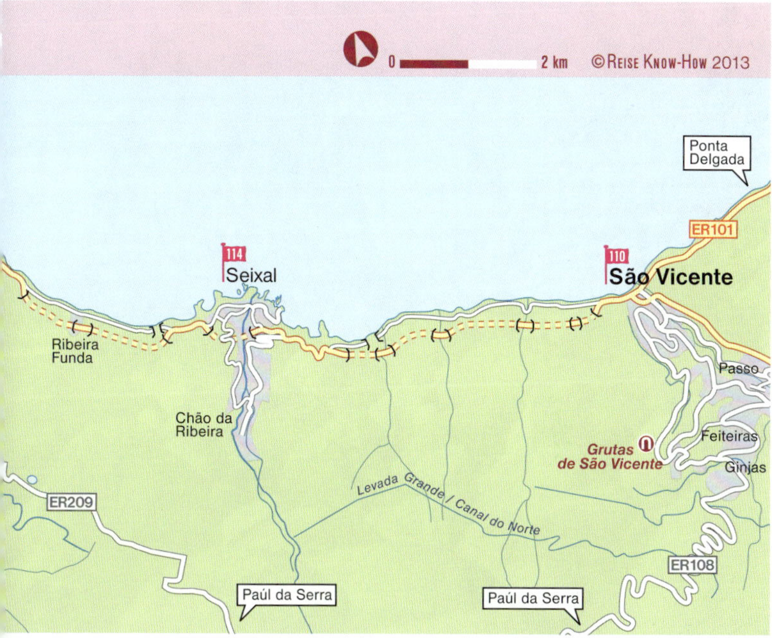

Überblick

Die Bergwände entlang der Nordküste erheben sich nahezu senkrecht aus dem Meer. Die **Steilküste** ist nur an wenigen Stellen unterbrochen, wo sich rauschende *ribeiras* in den Atlantik ergießen. An den Mündungen und in den Flusstälern liegen vereinzelte Siedlungen. Noch bis zur Mitte des 20. Jahrhunderts waren sie nur per Schiff erreichbar. Dann wurde die **Küstenstraße** in den Fels geschlagen, die lange Zeit eine der größten Attraktionen der Insel, heute allerdings wegen Steinschlags vollständig gesperrt ist. Zwischen **Porto Moniz** und **São Vicente** schwebte das Asphaltband förmlich zwischen Himmel und Meer. Besprengt vom stetigen Sprühregen der vom Fels rieselnden Wasserläufe, die besonders an den Ein- und Ausgängen der vielen Tunnel regelrechte Wasserfälle bildeten, galt die Straße einst als Madeiras kostenlose Autowaschanlage.

Im Zuge der Verkehrserschließung des Nordens wurde die Küstenstraße an den ausgesetztesten Punkten entschärft, parallel zu ihr und durch neu erbaute Tunnels hindurch verläuft nun die weitaus weniger spektakuläre, dafür aber nicht so anstrengend zu befahrende Straße.

Klimatisch unterscheidet sich der Norden deutlich vom Süden: Die von den Passatwinden herangetriebenen

Wolken bleiben meist an den hohen Bergbarrieren hängen, so dass der Besucher hier häufiger mit **Wolken und Regen** rechnen muss. Die See ist deutlich unruhiger, und an Baden ist nur in den natürlichen oder künstlich geschaffenen **Meeresschwimmbecken** zu denken. Rau und unzugänglich, besitzt Madeiras Nordwestküste einen ganz besonderen, herben Charme. Idealer Ausgangspunkt für den Besuch Nordmadeiras ist das freundliche Städtchen São Vicente, das dank des Tunnels von Funchal aus schnell erreicht ist.

São Vicente

Der hübsche Ort mit knapp 7000 Einwohnern liegt am Ausgang eines Tals, durch das die Ribeira São Vicente dem Meer zufließt. Das Tal verbreitet sich im Mündungsgebiet, die steilen Hänge der Nordküste flachen etwas ab, so dass die Bauern hier fast ideale Bedingungen für ihre **Terrassenfelder** finden.

São Vicente hat sich in den 1990er Jahren schmuck herausgeputzt – Häuser

064ma sk

und Kirche wurden renoviert, Blumentöpfe vor Fenster und Türen gestellt und das Steinchenpflaster aufgefrischt. Zweifellos ist es heute eine der attraktivsten Siedlungen Madeiras.

Kirche São Vicente

Im Zentrum des Ortes steht die im 16. Jahrhundert erbaute **Igreja de São Vicente.** Barocke Schnitzarbeiten wechseln im Inneren mit illusionistischen Gemälden ab. Von der Decke herab segnet der Schutzpatron *Vinzenz* seine Stadt. An den Seitenwänden sind auf barocken blau, weiß und gelb gehaltenen *azulejos* weitere Heilige zu sehen.

Den von Palmen bestandenen Kirchenvorplatz schmückt ein netter **Jugendstil-Pavillon,** in dem beim Fest des hl. *Vinzenz* am 22. Januar die Blaskapelle aufspielt. Gegenüber liegt ein mit Rosen und Oleander bewachsener Friedhof. Um die Kirche herum kann man durch schmale Gassen bummeln, Auslagen angucken oder in der Bar Estoril gegenüber dem Gotteshaus einkehren.

Capela da Ponte

Parallel zum Strand verläuft die Küstenstraße ER 101 von São Vicente nach Ponta Delgada auf einer recht unattraktiven Eisenbrückenkonstruktion über die Mündung der Ribeira São Vicente. Ungefähr in der Mitte des Flussbettes liegt ein dunkler Felsblock; in diesen hineingebaut ist eine kleine **Kapelle.** Sie ist eines der vielen Heiligtümer, die die Menschen an der Nordküste der Gewalt des Atlantiks entgegengestellt haben. Zahlreich sind die Legenden, die von Flutwellen und Unwettern berichten, welche Kruzifixe, Heiligenbilder, ja ganze Gotteshäuser fortschwemmten. Und dennoch werden die Kirchen immer wieder an denselben Stellen aufgebaut.

Der 1694 errichteten Capela da Ponte erging es besser, sie hatte ja den Felsblock als Schutz. Erbaut wurde sie an jener Stelle, an der ein Bildnis des hl. *Vinzenz* aus der Pfarrkirche nach einer ver-

⌃ Dem Felsfenster, *janela*, verdankt die Ribeira da Janela ihren Namen

065ma sk

heerenden Überschwemmung unversehrt wieder an Land gespült wurde. Auch die Sturzflut im Jahr 2010 überstand sie unbeschadet.

Grutas de São Vicente

Der Strand von São Vicente mit seinen Wackersteinen lädt nicht unbedingt zum Baden ein – dafür besitzt der Ort eine andere Attraktion, die an heißen Tagen für Abkühlung sorgt: die Grutas de São Vicente. Die **Grotten** befinden sich am südlichen Ortsausgang, der Hauptstraße in Richtung Encumeada und dann der ausgeschilderten Abzweigung folgend nach rechts. Sie wurden durch einen Vulkanausbruch vor etwa 400.000 Jahren herausgebildet. Die flüssige Lava erkaltete und schuf dabei die Hohlräume, durch die man heute auf einem 700 Meter langen, geführten Rundgang spazieren kann. Drinnen ist es angenehm kühl. Wie das Höhlensystem entstanden ist, erläutert das angeschlossene **vulkanologische Zentrum** mit einem 3-D-Film und anhand von Schautafeln und Modellen.

■ **Grutas de São Vicente,** tgl. 10–19 Uhr, Eintritt 8 €, www.grutasecentrodovulcanismo.com.

⌃ São Vicente an der Nordküste besitzt eine idyllische Altstadt

› Pfarrkirche und Stadtpark in São Vicente

Bus und Taxi

■ Busse der Linie 139 von Funchal nach Porto Moniz und der Linie 150 von São Vicente nach Santa.
■ Taxi-Standplatz im Ortszentrum, Tel. 291-842238.

Unterkunft

■ **Estalagem do Mar****,** Juncos, Fajã da Areia, Tel. 291-724337, Fax 762171, www.estalagemdomar.com, DZ um 50 €. Modernes großes Hotel am Kiesstrand östlich von São Vicente. Alle Zimmer mit Meerblick; Innen- und Außenpool, Sauna, Jacuzzi, Tennis, ausgezeichnetes Restaurant.
■ **Residencial Praia Mar**,** Calhau, Tel. Tel./Fax 291-842749, www.praiamar.pt, DZ 30–50 €. Einfacheres Hotel direkt an der Uferpromenade mit gutem Restaurant.
■ **Estalagem do Vale****,** Tel. 291-840160, Fax 840169, www.estalagemdovale.com, DZ 50–110 €. Neues und vorzügliches, um ein altes Herrenhaus (ehemals Hospital und dann Schule) errichtetes Hotel mitten im Ort mit moderner Einrichtung und allen Annehmlichkeiten. Sehr gutes Restaurant mit zahlreichen Spezialitäten wie *carne santa* mit Kräutern und Couscous und einem wohlsortierten Weinkeller. Beheizbarer, im Winter überdachter Pool, Mini-Golf-Platz. Das sehr freundliche Personal hilft gern bei der Planung von Levada-Wanderungen im Norden und im Zentrum der Insel.

Essen und Trinken

■ **O Virgílio,** Calhau, Tel. 291-842467, Menü 15–20 €. Zu den rustikalen Holztischen passen die vom Chef persönlich zubereiteten Madeira-Spezialitäten. Deftig, einfach, köstlich!
■ **Frente Mar,** Calhau, Tel. 291-842871, Menü 20 €. Wer unter den Einheimischen einen schnellen Snack verzehren will, bleibe im Erdgeschoss. Im

066ma sk

Speisesaal, eine Etage höher, geht es etwas vornehmer zu. Gute Hausmannskost, viel Fisch!
■ **Quebra Mar,** Calhau, Tel. 291-842338, Menü 30–35 €, Mo geschlossen. Der Restaurantpavillon am Strand wird mittags häufig von Busgruppen besucht; abends ist man in dem eleganten Speiseraum fast unter sich und genießt das wechselnde Panorama durch die großen Glasscheiben: Das Restaurant dreht sich ganz langsam, so dass jeder Gast einmal den Blick auf die Küste, das Meer und den Ort genießen kann. Auf der Karte stehen auch eher seltene Köstlichkeiten wie *lapas* (Napfschnekken). Die hervorragende Krautsuppe wird nach Vorbestellung für mindestens zwei Personen zubereitet.
■ **Ferro Velho,** Rua da Fonte Velha, Tel. 291-842763, Menü 15 €. Pub und Restaurant mit traditionell madeirensischer Küche in nostalgischem Rahmen, abends auch Dorfkneipe für die Jugend.

Chão da Ribeira

Vor dem östlichen Ortseingang von Seixal zweigt die ER 221, die entlang der Ribeira da Seixal verläuft, nach Süden ab und führt dreieinhalb Kilometer durch das hübsche Tal zur **Forellenzuchtstation** von Chão da Ribeira.

Essen und Trinken

- **Casa de Pasto Chão da Ribeira,** Tel. 291-854559, www.casadepastojustiniano.com, Menü 15 €, Di geschlossen. An den Wochenenden wird das Lokal von Ausflüglern belagert. Man kocht noch nach traditionellen Rezepten, die *espetada* kommt auf einem Lorbeerspieß über die Glut. Berühmt sind die Forellen.

Seixal

Seixal liegt auf einer kleinen Landzunge, sein Hafen auf einer vorgelagerten Insel, die durch einen Damm mit dem Festland verbunden ist. Berühmt ist das Dorf für seinen hervorragenden **Sercial,** einen der besten Madeira-Weine. Man keltert ihn aus den Trauben, die hier geschützt durch Heidehecken gedeihen.

In Seixal gibt es mehrere natürlich entstandene, und in ein modernes Strandbad integrierte **Meeresschwimmbecken,** in denen man sich bei schönem Wetter herrlich erfrischen kann. Auch ein kleiner schwarzer Sandstrand im Hafenbecken lädt zum Bad, westlich die Praia da Luje mit ihrem schwarzen Sand zwischen Vulkanfelsen zum Schwimmen. Anschließend locken gute Restaurants mit frisch gefangenem Fisch. Wer dabei dem lokalen Wein zu heftig zuspricht, sollte auf die Weiterfahrt verzichten und eines der gemütlichen Gästezimmer beziehen.

Feste

Seixal hat einen dicht gedrängten Festkalender, gilt es doch, den vielen Heiligen zu huldigen und zudem den neuen Wein zu feiern. Am 17. Januar begehen die Menschen das **Fest des heiligen Antão,** dem die aus dem 16. Jahrhundert stammende Pfarrkirche des Ortes geweiht ist. Dabei wird geschlemmt, um dem volkstümlichen Namen des Festes, „Iss und trink“, alle Ehre zu machen.

Am ersten August-Wochenende folgt das **Fest des Santíssimo Sacramento** mit feierlicher Prozession und anschließendem bunten Treiben bei Musik, Tanz und gutem Essen. Im September zu Beginn der Weinlese und im November zum Verkosten des neuen Tropfens fließt der Wein in Strömen – wer da mithalten möchte, sollte sich unbedingt rechtzeitig um eine Übernachtungsmöglichkeit kümmern.

Anfahrt mit dem Bus

- Busse der Linie 139 von Funchal nach Porto Moniz und der Linie 150 von São Vicente nach Santa.

Unterkunft

- **Casa das Videiras***,** Sítio da Serra Água, Tel. 291-854000, Fax 854021, www.casa-das-videiras.com, DZ ab 50 €. Unweit des Hafens mit Garten und sehr liebevoll eingerichteten Gästezimmern.

■ **Brisa Mar**,** Cais, Tel. 291-854476, www.brisamar.com, DZ ab 40 €. Mit Korbmöbeln freundlich eingerichtetes Haus direkt an der Hafenmole. Berühmt ist das Restaurant für die ausgezeichneten Fischgerichte aus stets frischem Fang.
■ **Residencial Solmar**,** Sitio da Ponte, Tel. 291-854854, www.residencialsolmar.com.pt, DZ ab 35 €. Ebenfalls nicht weit vom Hafen, nur sechs Zimmer, luftige Terrasse mit Blick über Seixal und Meer. Gutes Restaurant, in dem Fisch „den Ton angibt".

Essen und Trinken

■ **Aquario,** Seixal 121, Tel. 291-854396, Menü um 15 €, Mo geschlossen. Beliebtes Restaurant an der Durchgangsstraße. Man sitzt hinter großen Glasscheiben und genießt neben dem Blick auf die wilde Küstenlinie ausgezeichneten Fisch.
■ **Restaurant des Solmar,** ebenfalls gute Küche und sehr freundlicher Service; wenn Busgruppen das „Aquario" belagern allemal die bessere Alternative.
■ **Kalhau's,** Cais do Seixal. Schicke Bar am Hafen, man spielt Billard und hört coole Musik.

Ribeira da Janela

Über die Hälfte der knapp 7 km von Seixal nach Ribeira de Janela nimmt ein Tunnel ein. Kurz vor dem Ort mündet die Ribeira de Janela, Madeiras längster Fluss, in den Atlantik. Sie kommt von der Hochebene Paúl da Serra bei Rabaçal und hat ein schmales, von Lorbeerwald bestandenes Flusstal geschaffen, in dem man sehr schön wandern kann.

Ort und *ribeira* verdanken ihren Namen einer Gesteinsformation, die wie ein in den Felsen geschlagenes Fenster (*janela* = Fenster) aussieht. Der Ort hat außer dieser Attraktion und einem kleinen, mit Felsblöcken übersäten Strand nichts Sehenswertes zu bieten.

Anfahrt mit dem Bus

■ Busse der Linie 139 von Funchal nach Porto Moniz und der Linie 150 von São Vicente nach Santa.

Camping

■ **Madeiras einziger Campingplatz** (www.portomoniz.pt, 3 €/Person, 4 €/Zelt) wurde von Porto Moniz nach Ribeira da Janela verlegt. Die Anlage am Flussbett der Ribeira ist modern und komfortabel, allerdings auch sehr schattig zwischen den hohen Felswänden.

Abstecher auf die Hochebene Paúl da Serra

In Ribeira da Janela beginnt die ER 209, die abseits der Hauptroute auf die Paúl da Serra hinaufführt und am Campo Grande in die ER 110 mündet.

Durch dichten Wald, in dem man deutlich die vier auf Madeira verbreiteten Lorbeerarten identifizieren kann, geht es in steilen Serpentinen auf die kleine Hochebene **Fanal** in etwa 1000 Metern Höhe, eine von Fels und Farn geprägte Region. Hier blickt man von einem Aussichtspunkt hinunter ins Tal der Ribeira do Seixal und auf ihre Mündung in den Atlantik. Im weiteren Verlauf geht es auf etwa gleichbleibender Höhe weiter bis zu einem Aussichtspunkt, der das Tal von Rabaçal erschließt.

Nun ist man endgültig auf der Paúl da Serra mit ihrer **typischen Vegetation** angelangt und passiert Schafgatter und notdürftige Unterstände. Hier finden im Sommer die Schafschur und ein großes Hirtenfest statt. Schließlich mündet die Straße in die ER 110 von der Boca da Encumeada nach Porto Moniz. Die gesamte Strecke ist etwa 22 Kilometer lang.

Porto Moniz

Das Fischerdorf liegt an der nordwestlichen Spitze der Insel und ist fast schutzlos Wind und Wetter ausgesetzt. Die unwirtliche geographische Lage führte in den letzten 40 Jahren zu einer stetigen Abwanderung: Lebten in der Gemeinde Porto Moniz im Jahr 1950 noch 6400 Menschen, war die Zahl 1991 auf die Hälfte gesunken. Heute leben 2700 Menschen in Porto Moniz. Es ist die am dünnsten besiedelte Region Madeiras. Erst der stetig anwachsende Tourismus hat wieder etwas Leben nach Porto Moniz gebracht.

Der schnellste Weg von Funchal nach Porto Moniz führt über São Vicente und die neue Nordküstenstraße. Wenn Sie Porto Moniz von Westen, von Ponta do Pargo, anfahren, sollten Sie an einem der vielen **miradouros** (Aussichtspunkte) einen Halt einlegen und einen Blick hinunterwerfen: Grauschwarze, von weißer Gischt umspülte Felsen umrahmen das zwischen Hang und Meer gelegene Dorf. Terrassenfelder klettern in Stufen den Abhang hinauf, Barrieren aus Besenheide rahmen die Pflanzungen ein und schützen sie vor dem stets heftig wehenden Wind. Porto Moniz – **das Ende der Welt.**

Geschichte

Gegründet wurde die Siedlung 1533 durch den Gutsherrn *Francisco Moniz.* Er machte gute **Geschäfte mit Wein,** der hier trotz des für Rebstöcke eigentlich unfreundlichen Klimas hervorragend gedeiht – allerdings nur, solange man ihn durch hohe Hecken aus Besenheide schützt.

Der Ort muss wohlhabend gewesen sein, denn die Chroniken berichten von **Piratenüberfällen,** zu deren Abwehr

[>] Das Meer um Porto Moniz kann so stürmisch sein, dass die Boote an Land geparkt und über eine Rampe zu Wasser gelassen werden

067ma sk

ein kleines Fort errichtet wurde, das 2002 neu aufgebaut wurde. Umgekehrt ließen auch die Bewohner von Porto Moniz nichts anbrennen: Immer wieder kenterten Schiffe in ihren unberechenbaren Gewässern, und dann machten sich die Fischer auf, um Überlebende zu retten und sie dabei meist restlos auszuplündern.

Meeresschwimmbecken

Neben dem kleinen Hafen, dessen Kaimauer bunte Graffitis zieren, befinden sich **Naturschwimmbecken aus Lavagestein.** Die Pools wurden in eine von Felszacken eingerahmte kleine Bucht hineingebaut und werden von den anbrandenden Brechern überspült. Man kann also in den teils betonierten, teils aus natürlichen Lavakuhlen gebildeten Becken sicher und zugleich den Wellen ausgesetzt plantschen und schwimmen (Eintritt kostenlos). Wer Maske und Schnorchel dabei hat, kann hier auch Fische beobachten, die von der wogenden See hinein- und wieder hinausgespült werden. Ist der Seegang zu stark, hisst der Bademeister die rote Fahne – dann heißt es, hinaus aus dem Wasser! Ein zweites und modernes Meeresschwimmbecken befindet sich weiter westlich (Eintritt 1,50 €).

In den Räumen der ehemaligen Festung São João an den Naturschwimmbecken wurde ein modernes und hübsch gestaltetes **Aquarium** eröffnet, das speziell die um Madeira vorkommende Unterwasserflora und -fauna vorstellt.

- **Aquarium,** tgl. 10–18 Uhr, Eintritt 7 €.

Viehmarkt

Im Vorort **Santa** an der ER 101 in Richtung Ponta do Pargo wird am zweiten Augustwochenende der Viehmarkt **Festa de Gado** gefeiert. Zu diesem Anlass holt man die Kühe aus den *palheiros* (Ställen) und führt sie stolz in den blumengeschmückten Straßen des Ortes vor. Dass dabei einige der aus ihren dunklen Verschlägen befreiten Rindviecher ihr Leben lassen müssen, versteht sich von selbst. Wo bekäme man sonst das Fleisch für die *espetadas* her, denen mit Wein heftig zugesprochen wird?

Info

- Die sehr engagierte und hilfsbereite **Touristeninformation** liegt im Ort an der Uferpromenade unterhalb des Restaurants Salgueiro, Tel. 291-852594, www.portomoniz.pt.

Anfahrt mit dem Bus

- Busse der Linie 139 von Funchal über São Vicente oder Encumeada, der Linie 150 von São Vicente nach Santa und der Linie 80 von Funchal über Ponta do Pargo.

Unterkunft

- **EuroMoniz***,** Tel. 291-850050, Fax 853933, www.euromoniz.com, DZ ab 55 €. Kühles Ambiente, Hallen-Pool, Fitnessraum, Sonnenterrasse.
- **Moniz Sol***,** Tel. 291-850150, Fax 850155, www.monizsolhotel.com, DZ ab 50 €. Modernes Haus, klare Farben, modernistische Einrichtung, Indoor-Pool, Dampfbad, Aerobicprogramm.

■ **Residencial Atlantico** ***, Vila do Porto Moniz, Tel. 291-852500, Fax 852504, DZ ab 45 €. Oberhalb der Badeanlage und mit Blick aufs Meer und den Heliport.

■ **Casa do Ribeirinho*****, Sítio do Riberinho, Santa do Porto Moniz, Tel. 291-850140, Fax 850149, www.moniztur.com, DZ um 40 €. Gemütliche und hübsch eingerichtete Gästezimmer; guter Standort für Wanderungen.

■ **Alojamentos Rodrigues****, Vila do Porto Moniz, Tel. 291-853233, Fax 853235, www.alojamentos-rodrigues.com, DZ ab 30 €. Hübsche, individuell eingerichtete Privatzimmer.

■ **Residencial Orca****, Sítio das Poças, Tel. 291-850000, Fax 850019, DZ ab 30 €. Modernes Haus direkt oberhalb der Schwimmbecken. Kleine, nett eingerichtete Zimmer, einige mit Meerblick, Sonnenterrasse, großes Restaurant.

Essen und Trinken

■ **Cachalote,** Sítio das Poças, Tel. 291-853180, Menü 20 €. Hübsch auf Felsen gebaut, von Meeresschwimmbecken umgeben. Die Fischgerichte schmecken nach wie vor, trotz der zahlreichen Touristenbusse.

■ **Pólo Norte,** Sitio da Poças, Tel. 291-853322, www.restaurantepolonorte.com, Menü um 20 €. Auf der Karte stehen Thunfisch und Barsch, aber auch *lapas* (Napfschnecken) und *espada* (Schwertfisch). Souvenirshop im Erdgeschoss.

■ **Salgueiro,** Vila do Porto Moniz, Tel. 291-852139, www.pensaosalgueiro.com, Menü 15–20 €. Sehr gutes Essen und bester Service; neben Degenfisch und *lapas* gibt es Paella und Lobster. Von der Terrasse und durch die großen Fenster des Speiseraumes hat man einen schönen Blick auf das Meer.

■ **Mar à Vista,** Vila do Porto Moniz, Tel. 291-852949, Menü 15 €. Nettes Speiselokal mit Blick aufs Meer. Preiswerte Fischgerichte, Toasts und Suppen.

Wanderung 9: Im Tal der Ribeira da Janela – Durch die Unterwelt zum Ursprung

■ **Ausgangspunkt:** Parkplatz bei Lamaceiros/Porto Moniz

■ **Endpunkt:** Parkplatz bei Lamaceiros/Porto Moniz

■ **Schwierigkeitsgrad:** mittelschwer bis schwer

■ **Gehzeit:** einfache Strecke 2½–3½ Std.

■ **Höhendifferenz:** 100 m hinauf, 100 m hinunter

■ **Wegebeschaffenheit:** teils guter Levada-Weg, in weiten Teilen an ausgesetzten Stellen gesichert, insgesamt 10 teils extrem lange Tunnel (bis zu 1,5 km Länge), die nach starken Regenfällen geflutet sein können

■ **Ausrüstung:** komplette Wanderausrüstung, Regenzeug, Taschenlampe, Badeschuhe

Diese Wanderung führt in das Tal der Ribeira da Janela, des längsten Flusses von Madeira. Der Ausgangspunkt liegt 5 km oberhalb von Porto Moniz in dem kleinen Ortsteil **Lamaceiras** beim Auffangbecken für das Wasser der Levada und einem Café.

Man startet beim **Parkplatz** mit Hinweisschild (z. T. fragwürdige Entfernungsangaben), folgt dem Wasserlauf gegen seine Fließrichtung und befindet sich bereits im Tal der Ribeira da Janela. Agapanthus und Hortensien begleiten den Wanderer das erste Stück. Nach einem Levada-Rechen – mit diesen Anlagen wird das Wasser von Ästen und Blättern gereinigt – wird der Weg schmaler.

Wanderung 9

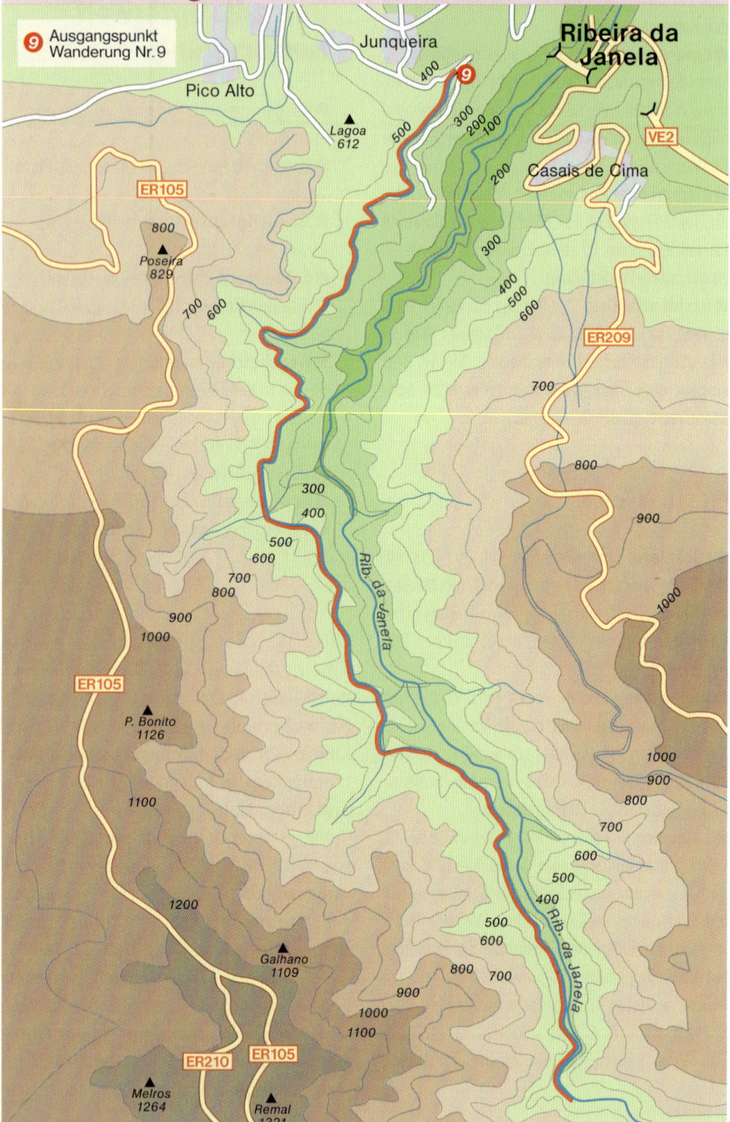
9 Ausgangspunkt Wanderung Nr. 9
Ribeira da Janela
Junqueira
Pico Alto
Lagoa 612
Casais de Cima
VE2
ER105
ER209
ER210
Poseira 829
P. Bonito 1126
Galhano 1109
Melros 1264
Remal 1321
Rib. da Janela
Rib. da Janela

Entlang der steil abfallenden Hänge ist er aber teilweise von Zäunen oder Gebüsch gesichert.

Immer wieder bieten sich schöne Ausblicke. Besonders beeindruckend sind die von Wind, Wetter und Meer geformten **Felsinseln,** dort, wo die Ribeira da Janela in den Atlantik mündet.

Nach einer knappen halben Stunde kommt man an einem zweiten Levada-Rechen vorbei. Wenige Minuten nach einer alten Materialseilbahn quert man eine Felswand und steigt über ein Bachbett. Man fühlt sich wie in einem **Märchenwald,** so dicht wachsen hier Farne, Moose und knorrige Bäume.

Nach etwa 40 Min. Gesamtwanderzeit fallen die Hänge steil ab, der schmale Weg ist aber großteils mit einem Drahtzaun gesichert. An steilen Hängen entlang führt der Weg neben der Levada in eine düstere Schlucht. Man durchquert sie und steht nach einer guten Stunde am ersten **Tunneleingang.** Auch wenn er sehr bedrohlich aussieht und der Ausgang fern ist, man sollte sich ein Herz fassen und weitergehen. Denn am anderen Ende und nach 250 m Dunkelheit wartet eine **unvergessliche kesselartige Schlucht** mit steilen, moosbewachsenen Felswänden, von denen überall das Wasser heruntertropft. Man verlässt den Kessel durch einen zweiten, kürzeren Tunnel (ca. 100 m) und passiert nach gut 15 Min. ein Wasserhaus, hinter dem der dritte Tunnel etwa 100 m lang ist. Nun geht es Schlag auf Schlag: Tunnel 4 (30 m), Tunnel 5 (80 m) und Tunnel 6 (20 m). Gut eine Stunde hinter der Märchenschlucht geht es nun durch einen nur 5 m langen Tunnel und dann ist erstmal Schluss. Häufig ist der achte Tunnel geflutet.

Das **Wasser der Levada** schwappt über die niedrige Begrenzungsmauer auf den parallelen Pfad und dort steht es dann bis zu 40 cm tief. Wer **stabile Badeschuhe** dabei hat ist gerettet. Wanderstiefel und Socken ausziehen, in die Badelatschen schlüpfen, Regenzeug an und hinein ins 1,5 km lange nasse Vergnügen. Wer meint, dass das Wasser nur von unten käme, wird nach der Hälfte des Weges durch Moria eines besseren belehrt. Immer wieder ergießen sich Wasserfälle in voller Breite des Tunnels auf die Wanderer und als ob das nicht reichte, spritzt es auch noch aus den Haarrissen des Felsens mit Druck von der Seite.

15–20 Min. sollte man für die Durchquerung rechnen. Dann kommt sofort der vorletzte Tunnel (etwa 400 m lang). Hinter ihm gelangt man an einen Wegweiser, der nach Lamaceiros 12 km, zum Levada-Ursprung 3 km ausweist, und kurz danach an ein Wasserhaus. Hier geht der Weg ab, hoch zum Fonte do Bispo (ca. 2 Std.). Etwa 30 Min. sind es nun noch zum **Levada-Ursprung** und durch den letzten und zehnten Tunnel (120 m). Mauern und Felsen leiten das Wasser mehrerer reißender, hier zusammenfließender Gebirgsbäche in die Levadas, blank poliertes Gestein liegt, wie von Riesen zusammengeworfen, in den Flussbetten und zeugt von der Allmacht des Wassers. Grün und dicht bewachsen zeigen sich die Hänge des engen Talkessels – im Gewand des ursprünglichen Inselbewuchses. Nach der verdienten Pause geht es auf demselben Weg zurück.

Ponta Delgada

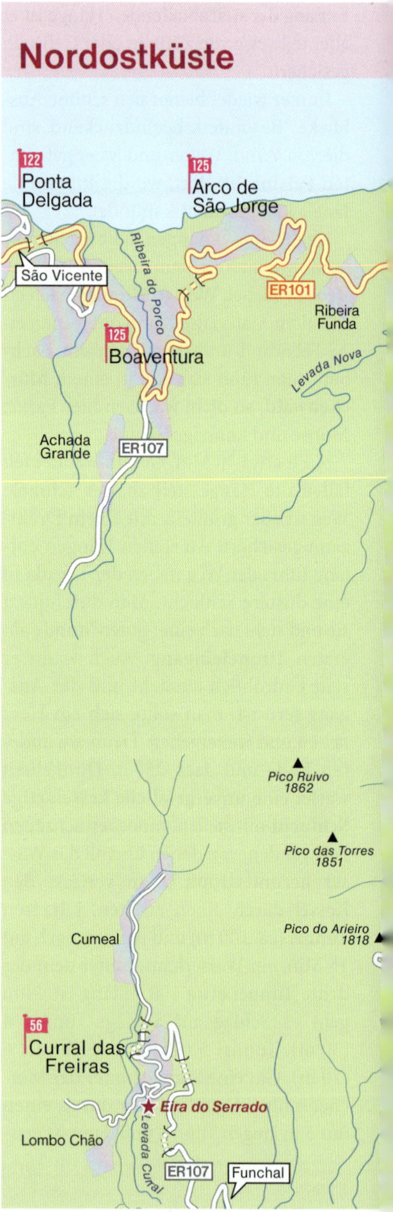

Von São Vicente weiter nach Osten passiert man nach der Überquerung der Mündung der Ribeira São Vicente mehrere Hotel-Restaurants und erreicht sieben Kilometer später den Weiler Ponta Delgada. Dieser Küstenabschnitt ist bei Surfern sehr beliebt; fast immer sind im Sommer hier Wellenreiter zu sehen. Die Siedlung mit ihren knapp 1500 Einwohnern liegt auf einer sichelförmigen **Landzunge** knapp über dem Meeresniveau. In ihrem Rücken steigen die Küstengebirge steil zum 1094 Meter hohen **Pico Buzio** auf. Um den Ortskern breitet sich ein Flickenteppich tiefgrüner Felder aus, auf denen neben Obst und Getreide gedrungene Weiden wachsen. Die Region um Ponta Delgada ist einer der größten Lieferanten von Weidenruten für die **Korbmacher** von Camacha.

Igreja de Senhor Bom Jésus

Ponta Delgada besitzt eine über seine Grenzen hinaus bekannte **Reliquie:** das Fragment eines Holzkreuzes, das angeblich im 15. Jahrhundert hier an Land gespült und schon bald in einer 1470 errichteten Kapelle verehrt wurde. Diese brannte 1908 ab; dabei wurde auch das Kruzifix ein Opfer der Flammen, doch ein verkohlter Rest konnte gerettet werden.

Seit 1910 wird die Reliquie in der in diesem Jahr eingeweihten neuen Igreja de Senhor Bom Jésus aufbewahrt, einer bedeutenden **Wallfahrtsstätte** der Madeirenser. Am ersten Septembersonntag

0 2 km
©Reise Know-How 2013
Ponta de São Jorge
Ilhéu da Rocha das Vinhas
126 São Jorge
Ribeira de Jorge
Ilha
127 Santana
Ilhéu da Viúva ou da Rocha do Navio
Ponta do Clérigo
Ilhéu do Faial
ER101
136 Faial
131 Casas de Queimadas
ER218
Levada do Caldeirão Verde
Corujeira de B.
Penha de Águia 590
Baixa de Fora
Ilhéu
Baixa de Terra
ER108
137 São Roque do Faial
137 Porto da Cruz
ER103
Achada do Teixeira 1592
Fajã de Murta
Rib. da Metade
ER217
Larano
Referta
Maiata
Folhadal
173 Portela-Pass
Ribeira Seca
Fajã do Cedro Gordo
Achada do Pau Bastião
Levada da Portela
Balcões
178 Ribeiro Frio
Ribeira de Machico
ER102
Machico
ER108
ER103
Flughafen
171 Santo António da Serra
Levada do Blandy
174 Poiso-Pass
ER202
ER203
Funchal
Camacha
Ribeiro João Gonçalves
João Ferino

068ma sk

kommen zahlreiche Gläubige hierher, um dem Herrn Jesus zu huldigen. Dann stehen die Menschen auf dem Kirchenvorplatz mit seiner großen Araukarie dicht gedrängt.

Meeresschwimmbecken

Südöstlich der Kirche bildet die Landzunge eine kleine Kiesbucht. Hier liegt das moderne Strandbad von Ponta Delgada mit mehreren Meeresschwimmbecken. Die atlantischen Brecher überschlagen sich an der Betonbegrenzung und bescheren den Badenden immer neue kalte Duschen. Es ist ein Riesenspaß, allerdings nur in den Sommermonaten, wenn das Wasser halbwegs erträgliche Temperaturen erreicht (Eintritt 1,50 €).

Anfahrt mit dem Bus

- Busse der Linie 6 von Funchal nach Arco de São Jorge.

Unterkunft

- **Monte Mar Palace Hotel****,** Ponta Delgada/Sao Vicente, Tel. 291-724336, Fax 762171, www.montemarpalace.com, DZ ab 60 €. Moderner Vier-Sterne-Bau hoch über dem Meer mit allem Komfort, zudem Thalassotherapie.
- **Casa de Capelinha***,** Terreiro, Ponta Delgada, Tel. 291-860040, Fax 860042, www.casadacapelinha.com, DZ ab 60 €. Über der Badeanlage in schöner Panoramalage bietet das Haus modern und sehr geschmackvoll eingerichtete Zimmer und Apartments, dazu Liegewiese mit Pool, Restaurant und eine Kapelle aus dem 16. Jahrhundert.

Essen und Trinken

■ **Restaurante Many,** Fajã da Areia, São Vicente, Tel. 291-842243, Menü 20–25 €. Das Restaurant auf halbem Weg zwischen S. Vicente und Ponta Delgada bietet gute Fischküche und *lapas.*

Boaventura und Arco de São Jorge

Hinter Ponta Delgada weicht die ER 101 in einem spitzen, landeinwärts gerichteten Bogen den bis zu 400 Meter hohen Küstenfelsen aus, passiert dabei nach zwei Kilometern das Ortszentrum des Weilers Boaventura und erreicht nach einem langen Tunnel sechs Kilometer später bei Arco de São Jorge wieder das Meer. Beide Orte waren wegen ihrer unzugänglichen Lage nur schwer zu erreichen; Arco de São Jorge wurde von der See her versorgt, nach Boaventura („Gut Glück") konnte man nur auf Saumpfaden gelangen.

Heute dominiert in der Region der **Weinanbau.** Am Rand der Pflanzungen und Felder sieht man wie in Ponta Delgada **Weiden,** deren Ruten in mühevoller Handarbeit gekocht und geschält werden, bevor man sie zur Verarbeitung nach Camacha schickt.

‹ Terrassenfelder und Einzelgehöfte prägen die Nordküste

⌄ Wein gedeiht trotz des kühlen Klimas auch im Norden

069ma sk

Unterhalb von Boaventura lockt ein **Strand mit schwarzem Kies und Sand** Besucher an heißen Tagen ins kühle Nass (Anfahrt: Stichstraße vom Landesinneren bei Fajo do Penede 3 km, zum Parkplatz und in 10 Min. hinunter zum Strand oder direkt vom Restaurant São Christovão zu Fuß hinunter und über die alte Steinbrücke in ca. 20 Min.).

Hauptattraktion in Arco São Jorge ist der fantastische **Rosengarten** der Quinta do Arco (s. u.), der zur Blütezeit im Sommer unbedingt einen Besuch lohnt.

- **Rosarium,** tgl. 11–18 Uhr, 5 €, Tel. 291-570250.

Anfahrt mit dem Bus

- Busse der Linie 6 von Funchal nach Arco de São Jorge.

Unterkunft

- **Quinta do Arco****,** Arco de S. Jorge, Tel. 291-570270, Fax 570276, www.quintadoarco.com, DZ ab 77,50 €. Luxuriöse, riesengroße Gartenanlage mit Pool und mehreren Häusern, in denen teils Apartments, teils das ganze Haus zu mieten ist, was fürs Frühstück nötig ist, wird auf die Zimmer gebracht.
- **Solar de Boaventura***,** Serrão Boaventura, Tel. 291-863888, Fax 863877, www.solar-boaventura.com, DZ 50 €. Die alte *quinta* dient heute als stilvolles Hotel mit zehn Gästezimmern.

Essen und Trinken

- **São Christovão,** Tel. 291-862605, Menü um 15 €. Das Restaurant liegt am Miradouro westlich von Boaventura und offeriert zu spektakulärer Fernsicht delikate Fischsuppe und andere Spezialitäten.

São Jorge

Auch São Jorge, knapp zehn Kilometer von Arco entfernt, steht im Zeichen der Landwirtschaft. Der Ort liegt auf einem Plateau in 300 Metern Höhe, und seine Bewohner genießen den in Madeira seltenen Luxus, ihre Felder auf nahezu flachem Gelände anlegen zu können. Hier wird Mais und anderes Getreide angebaut. Die Ernten brachten und bringen auch heute noch ein relativ gutes Auskommen. Dieses findet seinen Ausdruck in der reich geschmückten **Barockkirche São Jorge.** 1761 errichtet, spart sie wahrlich nicht mit Prunk. Haupt- und Seitenaltäre sind aus vergoldetem Schnitzwerk, und von der Decke über dem Altarraum blicken auf einem illusionistischen Gemälde Heilige, Engel und das Gottesauge durch die Wolken auf die Gläubigen hinunter. Unten am Meer säumt der Complexo Balnear mit Meerespools und einem Café-Restaurant die Bucht an der Mündung der Ribeira da Foz in den Atlantik (Eintritt frei, Liege 1 €).

Anfahrt mit dem Bus

- Busse der Linie 103 und 138 von Funchal über Santana nach São Jorge.

Unterkunft

- **Cabanas de São Jorge Village*,** Sítio da Beira da Quinta, Tel. 291-576291, Fax 576032, www.cabanasvillage.com, DZ ab 45 €. An der ER 101 5 km in Richtung Boaventura, das Feriendorf mit gemauerten Rundhäusern bietet eine Mischung aus Camping und Hotel, freundlicher Service, allerdings durch die Straße recht laut.

■ **Casa de Campo das Proteas***,** Sitio da Felpa, São Jorge, Tel. 291-576444 oder Kontakt über Mobil-Telefon 917447005, www.madeirarural.com/casa-proteas.html, DZ ab 40 €. Hübsche kleine Quinta, modern und geschmackvoll eingerichtet, die etwas kleinen Zimmer macht die Panoramalage wett, nur Frühstück.

Essen und Trinken

■ **Calhau de São Jorge,** Complexo Balnear, Tel. 291-576008, Menü 15–25 Euro, Mo–Do 9–17 Uhr, Fr–So 9–24 Uhr (Winter Fr–So 9–24 Uhr). Modernes Restaurant mit guter Fisch- und Fleischküche.

Santana

Der hübsche Ort Santana liegt auf einem Plateau über dem Meer. Die Berge ziehen sich hier sogar so weit zurück, dass die Region intensiv landwirtschaftlich genutzt werden kann. Neben Getreide wird Wein angebaut. Santana ist ein hervorragender **Ausgangspunkt für Wanderungen,** beispielsweise zum Pico Ruivo. Mehrere Hotels und Pensionen bieten sich als Unterkunft an.

Erste Siedler errichteten hier 1572 eine Kapelle zu Ehren der hl. *Anna,* auf die der Ortsname zurückgeht (Santa Ana). Hundert Jahre später wurde die **Pfarrkirche** erbaut und am 20. September 1698 eingesegnet. Blau-weiße *azulejos* schmücken den Altarraum, der mit barockem Schnitzwerk prunkt.

Casas de Colmo

Berühmt ist Santana aber nicht wegen seiner Kirche, sondern wegen der teils noch hervorragend erhaltenen, teils neu aufgestellten, mit Stroh gedeckten **kleinen Holzhäuser.** Die Dächer dieser Casas de Colmo reichen bis auf den Boden und bilden spitzwinkelige Dreiecke, unter denen in drangvoller Enge die Familien lebten. Im Erdgeschoss wohnten und schliefen die Menschen, darüber befand sich meist die Speisekammer. Für Küche und Waschräume war in den Hütten kein Platz, die Kochstelle lag im Freien.

Neben dem Rathaus stehen mehrere neue *casas* zur Besichtigung. Mit ihren kräftigen Farben – rot, blau und grün – überstrahlen sie den grauen, modernen Bau des *municipio.*

Wer durch Santana schlendert, kann noch viele alte Häuschen entdecken. Einige sind kaum mehr als Ruinen und werden offensichtlich als Lager für Viehfutter oder ausgemusterten Hausrat benutzt. Andere wirken noch sehr gepflegt und sehen mit dem bunten Blumenschmuck von Geranien und Hortensien vor Fenstern und Türen richtig einladend aus.

Parque Temático do Madeira

Gleich am Ortseingang und dank der riesenhaften Parkgarage und der großen Freiflächen für Busse nicht zu übersehen liegt der **Themenpark** Madeiras. Im Park kann man anhand Nachbauten und historischen Tableaus die Entdeckung der Insel nachempfinden, Kunsthandwerkern bei der Arbeit zusehen, sich über typisch madeirensische Fortbewegungsmittel informieren, auf Klettergerüsten toben oder mit einem Nachbau der alten Zahnradbahn von Monte herumfahren.

■ **Themenpark,** tgl. 10–19 Uhr (im Winter Mo geschlossen), www.parquetematicodamadeira.pt, Eintritt 10 €, Kinder 8 €.

Seilbahn zur Rocha do Navio

Auch diese Seilbahn diente ursprünglich als Transportmittel für die Bauern, die unten an der Küste ihre Felder haben. Nun wird sie auch gerne von Touristen benutzt. Man kann nach der steilen Fahrt hinunter am Meer spazieren gehen und vielleicht (mit riesengroßem Glück) eine Mönchsrobbe sichten. Die halten sich nämlich gelegentlich an diesem Teil der Küste auf, weshalb das Meer hier ebenfalls zu einer *Reserva Natural* erklärt wurde.

■ **Seilbahn Rocha do Navio,** tgl. 10–18 Uhr, 5 €.

Feste

Wer das Glück hat, sich zu einem der hier besonders originell begangenen Feste in Santana aufzuhalten, erlebt pralles Dorftreiben. Ende Juli/Anfang August steht die Pfarrkirche im Zeichen des Festes **Santissimo Sacramento.** Dazu werden die Straßen mit Girlanden und Blumen geschmückt, und die Frauen legen den ersten Teil des Prozessionsweges mit einem Teppich von Blattgrün und Blüten aus. Während die Kirchenbesucher Gebete murmelnd durch den Ort ziehen, wird bereits gebrutzelt und gebraten. Spieße und Würstchen vom Holzkohlengrill, frisch gebackenes Brot, allerlei Larifari und einige Karussells sorgen nach der Messe für Unterhaltung.

Eine Woche vor Faschingssonntag findet die **Festa dos Compadres** statt: Zwei Strohpuppen stellen Mann und Frau dar, über deren zerrüttete Ehe die Dorfbewohner zu Gericht sitzen. Der Mann hatte seine Gattin beim Seitensprung erwischt und sie daraufhin umgebracht; nun wird über seine Tat diskutiert, wobei der Wein in Strömen fließt. Abschließend werden beide Puppen verbrannt, was in der allgemeinen fröhlichen Trunkenheit aber kaum noch jemand so richtig mitbekommt.

Info

■ **Tourismusbüro,** Sítio de Serrado, Tel. 291-572992. Das Büro residiert in den *casas de colmo* neben dem Rathaus, besitzt aber leider nur wenig Informationsmaterial.

> Ein „Roter Teppich" aus Blüten für die Festtagsprozession durch Santana

070ma sk

Anfahrt mit dem Bus

■ Busse der Linie 138 nach Funchal (über Poiso) und der Linie 103 nach Funchal (über Poiso).

Unterkunft

■ **Quinta do Furão****,** Achada do Gramacho, Tel. 291-570100, Fax 572131, www.quintadofurao.com, DZ ab 90 €. Die *quinta* liegt westlich von Santana auf einem mit Rebstöcken bewachsenen Plateau über dem Meer und bietet allen Komfort: je nach Wetter überdachten oder offenen Pool, ein Restaurant, geschmackvolle Zimmer, eine gemütliche Bibliothek, einen eigenen Weinkeller etc. Eine hervorragende Adresse, die man pauschal buchen kann. Besonders hervorzuheben ist das hochklassige Restaurant. Der französische Küchenchef verwendet oft Gemüse und Kräuter aus dem hoteleigenen Bio-Landbau. Unbedingt probieren: Tintenfisch-Carpaccio mit in Rotwein gekochtem Knoblauch, Degenfisch auf Banane und Süßkartoffel mit Passionsfruchtsauce und als Dessert das selbstgemachte Eis auf Früchtebasis.

■ **Casas de Campo do Pomar***,** Sitio do Lombo do Curral, Tel. 291-570070, Fax 572122, www.casasdecampodopomar.com, DZ um 50 €. Nette Anlage, bestehend aus an einen üppig bewachsenen Hang gebauten Häuschen, Einrichtung im modernen Landhausstil, sehr freundliches Personal.

■ **Residencial O Curtado**,** an der ER 101, Tel. 291-572240, Fax 573538, curtado@sapo.pt, DZ um 50 €. Hoch über Santana, an einem der schönsten *miradouros* gelegen, wegen der Schnellstraße aber etwas laut. Im Haupthaus einfache, freundliche Zimmer, außerdem Übernachtungsmöglichkeit in mehreren renovierten *casas de colmo*.

■ **O Colmo*****,** Sítio do Serrado, an der Durchgangsstraße ER 101 im Ortszentrum, Tel. 291-570290, Fax 574312, www.hotelocolmo.com, DZ ab 65 €. Modernes Komforthotel mit großem, beliebten Restaurant und modern eingerichteten Zimmern, beheizter Innenpool.

■ **Ilha e Montanha*,** Ilha, Santana, Tel. 291-572616 oder 968062648, www.ilhaemontanha.web.pt, DZ ab 35 €. Einfache, freundliche Pension mit 16 Zimmern und Restaurant im Weiler Ilha hoch über Santana. Das Dorf ist Ausgangspunkt für Wanderungen in den Caldeirão Verde bzw. auf den Pico Ruivo; die Besitzer geben gerne Tipps für Wandertouren, der Taxistandplatz ist vor dem Hotel.

Essen und Trinken

■ Die oben aufgeführten Pensionen unterhalten Restaurants. Wer eines der besten Menüs Madeiras mit Aussicht auf die Nordostküste genießen möchte, sollte sich einen Platz auf der Terrasse der **Quinta do Furão** sichern!

■ **Estrela do Norte,** Pico António Fernandes, Tel. 291-572059, Menü 15 €. Nettes Spezialitätenrestaurant am Ortsausgang Richtung Faial.

■ **Cantinho da Serra,** Estrada do Pico das Pedras, Santana, Tel. 291-573727, Menü 15–20 €, nur abends. Angenehmes Restaurant mit typisch madeirensischen Spezialitäten 1 km außerhalb an der Straße zum Pico Ruivo.

■ **Churrascaria Santana,** Pico Antonio Fernandes, Tel. 291-573879, Menü um 10 €. Etwas nach hinten von der Hauptstraße hoch zum Pico Ruivo versetzt, dunkler Gastraum, dafür mit der Atmosphäre eines ländlichen Lokals der Einheimischen, also günstige Hausmannskost.

Naturpark von Queimadas

Zum Naturpark von Queimadas zweigt, von São Jorge kommend, vor Santana eine ausgeschilderte, teils grob gepflasterte, teils asphaltierte Forststraße rechts ab. Nach fünf Kilometern ist das Naturschutzgebiet mit zwei im Santana-Stil erbauten Rasthäusern, den **Casas de Queimadas,** erreicht. Eine üppig blühende Wald- und Wiesenlandschaft erwartet den Besucher, Spazierwege führen durch die fast urwaldähnliche Natur.

Bäche und Wasserfälle sorgen hier für Fruchtbarkeit, und zu jeder Jahreszeit sieht man Blüten in Hülle und Fülle. Äste und Zweige der Bäume sind mit Flechten überwachsen.

071ma sk

Ausgangspunkte der Wanderungen

Von **Queimadas** kann man eine Wanderung zum „grünen Kessel" Caldeirão Verde unternehmen (Wanderung 10) oder auch zum Pico Ruivo aufsteigen, Madeiras höchstem Berg. Bequemer erreicht man diesen aber von der Hochebene **Achada do Teixeira** aus: Dazu fährt man von Santana auf der ER 101-5 ca. 14 Kilometer nach Süden und stetig durch Wald bergan, bis man die Baumgrenze hinter sich lässt und schließlich die Achada do Teixeira erreicht. Hier beginnt der Wanderweg auf den Pico Ruivo (Wanderung 11).

Beide Ausgangspunkte sind nicht mit öffentlichen Verkehrsmitteln erreichbar. Am besten nimmt man ein Taxi und vereinbart auch gleich, wann man wieder abgeholt werden möchte.

Die Nordküste
geizt nicht mit spektakulären Aussichtspunkten

Unterkunft

Rancho Madeirense,** Pico das Pedras, Tel. 291-570230, DZ um 50 €. Ein Feriendorf in dichtem Wald, 4 km auf der Straße von Santana zum Pico Ruivo. Übernachtungsmöglichkeit in zweckmäßig eingerichteten Bungalows (max. 4 Personen) mit Küche; Restaurant (nur nach Vorbestellung), Reitausflüge.

Wanderung 10: Zum Caldeirão Verde – Madeiras grünes Geheimnis

- **Ausgangspunkt:** Queimadas
- **Endpunkt:** Queimadas
- **Schwierigkeitsgrad:** leicht bis mittelschwer
- **Gehzeit:** einfache Strecke 1½–2 Stunden
- **Höhendifferenz:** 90 m hinauf, 90 m hinunter
- **Wegebeschaffenheit:** Levada-Wanderung auf breitem Pfad und bis auf wenige, kurze, mäßig ausgesetzte und drahtseilgesicherte Abschnitte auf einer bequem breiten Levada-Mauer
- **Ausrüstung:** Wanderausrüstung, Taschenlampe

Auf dieser Wanderung erlebt man Madeira, wie es bei der Entdeckung im Jahr 1418 ausgesehen haben mag. In die ursprünglichen **Laurazeenwälder** kann man nur dank der Levada-Anlage, der ausgebauten Bewässerungskanäle, vordringen, so üppig wächst an der feuchten Nordseite die Vegetation. Es geht an steilen Felswänden und unzugänglichen Schluchten entlang und durch mehrere Tunnel hindurch. Ein Hauch von Abenteuer begleitet den Wanderer auf diesem Weg in den Caldeirão Verde, den „grünen Kessel“. Seinen Namen trägt er nicht zu Unrecht: Am Ziel der Wanderung befindet man sich inmitten hoher, grün bewachsener Felswände, über die ein **Wasserfall** etwa 100 Meter in einen kleinen See hinabstürzt.

Man erreicht den **Ausgangspunkt Queimadas** auf einer steilen Straße von Santana aus. Schon am Parkplatz ist der Endpunkt dieser Wanderung, der Caldeirão Verde, auf einem Schild ausgewiesen. An den beiden strohgedeckten Forsthäusern und einem Teich mit Enten geht man vorbei und überquert kurz darauf eine Erdstraße. Weiter geht es immer auf gleicher Höhe zwischen Hortensien auf einem breiten Weg. Man durchquert ein Gatter, danach wird der Pfad schmaler.

Nach einer knappen Viertelstunde umgeht man die Levada unterhalb auf einem Steig, die Levada-Mauer ist hier

> Recht urig: die beiden Queimadas-Rasthäuser

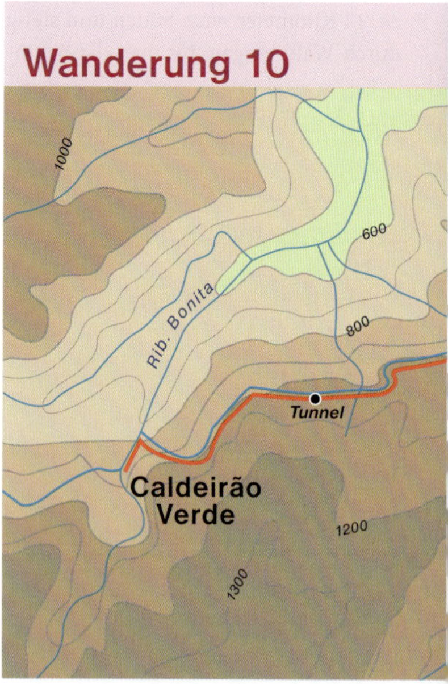

072ma sk

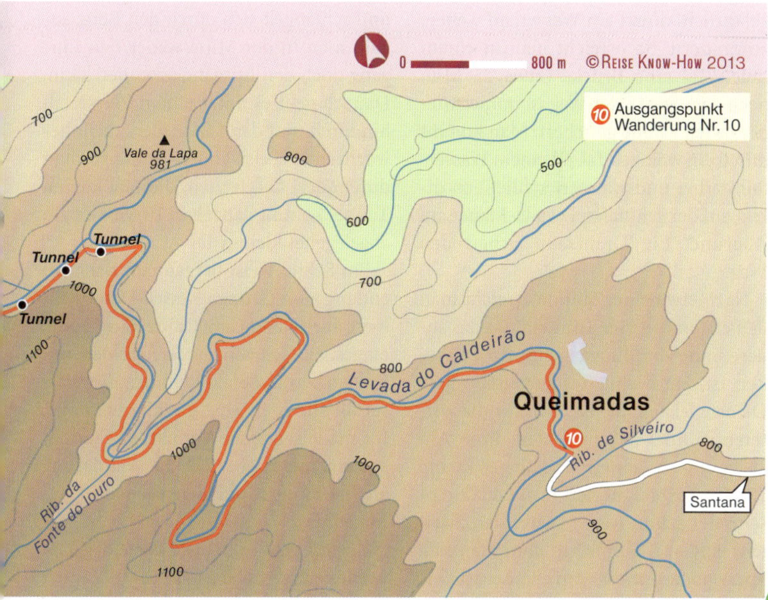
0
800 m
©Reise Know-How 2013
10 Ausgangspunkt Wanderung Nr. 10
Vale da Lapa 981
Tunnel
Tunnel
Tunnel
Levada do Caldeirão
Queimadas
Rib. de Silveiro
Rib. da Fonte do louro
Santana
700
900
800
500
600
700
1000
1100
800
1000
1000
800
900
1100

063ma sk

nämlich abgebrochen, und es wäre zu gefährlich, direkt am Wasserlauf weiterzuwandern. So erreicht man in einem tiefen Tal eine Brücke (etwa 25 Min. nach dem Start), der Weg ist immer wieder durch Zäune gesichert. Man kommt durch ein weiteres Tal, an einem Wasserfall vorbei und wandert schließlich direkt auf der schmalen Levada-Mauer am Abgrund. Ein Drahtzaun sichert den Weg.

Nach etwa einer Stunde erreicht man den ersten von **vier Tunneln.** Da das andere Ende vom Eingang aus nicht zu sehen ist, kann eine Taschenlampe gute Dienste leisten. Sie ist auch für die weiteren Tunnel zu empfehlen. Eine Abzweigung zu einem Forsthaus knapp 10 Min. später ignoriert man und durchschreitet schon wenig später den zweiten, längeren Tunnel, in dem man sich etwas bücken muss. Am abenteuerlichsten ist der dritte: Er ist ziemlich niedrig und schlängelt sich durch den Berg, sodass man in der Mitte weder den Eingang noch den Ausgang erkennen kann. Danach geht es unter einem Wasserfall hindurch und dann an steilen, dicht bewachsenen Felswänden entlang, man durchquert den letzten, diesmal kurzen Tunnel kommt danach in 10 Min. in ein abgelegenes kleines Tal.

Ein Schild weist bergauf am Bachlauf entlang zum Grünen Kessel. Dann steht man auch schon im **Caldeirão Verde,** eingeschlossen von fast senkrechten, mit Farnen bewachsenen Wänden. Ein Wasserfall stürzt in eine glasklare Gumpe, für madeirensische Verhältnisse durchaus ein See. Hier endet die Wanderung an einem der wohl abgelegensten Orte Madeiras.

Zurück geht es in etwa derselben Zeit wieder zum Ausgangspunkt.

Wanderung 11: Von der Achada do Teixeira auf den Pico Ruivo

- **Ausgangspunkt:** Achada do Teixeira
- **Endpunkt:** Achada do Teixeira
- **Schwierigkeitsgrad:** leicht
- **Gehzeit:** einfache Strecke 45–60 Minuten
- **Höhendifferenz:** 325 m rauf, 325 m runter
- **Wegbeschaffenheit:** trotz der Höhendifferenz, bequemer und gut ausgebauter Wanderweg
- **Ausrüstung:** Wanderausrüstung

Ausgangspunkt ist der **Parkplatz an der Achada do Teixeira,** wo der Weg gut sichtbar und in sanfter Steigung nach Westen auf den Bergkamm zuführt. Hier reicht der Blick über die zwei „Großen" Madeiras: den **Pico do Arieiro** (1818 m) und den wie eine urzeitliche Ritterburg aussehenden **Pico das Torres** (1851 m). Am Nordhang entlang nähert man sich dem „Roten Gipfel", wie die Übersetzung von Pico Ruivo lautet. Teils läuft man auf einem Grat, der freie Sicht nach beiden Seiten gewährt, auf das Meer und die Berge. Nach Passieren eines steinernen Unterstands, in dem auch Schafe Zuflucht vor Regen suchen, hat man das Ziel vor Augen. Verglichen mit den Felstürmen des „Torre" (Turm) wirkt der Pico Ruivo allerdings ganz unspektakulär. Eine weitere **Steinhütte,** diesmal mit Picknicktischen an einer Quelle gelegen, lädt zur kurzen Rast.

Dann geht es weiter auf eine mit dichter Vegetation bewachsene Kuppe unter-

< Picknick unter Laurazeen

⌄ Aufstieg zum Pico Ruivo

073ma sk

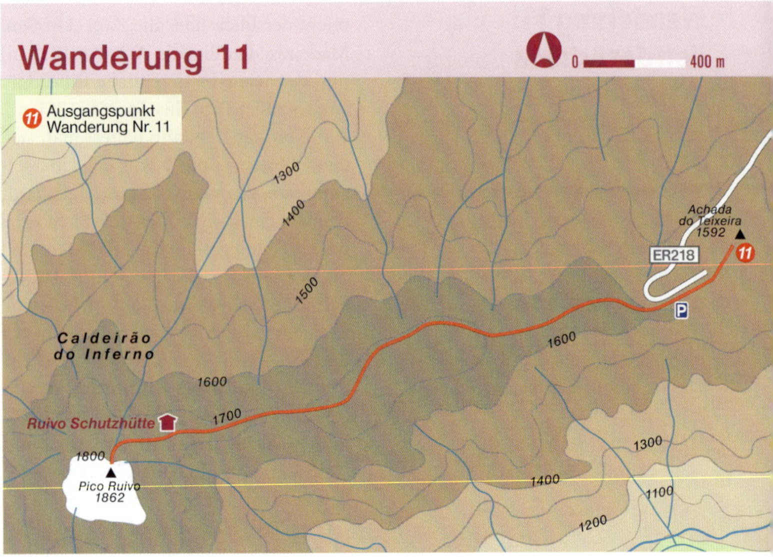

halb des Gipfels zu. Von links mündet der Wanderweg vom Pico do Areiro (Wanderung 15) ein. Wenige Schritte weiter bergauf steht man vor der Pico-Ruivo-Hütte, in der man Getränke und gelegentlich auch kleine Snacks kaufen kann.

Steinstufen führen weiter bergauf. An der Weggabelung hält man sich links und erreicht nach zehn Minuten Madeiras **höchsten Aussichtspunkt** in 1862 Metern Höhe. Auf gleichem Weg geht es zurück zur Achada do Teixeira.

Faial

Acht Kilometer östlich von Santana trifft die ER 101 auf den nächsten Ort an der Nordküste: Faial, mit 1500 Einwohnern eher ein Dorf als ein Städtchen. In **schöner Panoramalage** zieht es sich an einem steilen Hang hinauf. Von der Plattform, auf der sich die 1744 erbaute Kirche erhebt, blickt man auf den kompakten Felsklotz Penha de Águia.

Hoch über dem Ort sind die **Überreste eines Forts** zu erkennen. Etwa 100 Meter unterhalb von Faial mündet die Ribeira São Roque ins Meer. Dort befindet sich der geschützte Schwimmkessel des **Complexo Balnear** von Faial, ein Strandbad mit Palmen, Kinderbecken, Restaurant und Volleyballplatz am Fuß des „Adlerfelsens“ (s. u.).

Madeiras **GoKart-Vereinigung** hat in Faial ihren Sitz und eine professionelle Rennbahn, auf der immer wieder Trophäenjagden stattfinden (www.akmadeira.com).

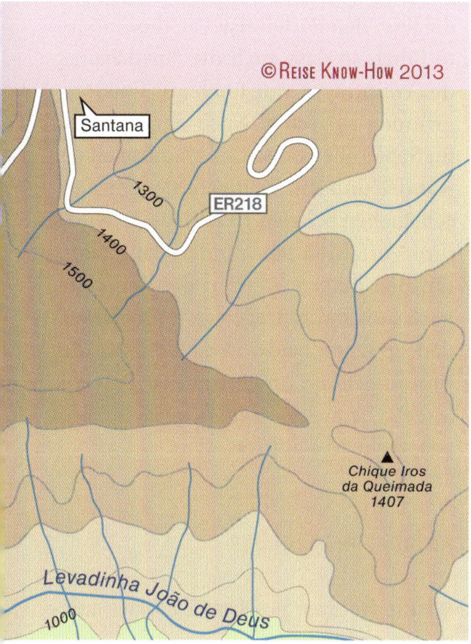

Penha de Águia

Der 590 Meter hohe **„Adlerfelsen"** ist eine der auffälligsten Landmarken Madeiras. Er gehört eigentlich zum Zentralmassiv der Insel, wurde durch die Erosionstätigkeit der *ribeiras* aber davon abgetrennt. Nur der harte Felskern überstand den Ansturm des Wassers, die weicheren Gesteinsschichten wurden weggeschwemmt und ließen den Penha de Águia schließlich in seiner isolierten und höchst malerischen Lage am Meer zurück.

Der Felsen ist ein beliebtes, wenngleich anstrengendes **Wanderziel.** Der Weg hinauf beginnt an einem Durchlass neben dem Restaurant Galé im Ort Penha de Águia de Baixo und führt zunächst gut sichtbar durch Terrassenfelder, später dann teils durch Gestrüpp und schwer erkennbar in 45 Minuten zum Gipfel.

Anfahrt mit dem Bus

- Busse der Linien 53, 78 und 208 fahren von Funchal nach Faial.

São Roque do Faial

São Roque do Faial liegt inmitten von Feldern und Weinpflanzungen an der südlichsten Schleife der ER 101, die den Adlerfelsen serpentinenreich umgeht. Auch hier werden **Weiden** kultiviert und geschnitten. In der Erntezeit sieht man die zu Bündeln geschnürten langen Zweige am Straßenrand stehen. Mit etwas Glück kann man auch zugucken, wie die Weiden in großen Wasserkesseln gekocht, geklopft und geschält werden.

Porto da Cruz

Etwa zwei Kilometer den Berg hinunter sind es von São Roque do Faial nach Porto da Cruz. Der **Hafenort** mit etwa 3000 Einwohnern wird im Westen vom Penha de Águia beschattet; von einer Kiesbucht aus wächst er in Terrassen auf etwa 200 Meter Höhe hinauf. Weinreben, Weiden und Getreide überziehen die Hänge. Gelegentlich sieht man auch Zuckerrohr, das in der ortsansässigen Mühle verarbeitet wird.

Obwohl die Bucht des Ortes relativ ungeschützt den von Norden anstürmenden Wellen ausgesetzt ist, kann man

Essen mit Aussicht: am Paso da Portela

Die ER 101 führt von Porto da Cruz durch hübsche Streusiedlungen und Bananenpflanzungen bergauf und erreicht nach sechs Kilometern den Portela-Pass in 625 Metern Höhe. Neben der Casa da Portela (Tel. 291-966169), einem beliebten Ausflugsrestaurant, blickt man vom miradouro hinunter auf die zwischen Terrassenfeldern „schwebenden" weißen Häuschen von Porto da Cruz und São Roque do Faial sowie auf die wuchtige Silhouette des Adlerfelsens und – wenn die Sicht klar ist – auf die Konturen der Nachbarinsel Porto Santo. Nach so viel Naturpanorama schmecken die espetadas im Restaurant besonders gut.

im Hafenbecken bei ruhigem Wetter gut baden, erst recht, seitdem auch hier ein modernes **Strandbad** mit Pools und schützenden Kaimauern für Bequemlichkeit sorgt.

Porto da Cruz besitzt eine sehr moderne Kirche mit einer hübschen Aussichtsplattform, von der man hinunter auf die Bucht blicken kann. Beim **Fest der Nossa Senhora de Guadalupe** am 15. August wird aber noch ganz den Traditionen verhaftet gefeiert und der kühle Kirchenbau mit Blattgrün und Blumen in ein blühendes Kunstwerk verwandelt.

Weinträger-Tradition

Solange mit Zucker gehandelt wurde, ging es am Kai von Porto da Cruz lebhafter zu, denn per Schiff wurde das „weiße Gold" nach Funchal transportiert. Heute gibt es eine bequeme Straße, die über den Portela-Pass an die Südküste führt, so dass auch die *borracheiros*, die Weinträger, nur noch aus Folkloregründen auftreten: Nach der Weinlese im September ziehen sie traditionell gewandet und mit weingefüllten Ziegenschläuchen beladen zu Fuß los, so wie es ihre Vorfahren jahrhundertelang taten, um den jungen Wein in die Kellereien nach Funchal zu tragen. Allerdings werden sie schon bald von einem Lkw oder Bus aufgelesen und legen den Rest der Strecke bequem – und stetig dem Wein zusprechend – zurück.

Anfahrt mit dem Bus

- Busse der Linien 56, 78 und 208 fahren mehrmals tgl. nach Funchal.

Unterkunft

- **Quinta da Capela****,** Sítio da Folhadal, Tel./Fax 291-562491, www.madeirarural.com, DZ ab 60 €. Das alte Herrenhaus liegt oberhalb des Ortes in einem schönen Garten. Fünf erlesen eingerichtete Zimmer mit herrlichem Panoramablick und absoluter Ruhe.
- **Costa Linda**,** Rua Dr. J. Abel de Freitas, Tel. 291-560080, Fax 560089, www.costa-linda.net, DZ 45/65 €. Nettes Hotel am Strand, 13 einfache, zweckmäßige Zimmer, einige mit Balkon zum Meer.

Essen und Trinken

- **Penha de Ave,** Casas Próximas, Tel. 291-563000, Menü 15–20 €. Umgeben von Bananenstauden isst man hier köstliche Fleisch- und Fischgerichte. Zu *espetadas,* Hühnchen und Thunfisch gibt es ofenwarmes *bolo de caco* (Knoblauchbrot).

Praça da Engenho, Rua da Praia, Tel. 291-563680, Menü um 15 €. Das Restaurant des Hotels Costa Linda hat ebenfalls Tische draußen an der Strandpromenade. Beliebt bei den Einheimischen, sehr guter und freundlicher Service.

Café Piscinas, an den Meerespools. Das beliebte Café wartet mit Atlantikblick auf und serviert leckere Salate und Toasts.

Eine lohnende **Wanderung** führt entlang der Küste westlich von Porto da Cruz bis nach Caniçal an der Ostküste. Sie wird im Kapitel „Der Osten" in umgekehrter Richtung beschrieben (Wanderung 13).

In der Bucht von Porto da Cruz

075ma sk

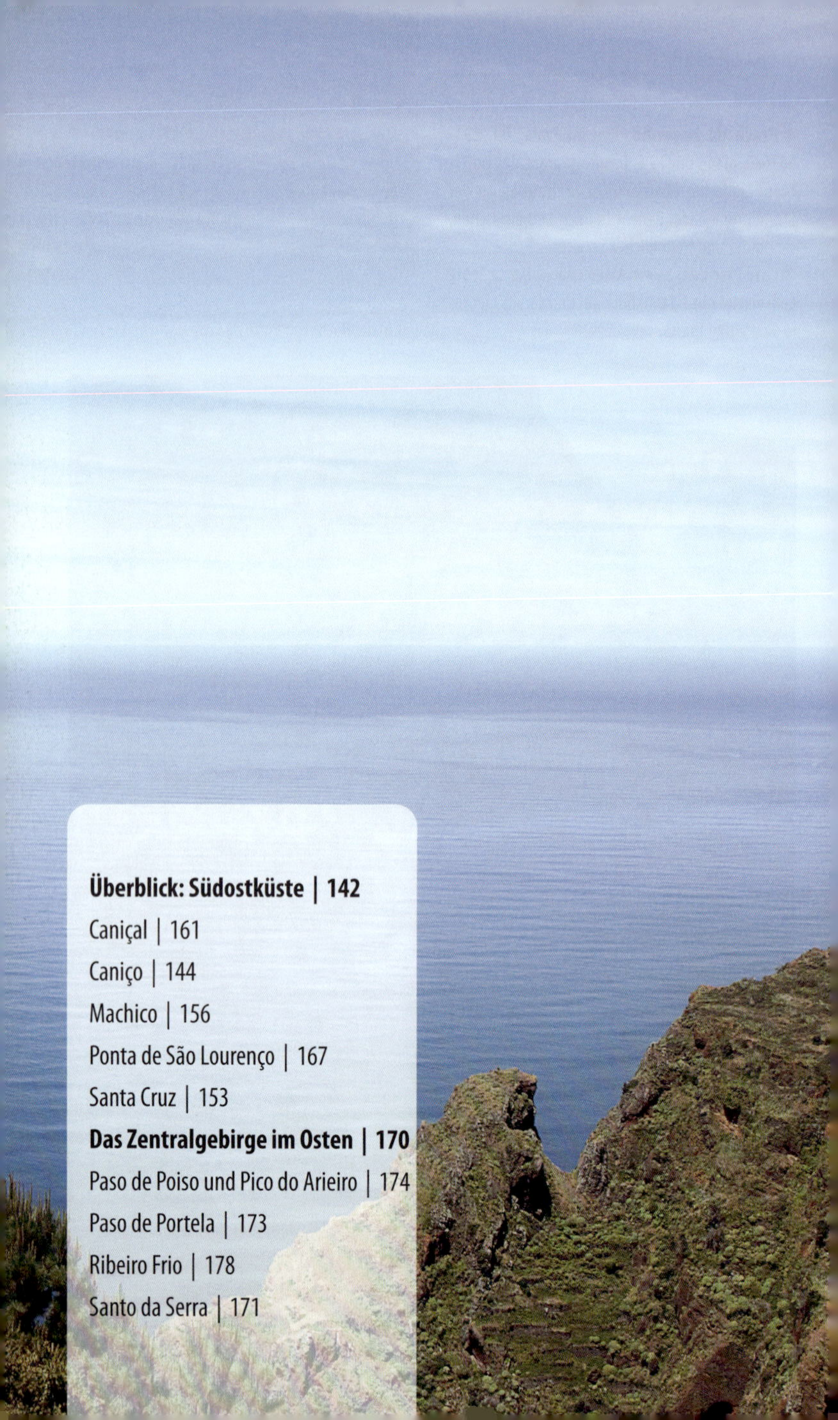

4 Der Südosten

Badefreuden in Caniço de Baixo, Golf in Santo Antonio da Serra, Wandern am Pico Ruivo, manuelinische Architektur in Santa Cruz – der Südosten zeigt in all seinen Facetten, wie viele Gesichter Madeira prägen.

< Selten ist der Himmel so klar wie hier an der Südostküste

DER SÜDOSTEN:

WANDERFREUDEN IN KARGER NATUR

Die Küste östlich Funchals steht etwas im Schatten des Flughafens und der spektakulär auf die übers Meer gebaute Landebahn einschwebenden Maschinen; Orte wie Santa Cruz oder Machico leiden darunter, doch ihrem altertümlichen, gemächlichen Charme tut dies keinen Abbruch. Je weiter nach Osten man kommt, desto karger wird die Blumeninsel, bis sie im wüstenhaften Felsenschwanz der Ponta de São Lourenço ausschwingt. Deren Entrée bewacht Caniçal, die ehemalige Stadt der Walfänger, von der aus heute Touren zur Walbeobachtung starten. Abstecher ins Bergland erschließen von der Ostküste aus dichte Laurazeenwälder und aussichtsreiche Gebirgspässe.

NICHT VERPASSEN!

- **Caniço de Baixo,** Madeiras einziger, richtiger Ferienort mit Badeanlagen und breitem Outdoor-Angebot | 146
- **Santa Cruz,** historisches Städtchen mit einer wunderbar ausgeschmückten Kirche und einem natürlichen Kiesstrand | 153
- **Machico,** Madeiras älteste Ansiedlung hat sich eine charmante Altstadt erhalten | 156
- **Caniçal,** die frühere Hochburg der Walfänger besitzt ein spannendes Walmuseum | 161
- **Ponta de São Lourenço,** Wanderung zum windumtosten, östlichsten Punkt der Insel | 167
- **Ribeiro Frio,** Abstecher zu Forellen, Lorbeerwäldern und Agapanthus | 178

Diese Tipps erkennt man an der gelben Hinterlegung.

Überblick: die Südostküste

Dicht besiedelt und vom alles beherrschenden Flughafen Santa Catarina geprägt, gehört Madeiras Südosten auf den ersten Blick nicht zu den attraktivsten Ferienregionen der Insel. Und doch liegt hier mit Caniço de Baixo eines der bedeutendsten Badezentren. Weiter nach Osten braucht es etwas Geduld, zwischen all den neu erbauten Gewerbegebieten, dem Flughafen und verwirrenden Auf- und Abfahrten der Autobahn Schmuckstücke wie Santa Clara oder Machico zu entdecken. Hinter Machico führt ein langer Tunnel zur wilden Felsenlandschaft der Halbinsel Ponta de São Lourenço.

Der Osten
0 2 km
©Reise Know-How 2013
Ilhéu do Farol
Ponta de S. Lourenço
167
161
Caniçal
356 Boca do Risco
ER101-3
Larano
137
Porto da Cruz
Lombo do Cheque
Caniçal-Tunnel
Pico do Facho 322
Maroços
Rib. da Machico
Portela-Pass
Ribeira de Machico
ER108
Carmanchão
156
Machico
Agua de Pena
ER207
Santo António da Serra
Flughafen
Ribeiro João Gonçalves
153
Santa Cruz
João Ferino
ER102
Ribeiro Serrão
ER206
Gaula
Rib. do Porto Novo
Rochão
Camacha
Levadas
Ribeirinha
Vale Paraíso
ER205
Nogueira
Assomada
ER204
ER102
Barreiros
144
146
Reis Magos
Caniço
Caniço de Baixo
Ponta da Oliveira
Garajau
Ponta do Garajau
12
Funchal
Ilhas Deserta

Caniço

Über die von Funchal nach Osten zum Flughafen führende Autobahn ist Caniço schnell erreicht.

Wer für die Anfahrt eine gemächlichere Variante vorzieht, biege in Funchal von der Rua Dr. Manuel Pestana Junior nach rechts in die Estrada Conde Carvahal ab. An blumengeschmückten Villengärten entlang verläuft die Straße in Küstennähe nach Osten und passiert mehrere *miradouros* mit herrlichem Blick über die Bucht von Funchal, bis sie hinter São Gonçalo in die ER 204 mündet.

Caniço hat einen unglaublichen Bauboom erlebt und so ist der einst schmucke Ort mit mehreren Stadtteilen zusammengewachsen zu einer sich die Berge hochziehenden Häuserwand.

⌃ Karg und kahl schwingt sich der Felsrücken der Punta de São Lourenço nach Südosten

In Caniço verlief früher die Grenze zwischen den Lehensgebieten Machico und Funchal, und zwar entlang der Ribeira do Caniço. So wurden in der sehr fruchtbaren Region zwei Dörfer mit jeweils eigener Pfarrkirche gegründet, die eine dem hl. *Antonius*, die andere dem Heiligen Geist geweiht. Im 18. Jahrhundert hob man die Teilung auf und fasste die beiden Siedlungen zusammen. Die alten Kirchen wurden abgerissen, und an ihrer Stelle wurde auf dem 230 Meter über dem Meer gelegenen Plateau ein neues Gotteshaus im Barockstil erbaut.

Da sich die Gemeinden nicht auf einen gemeinsamen Schutzpatron für das neue Caniço einigen konnten, weihte man die Kirche kurzerhand beiden Heiligen, wodurch die Menschen hier gleich zwei große Kirchenfeste feiern können und damit den anderen Gemeinden Madeiras etwas voraus haben. Die **Heilig-Geist-und-Sankt-Antonius-Kirche** (Igreja Espírito Santo e Santo Antão) im Ortszentrum stammt sie aus dem Jahr 1874 und zeigt mit weißen Mauern und in dunklem Stein abgesetzten Fenster- und Türumrandungen das typische Erscheinungsbild madeirensi-

☑ Der alte Ortsteil von Caniço liegt hoch über dem Meer

077ma sk

scher Gotteshäuser. Auffällig ist der Turm mit etwas zurückversetztem Glockenhaus und Spitze. Neben dem Portal erklärt eine Tafel die Geschichte der beiden Schutzpatrone. Im Inneren ist die Kirche betont schlicht. Vor ihr lädt ein schattiger Stadtpark zur Rast.

Caniço de Baixo

Touristischer Mittelpunkt ist der Ortsteil Caniço de Baixo. **Ferienhäuser und Hotelanlagen** breiten sich entlang der Felsküste aus. Es gibt Tauchschulen, Supermärkte, zahllose Restaurants und hoteleigene Schwimmbäder. Auch hier ist der direkte Zugang zum Meer durch die felsige Küste schwierig. Die Hotels behelfen sich mit Pools und Badeanlagen, in denen man über Treppen und Leitern gefahrlos und bequem ins Wasser steigen kann. Die meisten Anlagen können auch Nicht-Hotelgäste gegen Gebühr benutzen. Ein kleiner, im Sommer allerdings sehr überlaufener Kieselstrand ist **Reis Magos,** östlich von Caniço de Baixo.

An der felsigen Küste kommen auch Taucher auf ihre Kosten. **Tauchbasen** gibt es in den Hotels Galo Mar und Roca Mar. Zwischen Rocha Alta östlich Funchals und der Ponta da Oliveira bei Caniço darf nicht mehr gefischt werden. (Einen Überblick über die Unterwasserfauna gibt der Exkurs „Tauchen im Atlantik" im Kapitel „Praktische Reisetipps".)

Info

■ **Caniço Tourist Office,** Rua Robert Baden Powell, 9125 Caniço de Baixo, Tel. 291-932919.

Anfahrt mit dem Bus

■ Zahlreiche Verbindungen, darunter Busse der Linie 2 von Funchal nach Caniço und der Linie 136 über Ponta de Garajau nach Caniço de Baixo.

Fahrzeug-Vermietung

■ **Magoscar** und **Rent a Bike,** Caniço de Baixo, Tel. 291-934818, www.magoscar.com. Magoscar bietet hervorragende Betreuung und gut gewartete Fahrzeuge; auch Motorräder werden hier vermietet.

Taxi

■ **Caniço:** Sitio da Vargem, Tel. 291-934640.

■ **Caniço de Baixo:** am Hotel Ondamar, Tel. 291-934522.

Tauchen

■ **Manta Diving Center,** Hotel Galomar, Tel. 291-935588, www.mantadiving.com.

■ **Scuba Diving Atalaia,** im Hotel Roca Mar, Tel. 291-934330, www.atalaia-madeira.com.

Unterkunft

In Caniço de Baixo

■ **Royal Orchid****,** Tel. 291-934600, Fax 934700, www.hotelroyalorchid.com, DZ 90–140 € (Sonderangebote prüfen oder über Veranstalter günstiger einbuchen). Moderner, luxuriöser Apartmentkomplex mit eigenem Meerzugang, Innen- und Außenpool sowie Fitness-Center.

■ **Sport Hotel Galosol****,** Tel. 291-930930, Fax 934555, www.galoresort.com, DZ ab 80 €. Hotel und Apartmentanlage für gehobene Ansprüche, ein Haus des *Bachmaier*-Clans.

■ **Roca Mar****,** Tel. 291-934334, Fax 934044, www.hotelrocamar.com, DZ 80–140 €. Standard und Ausstattung wie Galo Resort, auch die Felsenbadeanlage erfüllt alle Wünsche.

■ **Galomar****,** Tel. 291-934566, Fax 934555, www.galoresort.com, DZ ab 80 €. Das Flaggschiff der *Bachmeiers.* Modernes Ambiente, mit wunderschöner Badeanlage in den Felsen unterhalb des Hotels, hauseigener Tauchschule und einem breiten Aktivprogramm.

079ma sk

■ **Dom Pedro Garajau*****, Sitio da Quinta, Tel. 291-934421, Fax 934454, www.dompedro.com, DZ ab 70 €. Im Ortsteil Garajau gelegene Hotelanlage mit sehr komfortabler Ausstattung, Hallenbad und Außenpool und clubähnlichem Unterhaltungsprogramm.

■ **Inn&Art******, Tel. 291-938200, Fax 938219, www.innart.com, DZ ab 60 €. Das kleine, moderne Hotel über den Felsen ist eine Enklave für Individualisten. Geschmackvoll ausgestattet mit Bildern des Malers *Siegward Sprotte* und mit malerisch dekoriertem madeirensischen Hausrat ist es geprägt von einer kühlen, ruhigen Atmosphäre. Es werden auch Apartments und Ferienhäuser vermietet.

■ **Villa Opuntia*****, Tel. 291-934624, Fax 934518, www.villaopuntia.com, DZ ab 100 €. Die liebevoll und freundlich eingerichtete kleine Anlage um einen Pool liegt am Rand der Feriensiedlung abseits des Rummels mit schönem Blick übers Meer; mehrere Wanderwege direkt vor der Haustür.

■ **Villa Ventura****, Tel. 291-934611, Fax 934680, www.villa-ventura.com, DZ um 60 €. Die Pension in zweiter Reihe steht unter österreichischer Leitung, beliebtes Restaurant mit deftigen Grillgerichten.

■ **Klenk's Café (Rustico)****, Tel. 291-934316, www.madeira-caferustico.com, DZ 52 €. Ein rustikales Haus am Hang auf dem Weg von der Küste nach Caniço. Der deutsche Inhaber kümmert sich persönlich um seine Gäste.

In Caniço

■ **Quinta Splendida******, Sitio da Vargem, Tel. 291-930400, Fax 930401, www.quintasplendida.com, DZ um 80 €. Ein traumhaft schöner Garten, in dem die Bungalows, Apartments und der Pool der Hotelanlage zwischen den duftenden Blüten kaum auszumachen sind. Die *quinta* liegt gleich neben dem Dorfplatz in Caniço und rühmt sich, eines der besten Restaurants der Insel zu haben. Viele Schweizer und Deutsche als Gäste.

Essen und Trinken

In Caniço de Baixo

■ **Klenk's Café** (s. Unterkunft), Menü um 15 €. Hier wird madeirensisch gegrillt und deutsch gekocht. Gelegentlich gibt es sogar Leberkäse aus der familieneigenen Metzgerei.

■ **Inn&Art** (s. Unterkunft), Menü um 20–25 €. Der Küchenchef bemüht sich um leichte, ausgewogene Kost, auch Vegetarisches findet sich auf der Speisekarte. Abends veranstaltet das Inn&Art „Themen-Dinner", mal mit madeirensischer Küche und Folkloregruppen, mal mit delikaten internationalen Gerichten und Jazz-Begleitung. Unbedingt reservieren!

■ **Marisqueira A Rede,** Tel. 291-934427, Menü 10–15 €. Fisch und Meeresfrüchte sind Spezialitäten in diesem netten Restaurant.

In Caniço

■ **La Perla,** in der Quinta Splendida (siehe Unterkunft), Menü um 25 €. Eines der besten Restaurants Madeiras, allerdings an den Wochenenden häufig wegen Familienfeiern geschlossen. Nicht zu verwechseln mit dem Hotelrestaurant für Pensionsgäste, dem man etwas mehr Aufmerksamkeit und einen Koch wünschen möchte, der zumindest die Standards beherrscht.

■ **La Terraça,** Rua João Paulo III, Tel. 291-933898, Menü 15–20 €. Das Restaurant hinter der Kirche besitzt eine angenehme Panoramaterrasse und hat sich auf Fleischgerichte spezialisiert.

■ **A Lareira,** Sitio da Vargem, Caniço, Tel. 291-934494, Menü 20 €. Ein sympathischer Familienbetrieb mit Terrasse zum Hauptplatz, in dem viele Madeirenser einkehren. Die *espada* mit Banane schmeckt delikat.

☒ Die Pfarrkirche von Caniço ist zwei Heiligen geweiht

Deutsche im Tourismusgeschäft von Caniço de Baixo

Drei deutsche Namen sind mit der touristischen Entwicklung Caniços besonders verbunden: die Hoteliersfamilie *Bachmaier*, der Taucher *„Manta-Rainer"* und der Maler *Armin Sprotte*. *Bachmaiers* waren die Pioniere im **Hotelgewerbe** von Caniço de Baixo. Mit dem 1974 eröffneten „Galo Mar" wagten sie sich fort von der Hotelzone in Funchal an den damals noch wenig vom Tourismus berührten Küstenstrich östlich der Hauptstadt, an dem nur einige Ferienhäuser standen.

Ungefähr zur gleichen Zeit begannen *Rainer* und *Gisela Waschkewitz* mit ihren Tauchgängen an der Küste und gründeten eine eigene **Tauchschule** – *Rainer Waschkewitz* ist seitdem als „Manta-Rainer" in Tauchkreisen bekannt. Sie setzten, nachdem die von ihnen angefütterten Fische zutraulich geworden waren und zuhauf in die Netze der Fischer wanderten, ein **Unterwasser-Schutzgebiet** zwischen Rocha Alta und Ponta da Oliveira durch.

Siegward Sprotte kam zum Malen nach Madeira, was seinen Sohn *Armin* in den 1990er Jahren schließlich dazu veranlasste, auf der Insel auch wirtschaftlich tätig zu werden. Mit dem Hotel Inn&Art eröffnete er eines der individuellsten Häuser auf der Insel.

Nachtleben

In Caniço und Caniço de Baixo herrscht abends friedliche Ruhe. Tanzveranstaltungen werden gelegentlich von den Hotels organisiert. Man wartet sehnsüchtig auf einen Investor mit Disco-Erfahrung. Ein Ausweichprogramm für Tanzsüchtige gibt es in Machico und Funchal.

■ Die schummrige **Habeas Coppus** (Edificio Ventur, Tel. 291-935062) in Caniço de Baixo ist eine von

078ma sk

Badeanlage in Caniço de Baixo

Deutschen geführte, sympathische Kneipe, zu der auch ein Restaurant gehört (Menü um 20 €). Sie ist bis 2 Uhr morgens geöffnet und Treffpunkt aller, die abends noch etwas erleben wollen.

- In der Disco **Rocks** in Caniço, Estrada João Goncalves Zarco, Caniço Sopping, www.rocksclub.net) wird am Wochenende bis 4 Uhr morgens abgetanzt.

Einkaufen

- **O Bordão,** Edificio Ventur, Caniço de Baixo, Tel. 291-281265, www.obordao.com. Alles was das Wanderherz begehrt, von Stiefeln über Kleidung zu sonstiger Ausrüstung.

Ausflug zu den Ilhas Desertas

Von Caniço de Baixo aus lassen sich Ausflüge zu der unbewohnten Inselgruppe östlich von Madeira, den Ilhas Desertas, unternehmen. Auf den Inseln leben giftige Wolfsspinnen und Mönchsrobben, die hier ihr Rückzugsgebiet gefunden haben, sodass ein strenges **Schutzreglement** besteht. Ausflüge zu den Desertas bieten verschiedene Unternehmen in Caniço und Funchal an, z. B. *Madeira Windbirds,* die auf einem 8-stündigen Segeltörn (3 Std. hin, 2 Std. auf der Hauptinsel mit einem Badeaufenthalt, 3 Std. zurück, 80 €/Person) die Inseln erkunden, Tel. 917-777441, www.madeirawindbirds.com.

Wanderung 12: Von Assomada nach Camacha – Aufstieg zur Hochburg der Korbflechter

- **Ausgangspunkt:** Assomada (Caniço)
- **Endpunkt:** Camacha
- **Schwierigkeitsgrad:** leicht bis mittelschwer
- **Gehzeit:** 2–2½ Stunden
- **Höhendifferenz:** 450 m hinauf
- **Wegbeschaffenheit:** zum Teil Straßen, entlang der Levada ab und an schmale Steige, am Ende anstrengend über steile Treppen und Pflasterwege, weitgehend schattenlos
- **Ausrüstung:** Wanderausrüstung

Der Weg führt von der betriebsamen Südküste Madeiras in ein abgeschiedenes und landschaftlich ursprüngliches Tal an einer kleinen Levada entlang. Am Ende wartet ein steiler Aufstieg zur Hochburg der Korbflechter Madeiras nach Camacha.

Startpunkt ist die **große Kirche** im Stadtteil Assomada von Caniço. Hinter der Kirche folgt man der Asphaltstraße 800 m bergauf bis zur Bar O Moinho. 100 m hinter ihr nimmt man den Weg „Vereda Levada dos Minhos" nach rechts und gelangt an einem auffälligen Aquädukt bei einem alten Mühlhaus zur Levada, wo die Wanderung beginnt. Am Wasserlauf entlang (am Beginn auf seiner Betonabdeckung) geht es Richtung Osten, wenig später biegt man in das **Porto-Novo-Tal** ein. Der Erdweg verläuft direkt neben der Levada. Man spaziert durch schöne Kiefern- und Eukalyptuswälder, kaum ein anderer Wanderer wird einem hier begegnen.

Nach einer knappen Dreiviertelstunde erreicht man einen kurzen Tunnel, gut 10 Min. danach quert man mit der Levada auf einer Brücke einen Zufluss. Auf dem Weg sieht man immer wieder auf die für die madeirensische Landwirtschaft typischen Terrassen hinüber. Der Steig wird nun zum Teil etwas schmaler, er führt in ein abgelegenes Seitental. Die Wanderung wird hier ein bisschen anspruchsvoller, **Trittsicherheit** und eine gewisse **Schwindelfreiheit** sind vonnö-

080ma sk

▷ Die Korbwaren sind in Camacha direkt beim Hersteller käuflich zu erwerben

ten; steil brechen die Hänge am Wegesrand ab. Nach einer Levada-Anlage mit einem Rechen erreicht man kurze Zeit später eine Stelle, bei der man besonders bei Nässe aufpassen muss. Man verlässt die Levada für ein paar Schritte und folgt dem hier manchmal rutschigen Steig oberhalb einer steilen Felsrinne. In der Folge kann die Levada immer mal wieder von Erdrutschen verlegt sein und man muss sich seinen Weg suchen.

Tief im Porto-Novo-Tal kommt man dem Talboden immer näher. Wenn es nun plötzlich laut platscht, sind das Frösche, die sich vor den Füßen des Wanderers ins sichere Wasser retten.

Nach einer guten Stunde verlässt man den Wasserlauf und steigt nach links auf einer schlecht unterhaltenen **Treppe** an einem Levada-Zufluss steil bergauf. Man kommt an Gemüseterrassen, Ställen und Wohnhäusern von Bauern vorbei. Ab hier ist der Weg gepflastert und gepflegt, es geht weiter geradeaus und steil den Berg hinauf. Nach etwa 25 Min. gelangt man bei der Bar „Eira Salgada" nach Camacha hinein und an eine Asphaltstraße. Hier mündet auch der Wanderweg entlang der Levada dos Tornos von Monte kommend ein. An den Häusern vorbei erreicht man über eine Brücke nach weiteren 10 Min. schließlich das Ziel der Wanderung, den großen **Hauptplatz von Camacha** mit seiner parkähnlichen Anlage. Linker Hand liegt das Café Relógio, in dem man sich mit echtem madei-

rensischen Milchkaffee *(chinesa)* und köstlichem Gebäck stärken kann.

Auf einen Besuch im Korbflechterladen gleich nebenan sollte man auf keinen Fall verzichten.

Wer die Wanderung **bis Santo da Serra** entlang der Levada da Serra **verlängern** will muss mit zusätzlichen 3–4 Stunden Wanderzeit rechnen und sollte bedenken, das der Weg die erste Stunde auf einer eintönigen Asphaltstraße verläuft (unter der die Levada verborgen ist). Im weiteren Verlauf wandert man auf einem breiten Forstweg durch Kiefern und Eichenwälder und auch dort ist die Levada vergraben. Ein Taxi von Santo da Serra zurück zum Ausgangspunkt kostet 20–25 €.

Santa Cruz

Die ER 204 führt knapp am **hübschen Ortszentrum** von Santa Cruz vorbei, und man verspürt auf den ersten Blick wenig Lust, von der vielbefahrenen Hauptstraße abzubiegen, da man sich gar nicht vorstellen kann, dass sich direkt nebenan ein wahres Kleinod versteckt. Es lohnt sich aber, die Straße zu verlassen.

Legenden berichten, dass der heute etwa 20.000 Einwohner zählende Ort bereits kurz nach *Zarcos* Landung auf Madeira gegründet wurde. Der Entdecker sei bei einer seiner Erkundungsfahrten um die Insel von einem der vielen Stürme – die ihn offensichtlich regelmäßig irgendwohin trieben – in der Bucht von Santa Cruz gelandet, wo er gleich ein Kreuz aufstellen ließ, um Gott für seine Rettung zu danken. Das Kreuz *(cruz)* gab der schnell wachsenden Siedlung ihren Namen.

Um Santa Cruz wurde bevorzugt **Zuckerrohr angebaut,** später dann Wein, und auch heute noch wird jeder Quadratmeter der recht flachen Umgebung landwirtschaftlich genutzt.

Pfarrkirche São Salvador

Am Stadtpark mit dem hübschen Rathaus und dem Gerichtsgebäude vorbei gelangt man zum Hauptplatz mit der imposanten Pfarrkirche São Salvador. Zwischen 1533 und 1686 wurde an dem dreischiffigen Bau gearbeitet, der aussieht wie eine **kleinere Ausgabe der Sé** in Funchal. Die weißen Mauern mit

081ma sk

dunklen Basaltkanten an den Ecken, der wuchtige, von Rundbogenfenstern durchbrochene Turm, die Christusorden-Kreuze als zinnenartiger Abschluss des Kirchendaches und viele Steinmetz-Details sind **manuelinischem Kunstverständnis** zu verdanken. Im Inneren stammen ein Zwillingsportal in einer Kapelle, die gotische Gewölbekonstruktion und die Reliefdekors über dem Hauptaltar aus der manuelinischen Epoche.

1999 wurde die Kirche gründlich renoviert. Die schöne **Abendmahl-Skulpturengruppe** wurde aber leider nicht im Kirchenschiff aufgestellt. Sie wird in der Sakristei aufbewahrt, wo außerdem noch alte *azulejos* aus dem 16. Jahrhundert an den Wänden erhalten sind.

Altstadt

Viele Gassen der Altstadt zwischen Kirche und Meerespromenade sind verkehrsberuhigt; die Häuser wurden frisch getüncht; Blumentöpfe in schmiedeeisernen Ampeln schmücken die Straßen. Santa Cruz hat sich in den letzten Jahren richtig herausgeputzt. An der kleinen Praceta Padre Gabriel Olavo Garcês laden Cafés zur Rast unter Bäumen. Auch am Strand tut sich viel: Das Vier-Sterne-Strandhotel *Vila Galé Santa Cruz* bringt wieder zahlungskräftige Touristen in das Städtchen.

Strandbad

Hübsch ist das Strandbad **Praia das Palmeiras.** Die Badenden ruhen unter Palmwedeln auf recht grobem Kies und schauen den Ferienfliegern hinterher, die im Stoßverkehr landen und starten. Die wenigsten scheint dies zu stören, und trotz des gelegentlichen Lärms herrscht am Strand eine ruhige, angenehme Atmosphäre.

Wenige Schritte entfernt geht es am Vormittag wesentlich lebhafter zu, wenn im **Mercado Municipal** Bauern und Fischer ihre Waren ausbreiten.

São Salvador ist ein eindrucksvolles Monument manuelinischer Architektur

Aquaparque

Von Funchal kommend, sieht man kurz vor Santa Cruz links im Flussbett der Ribeira de Boaventura den **Wasserpark** mit Riesenrutschen, Pools, unterschiedlich schnellen Strömungskanälen, Kinderspielplätzen etc.

■ **Wasserpark,** im Sommer tgl. 10–18 Uhr, http://aquaparque-stcruz.webnode.pt, Eintritt 7 €.

Anfahrt mit dem Bus

■ Busse der Linie 111 von Funchal in Richtung Flughafen Madeira Airport.

Taxi

■ Taxistand im Stadtzentrum, Tel. 291-524430.

Unterkunft

■ **Quinta Albatroz Beach & Yacht Club*****,** Santa Cruz, Tel. 291-520290, Fax 524414, www.albatrozhotel.com, DZ um 100 €. An einer Klippe über dem Meer jenseits des Flughafens gelegen und inmitten eines schönen Parks ist das Hotel der ideale Platz für den An- und Abreisetag. Man kann sich die Zeit an den beiden großen Meerwasserpools am Wasser oder bei Besuchen in Funchal vertreiben. Die Anfahrt erfolgt über eine eigene Ausfahrt auf der Strecke Funchal – Machico. Die Einrichtung ist modern und elegant, wie es sich für einen Yacht-Club gehört, die Küche ausgezeichnet (z. B. Fischsuppe mit Edelfisch als Hauptgericht und als Dessert Halbgefrorenes). Toller Panoramablick über den Atlantik!

■ **Residencial Santo António**,** Rua Cónego César de Oliveira, Tel. 291-524198, Fax 524264, www.residencialsantoantonio.com.pt, DZ ab 35 €. Eine freundliche Pension im Stadtzentrum mit winzigem Garten und kleinen, aber sauberen Zimmern.

■ **Vila Galé Santa Cruz****,** Rua de São Fernando, Tel. 291-529000, Fax 529050, www.vilagale.pt, DZ ab 80 €. Modernes, komfortables Strandhotel mit Meerwasserpool, großem Wellness-Bereich und zwei Restaurants.

Flughafen „Madeira Airport“

Erst 1964 erhielt Madeira mit Santa Catarina einen eigenen Flughafen. Lange wurde im Vorfeld gestritten, ob nicht die Paúl da Serra, die einzige größere Ebene der Insel, als Landeplatz für die Ferienflieger geeigneter sei als die schroffe Küste. Schließlich gab das Wetter den Ausschlag, denn mit der häufig nebelverhangenen Hochebene hätten die Piloten keine Freude gehabt. Die hatten sie allerdings auch nicht, wenn sie die mit 1600 Metern viel zu kurze Landebahn von Santa Catarina anvisieren mussten: Nicht nur, dass kaum Spielraum beim Bremsen blieb – zu allem Überfluss musste man auch noch zielsicher zwischen hohen Felswänden und dem Atlantik zur Landung einschwenken.

1985 wurde eine neue, auf Stelzen verlängerte Landebahn gebaut. Doch hatte sie ebenfalls schnell die Grenze ihrer Belastbarkeit erreicht, denn für die wirklich großen Flugzeuge war sie nicht geeignet. Zur Jahrtausendwende wurde der dritte Akt im Drama „Flughafenausbau“ präsentiert. Nun hatte man wirklich an alles gedacht, die Landebahn reicht auch für die Riesen der Lüfte.

Essen und Trinken

■ **A Raposa,** 20, Rua Cónego César de Oliveira, Tel. 291-524406, ab 10 €. Preiswerte madeirensische Spezialitäten und Pizza, auch zum Mitnehmen, freundliches Personal.

■ **Bom Jesus,** Rua do Bom Jesus, Tel. 291-522559, Menü 10–15 €. Die Bar bei der Kirche kocht mittags für Angestellte aus den umliegenden Büros. Es gibt Schweinefleisch in Wein und Knoblauch, Suppe oder Fisch zu günstigen Preisen und man kann draußen sitzen.

■ **Praia das Palmeiras,** an der Strandpromenade, Tel. 291-524248, Menü um 15 €. Angenehmes Restaurant mit großer Terrasse und einer breiten Auswahl an Fisch- und Fleischgerichten; es gibt auch Snacks wie Toast oder Omelette.

Machico

Kaum sind Flughafen und der Ort Penha de Agua, dessen touristische Zukunft durch den Flughafen auf einen Schlag zunichte gemacht wurde, passiert, findet man sich wieder inmitten tiefgrüner Felder voller Bananenstauden. Machico liegt an einer großen und gut gegen Seegang **geschützten Bucht** und ist jener Ort, an dem *Zarco* und seine Schiffsbesatzung 1419 das erste Mal madeirensischen Boden betraten.

Geschichte

Im Jahr 1440 wurden Machico und der Osten Madeiras dem Legatskapitän *Tristão Vaz Teixeira* unterstellt. Dieser förderte nach Kräften den **Zuckerrohranbau,** wobei er sich, glaubt man bösen Zungen, eine goldene Nase verdiente. In den folgenden Jahrhunderten wurde es still um Machico.

Im 20. Jahrhundert versuchte man durch den Bau einer Fischkonservenfabrik Arbeitsplätze zu schaffen, was jedoch misslang: Die Anlage verrottet heute ebenso wie die vier Zucker verarbeitenden Betriebe, die ebenfalls geschlossen wurden. Machico blieben der Fischfang und die Landwirtschaft im relativ breiten, tiefen Tal.

Ortszentrum

Trotz der sicherlich nicht blendenden wirtschaftlichen Perspektive macht der 13.000-Seelen-Ort einen sehr schmucken und lebhaften Eindruck. Im Mittelpunkt steht das 1919 errichtete Rathaus und ihm gegenüber die **Kirche Nossa Senhora da Conceição,** umgeben von einem schattigen Park. Im 15. Jahrhundert wurde das Gotteshaus von Madame *Teixeira* gestiftet. Manuelinischer Putz schmückt die Fassade, darunter ein besonders gelungenes zierliches Zwillingsportal. Barockes Schmuckwerk beherrscht das Innere. In einer Seitenkapelle befindet sich, kenntlich durch das Familienwappen, die Grabstätte der Familie *Teixeira.*

Vom Kirchenvorplatz schaut eine Statue des Legatskapitäns kühn in Richtung Meer. Folgt man ihrem Blick, findet man sich in schmalen, grob gepflasterten Gassen mit Geschäften wieder und gelangt schließlich zum **Mercado Velho,** früher Standort der Markthalle.

Nun sind es noch wenige Schritte zum **Forte do Amparo,** einer kleinen Festung mit dreieckigem Grundriss, die

heute von der Touristinformation als Büro genutzt wird. Im 17. Jahrhundert hatte sie wesentlich gefährlichere Aufgaben zu erfüllen. Gaben die Posten am Pico do Facho Signal, dass sich Piraten näherten, mussten die Kanonen geladen werden.

In der Bucht

Zu Füßen des Forts, sich nach Osten erstreckend, liegt Machicos **Strandbad,** großteils von Kaimauern geschützt, die den aus Marokko importierten Sand vor Ebbe und Flut schützen. Östlich davon befand sich früher die **Fischhalle,** wo Ausrufer den Tagesfang lautstark versteigerten. Heute sind die Räume als Büros vermietet.

Läuft man die Bucht entlang nach Westen auf das unübersehbare Hotel Dom Pedro Baia und das Kulturzentrum „Forum" zu, erreicht man die kleine **Kapelle São Roque,** die Ende des 15. Jahrhunderts errichtet und in Pestzeiten besonders verehrt wurde. Die Kapelle ist meist verschlossen, so dass man die hübschen *azulejos* im Inneren nicht besichtigen kann.

Einen auffälligen architektonischen Akzent an der Bucht setzt das postmoderne **„Forum"** mit Bibliothek, Kino und Parkhaus.

Fischerviertel

Das Fischerviertel **Banda d'Alem** liegt östlich der Ribeira do Machico, die mitten im Ort ins Meer mündet und ihn in zwei Teile zerschneidet. Vom Rathausplatz oder von der Uferpromenade gelangt man über eine Brücke in diesen alten Stadtteil, in dem die bedeutendste Kapelle des Ostens verehrt wird: die **Capela do Senhor dos Milagres.** Kurz nach der Landung in der Bucht von Machico gab *Zarco* angeblich den Auftrag, hier ein erstes Gotteshaus zu errichten. Hundert Jahre später brannte es ab, wurde wieder aufgebaut und dann im 19. und 20. Jahrhundert zweimal von Sturmfluten beschädigt. 1803 wurde dabei ein Kruzifix fortgeschwemmt, das ein Fischer nach Tagen im Meer treibend und nahezu unversehrt wiederfand. Die Capela do Senhor dos Milagres wurde dem „Herrn der Wunder" geweiht, und Machico hatte ein neues Kirchenfest: Am 8. und 9. Oktober gedenken die Menschen mit nächtlichen Bootsprozessionen der wunderbaren Errettung des Kruzifixes. Das kleine Gotteshaus wirkt im Inneren ganz unspektakulär und schlicht, das Eingangsportal stammt noch aus manuelinischer Zeit.

082ma sk

Von der Wunderkapelle nach links und auf das Meer zu erreicht man Machicos neuen **Yachthafen Porto de Recreio** mit dem Bar-Restaurant *Baia* und Läden für den Segelbedarf. Der frühere Strand, an dem man im Schatten alter Fischerboote baden konnte, existiert nicht mehr.

Madeira-Stickerei

Auch in Machico verdienen Frauen und Mädchen ein Zubrot mit Madeira-Stickerei; es gibt eine Stickschule, die man besichtigen kann. Die **Casa das Bordadeiras de Machico** residiert in einem alten Haus an der ER 204 in Richtung Caniçal. Hier werden schöne Handarbeiten verkauft. Kurz dahinter führt eine schmale Straße links hinauf nach Santo da Serra.

Info

- **Touristeninformation** im Forte do Amparo, Tel. 291-962289, www.cm-machico.pt, Mo–Fr 9.30–12.30 und 14–17.30 Uhr, Sa 9.30–12 Uhr.

Anfahrt mit dem Bus

- Ein Expressos-Bus der Gesellschaft SAM verbindet Machico auf direktem Weg mit Funchal, ansonsten fahren Busse der Linien 23, 53, 78 und 113 nach Funchal.

Taxi

- Taxistand am Largo Municipal gegenüber der Kirche, Tel. 291-961989.

Wassersport

- **Madeira Oceanos,** Hotel Dom Pedro Baía Club, Tel. 918-479922, www.madeiraoceanos.com oder über das Hotel (www.dompedro.com). Tauchkurse und Exkursionen.
- **Verleih** von Booten, Wasserski, Aquascootern etc. am Strand.

‹ Machicos Pfarrkirche stammt aus dem 15. Jahrhundert

Die Legende von Machico – eine tragische Liebe

Viel wurde und wird über den tatsächlichen Entdecker Madeiras spekuliert, und ebensoviel darüber, woher der Name Machico stammt. Historiker bemühen einen portugiesischen Kapitän gleichen Namens, der die Bucht von Machico vor *Zarco* entdeckt haben soll. Romantiker halten es da lieber mit der Geschichte über den britischen Edelmann *Robert Machim* und seine schöne Geliebte. Sie wurde erstmals von dem deutschstämmigen *Valentim Fernandes* im Auftrag des Geografen *Konrad Peutinger* Anfang des 16. Jahrhunderts aufgezeichnet und wird seither in zahllosen, immer bildhafter ausgeschmückten Versionen von anderen Autoren verbreitet:

Aus unbekannten Gründen vom Hofe verbannt, belud *Machim* ein Schiff, um mit seiner nicht standesgemäßen Freundin in Spanien Zuflucht zu suchen. Ein schwerer Sturm trieb seine Karavelle vom Kurs ab und zunächst in Richtung Porto Santo. Als sich das Wetter besserte, erblickten die Flüchtigen die Silhouette Madeiras, segelten hinüber und gingen in der Bucht von Machico an Land.

Einige Tage später unternahm *Machim* einen Erkundungsgang über die Insel; als er zurückkehrte, war sein Schiff verschwunden. Die Besatzung hatte sich mit all seinem Hab und Gut abgesetzt, nur die treue Geliebte erwartete den Edelmann am Strand. *Machim* tat sein Bestes, um die primitiven Lebensumstände zu verbessern, doch die schöne Dame verfiel angesichts des entsetzlichen Schicksals in tiefe Depressionen und starb vor Kummer, wie der Chronist *Valentim Fernandes* erzählt.

Machim bestattete sie und errichtete über ihrem Grab die Kapelle Santa Cruz. Dann zimmerte er sich ein einfaches Boot, stach in See und landete, erneut von einem Sturm verschlagen, an der Küste Marokkos. Immerhin überlebte er und hatte Gelegenheit, die Geschichte von der Entdeckung Madeiras dem König von Fès zu erzählen. Dieser versprach sich wenig Profit von der Insel und schickte *Machim* nach Spanien, wo er König *Johann I.* von Kastilien über seine Entdeckung berichtete. Dies geschah fast hundert Jahre vor *Zarcos* großem Coup!

Es gibt viele Versionen dieser Legende – ihr Wahrheitsgehalt lässt sich nicht ermitteln. In Machico jedenfalls glaubt man fest daran, dass die schöne englische Dame unter der Capela do Senhor dos Milagres bestattet liegt.

Unterkunft

■ **Dom Pedro Baía Club****,** Est. de São Rocque, Tel. 291-969500, Fax 969501, www.dompedro.com, DZ/F um 75 €. Die Hotelarchitektur schreckt ab, im Inneren ist es aber sehr komfortabel und kürzlich komplett neu gestaltet. Der all-inclusive-Club hat einen großen Pool, schön eingerichtete Zimmer und aufmerksamen Service. Hauseigene Tauchschule (siehe oben).

■ **Residencial O Facho*,** Pracet a 25 de Abril, Tel. 291-962786, Fax 961118, DZ um 50 €. Nette Pension mit 12 Zimmern und angeschlossenem Restaurant.

[>] Ein Picasso als Gobelin

084ma sk

■ **Residencião Amparo**,** Rua da Amargura, Tel. 291-968120, Fax 966050, www.residencialampa ro.web.pt, DZ um 50 €. Zentral und nicht weit vom Strand gelegen, freundliche Ausstattung.

Essen und Trinken

■ **Mercado Velho,** Tel. 291-965926, Menü um 20 €. Das Café-Restaurant auf dem Alten Markt ist ein hübscher Platz für die Mittagsrast. Unter Jacaranda-Bäumen kann man Passanten beobachten und kleine Snacks oder gute madeirensische Küche goutieren.

■ **O Facho,** Menü 10–20 €. Restaurant und Pizzeria der gleichnamigen Pension (s. Unterkunft) mit guter Hausmannskost wie *espetada* (Rindfleischspieß) und *bacalhau* (Stockfisch).

■ **Maré alta,** Largo de Praça, Tel. 291-607126, Menü 25–30 €. Die angesagte Adresse für einen Abend mit Fischgerichten. Man sitzt elegant hinter Glas und speist Bestes aus dem Meer.

Caniçal

Der Fischerort Caniçal liegt ganz im Norden der Ostküste Madeiras, unmittelbar am Anfang der Ponta de São Lourenço, der felsigen Halbinsel, die sich weit nach Osten in den Atlantik hinein erstreckt. Bei der Anfahrt auf der alten Straße umrundet man das Tal von Machico auf einer serpentinenreichen Straße und erreicht dann einen Tunnel, der aus grüner Berglandschaft in karges Felsenland hinüberleitet. Wer's eilig hat, wählt die Autobahn.

Am Caniçal-Tunnel

Wer Lust hat, sich einmal als Signalposten zu versuchen, kann vor dem Tunnel einen Zwischenstopp einlegen und in einer halben Stunde zum 322 Meter hohen **Pico do Facho** hinaufwandern, auf dem früher mit Fackeln Piratenalarm gegeben wurde. Die Rundsicht von oben ist spektakulär und lässt den Wanderer einen ersten Blick auf die Ostspitze Madeiras werfen, wo ihn karge Felslandschaft erwartet. Am Caniçal-Tunnel beginnt auch eine abwechslungsreiche **Wanderung an die Nordküste** der Insel (Wanderung 13). Wer sich davor noch stärken möchte, kann in folgenden Restaurants an der ER 204 einkehren:

Essen und Trinken

■ **Churrascaria O Tunel** (2 km von Machico), Tel. 291- 962459, Menü um 15 €. Die Küche ist in Ordnung, wenn auch nichts besonderes, aber der Blick von der Terrasse ist fantastisch.

085ma sk

Restaurante Marisqueira, Poço do Gil, Estrada do Caniçal, Tel. 291-962792, Menü ab 15 €. Hier gibt's frische Fischspezialitäten, Brathähnchen und eine Terrasse, von der aus man über das Tal blickt.

Hinter dem Tunnel tritt die Felsenlandschaft des trockenen Ostens in Erscheinung. Caniçal und die Ponta de São Lourenço empfangen deutlich weniger Niederschläge als der Rest der Insel, und auch *ribeiras* fehlen hier. Dafür gibt es viel Wind, dessen Energie große **Windräder** in das Stromnetz einspeisen. Um die bis 1956 nur per Boot oder auf Fußpfaden erreichbare Ecke wirtschaftlich aufzuwerten, gründete die Autonome Region Madeira hier eine Freihandelszone. Deren hohe Zäune und **moderne Industriebauten** signalisieren dem Ankommenden jedoch nicht gerade rege Tätigkeit, sondern vielmehr Agonie. Tatsächlich halten sich Investoren vorläufig noch zurück. Durch das etwas bizarr wirkende Gelände führt die Straße hinunter nach Caniçal und endet am Meer.

An den Kais von Caniçal findet man immer ein paar Männer beim Dominospiel und viele schwer bepackte Wanderer, die von hier zu ihrer Tour auf die Ponta de São Lourenço starten. Auch hier wurde ein hübscher „Complexo Balnear“ errichtet, mit Liegen, Meerwasserpools und dem Bar-Restaurant *La Brisa.* Ansonsten ist in dem Fischerort nichts los.

Wal-Museum

Das Wal-Museum am Ortsrand Richtung Westen in einem riesigen, kubischen Gebäude untergebracht, ist Cani-

086ma sk

çals einzige Attraktion, diese jedoch ist unbedingt sehenswert. Bis 1981 betrieb man am Ort Walfang, schlachtete die erlegten Tiere aus und verarbeitete sie weiter. Als Portugal dem Washingtoner Artenschutzabkommen beitrat, verloren die Walfänger ihren Job. Einer unter ihnen wandelte sich vom Saulus zum Paulus und engagierte sich fortan für den Schutz der Meeressäuger. Bis zu seinem Tod vor einigen Jahren war der auskunftsfreudige Herr eine wandelnde Bibliothek zum Thema Pottwale. Ihm ist auch die Einrichtung des Wal-Museums zu danken.

Das moderne Museum konnte nach jahrelanger Vorbereitung 2012 endlich eröffnet werden. Es zeigt eindrucksvoll **Techniken und Gefahren des Walfangs** und schildert im Multimediabereich die Jagd auf den Wal als grausamen blutigen Kampf, bei dem die *truncadores* mit Lanzen so lange auf das Tier einstechen, bis es verendet, bei dem aber auch häufig genug Boote zu Bruch gingen und Seeleute ums Leben kamen. Übrigens berieten die Walfänger von Caniçal *John Huston* bei den Dreharbeiten zu „Moby Dick". Die Ausfahrt und Waljagd mit den Männern blieben *Huston* und seinem Hauptdarsteller *Gregory Peck* als eindrucksvollste Erinnerung an Madeira im Gedächtnis.

Wal-Museum, Tel. 291-961858, Di–So, 10–18 Uhr, 10 €.

◁ Am Hafen von Caniçal

△ Fischer beim Dominospiel in Caniçal

Anfahrt mit dem Bus

- Busse der Linie 113 von Funchal nach Caniçal.

Unterkunft

- **Quinta do Lorde*****,** www.quintadolorde.pt, DZ/F um 140 €. Das gigantische Luxushotel als Dorf mit Yachthafen (300 Liegeplätze), Tauchbasis und eigener neuerrichteter Kirche hat 2012 eröffnet.

Essen und Trinken

- **Amarelo,** neben dem Walmuseum, Tel. 291-961798, http://restauranteamarelo.pai.pt, Menü um 20 €, Mi geschlossen. Die ehemalige Hafenkneipe ist ein superschickes Restaurant. Die Qualität des Essens ist hervorragend, eine beliebte Adresse der Madeirenser.
- **Cabrestante,** Serrado da Igreja, Tel. 291-960000, Menü 15–20 €, Di geschlossen. In diesem netten Lokal gibt's unten auch kleine Snacks wie Omelett oder Salatteller, oben im Restaurant mit Blick auf den Hafen und das Meer kommt der Tagesfang direkt vom Boot.

Einkaufen

- Ein kleiner **Kiosk** an der Uferpromenade dient derzeit als Verkaufsraum für allerlei **Geschnitztes aus Walknochen.** Um den Knochen ihren penetranten Geruch zu nehmen (der in den Wohnzimmern heimgekehrter Touristen Familienstreitigkeiten nach sich ziehen würde), werden sie bis zu 25 Jahre im Meer gelagert. Wunderschön sind besonders die kleinen, fein geschnitzten Schiffsmodelle.

Wanderung 13: Zur Boca do Risco – Abenteuer an der gefährlichen Scharte

- **Ausgangspunkt:** Ribeira Seca (Machico), Bar „Boca do Risco"
- **Endpunkt:** Porta da Cruz
- **Schwierigkeitsgrad:** mittelschwer bis schwer
- **Gehzeit:** 3½–4½ Stunden
- **Höhendifferenz:** 150 m hinauf, 200 m hinunter
- **Wegbeschaffenheit:** zum Teil schmaler, sehr ausgesetzter Pfad mit einem kurzen seilgesicherten Abschnitt auf schmalem Sims durch einen Wasserfall an einer Felswand entlang, weitgehend schattenlos
- **Ausrüstung:** Wanderausrüstung

Auf dieser Wanderung lernt man Madeira von den unterschiedlichsten Seiten kennen: Man wandert an bebauten Terrassen und Wohnhäusern von Bauern vorbei, kommt durch dichten Wald und geht mitten durch Schwindel erregende Felswände mit einer atemberaubenden Aussicht auf die raue Nordküste. An klaren Tagen sieht man sogar bis zur Nachbarinsel Porto Santo hinüber.

Startpunkt ist die kleine Bar „Boca do Risco" im Stadtteil Ribeira Seca von Machico. Hier nimmt man gegenüber der Bar den schmalen Durchlass bergauf, bis man nach gut 10 Min. auf die oberhalb verlaufende Levada stößt, der man nach links und Norden folgt. Bald darauf kommt man an zum Teil noch kultivier-

087ma sk

ten Terrassen vorbei. Früher wurden hier vor allem Gemüse, Trauben und Bananen angebaut, heute liegen viele der Felder brach.

Porto da Cruz:
Ziel der Wanderung entlang der Boca do Risco

Nach 15 Minuten entlang der Levada macht diese bei blechgedeckten Häuschen einen 180 Grad-Bogen, hier verlässt man sie und steigt entlang der Felder auf einer Feldtreppe nach Osten und oben und stößt auf den Pfad hoch zur Boca do Risco, in den man links einbiegt und nun bis auf ein kurzes felsiges Stück nur mäßig ansteigend weiter ins Tal hinein wandert. Nach etwa 20 Min. geht es vor einem Gehöft nach links auf den westlichen Hang und weiter bergan nun das Tal verlassend nach Nordwesten. Knappe 10 Min. hinter dem Gehöft hat man plötzlich das Meer vor Augen – die **Boca do Risco,** die „Gefährliche Scharte". Die Mühe des Aufstieges wird durch einen unvergleichlichen Ausblick auf die

zerklüftete Nordküste Madeiras belohnt. Weit unten tost der Atlantik. Bei klarer Sicht sieht man sogar die Nachbarinsel Porto Santo, die schemenhaft draußen im Meer liegt. An diesem wunderschönen Aussichtspunkt lohnt sich eine kleine Rast. In Richtung Porto da Cruz erkennt man den Wanderweg, der an den senkrechten Felsen hoch über dem Meer entlang führt.

Bevor man den schwierigen Teil dieser Wanderung erreicht, ist der Weg noch breit und einladend. Meerseitig ist er stark mit Gebüsch zugewachsen, man sollte sich allerdings nicht allzu sicher fühlen, die Pflanzen gäben einen trügerischen Halt. Allmählich wird der Pfad dann ausgesetzter. Man blickt immer wieder auf einige **bebaute Terrassen** hinunter, die wie Vogelnester an den steilen Hängen kleben. Nach gut 30 Min. ab der Scharte gelangt man an eine **Felswand mit Wasserfall.** Hier sollte man Funktelefon und Kamera wasserdicht verpacken und erst dann sich am Drahtseil sichernd den schmalen Sims betreten.

Dieser Teil der Wanderung ist sicher der aufregendste. Tief unten sieht man den Atlantik am Fels nagen, linker Hand ragen die Felsen fast senkrecht in die Höhe. Wenn man kurz innehält und die Vegetation am Gestein näher betrachtet,

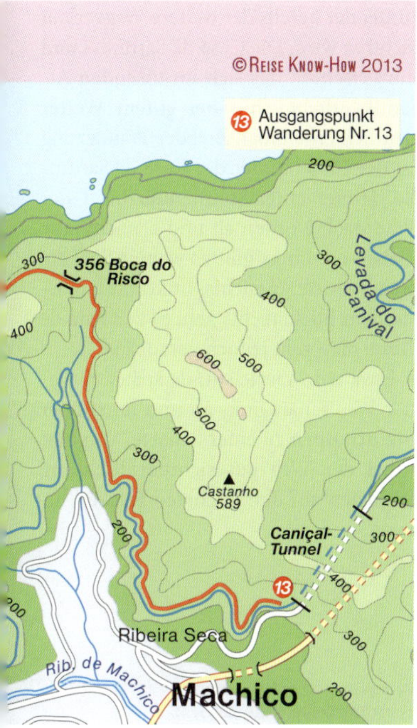

entdeckt man **Drüsen-Äonium.** Diese seltsame Blume, die unserem Hauswurz ähnelt, klebt direkt am Fels wie eine hübsche Verzierung. Die Pflanze ist nur auf Madeira heimisch und kommt bis in Höhen von 1500 Metern vor.

Nach etwa einer weiteren halben Stunde und Durchquerung mehrerer Bachbetten wird der Pfad zu einem breiteren Forstweg durch einen Eukalyptus- und Kiefernwald. Kurz danach ist erst eine Betonstraße vorbei an einer Landwirtschaftsseilbahn hinunter erreicht. 150 m hinter der Seilbahn verlässt man die Straße an einer Levada nach rechts und folgt dieser den Hang entlang. Nach etwa 20 Min. geht es auf einem Steig 10 Min. bergab zur Asphaltstraße und 5 Min. später steht man an einer **kleinen Bar** mit kühlen Getränken, einer kleinen Terrasse und freundlichen Besitzern, die gerne ein Taxi rufen (Rückfahrt zum Ausgangspunkt um 15 €). Will man auf der Straße ins Dorf hinunter muss man etwa 30 Min. zusätzlich rechnen.

Ponta de São Lourenço

Verlässt man Caniçal und folgt der Straße auf die Ponta de São Lourenço, passiert man rechts die **Prainha,** einen der **Sandstrände.** Die winzige Badebucht mit grobkörnigem, schwarzem Lavasand ist an den Wochenenden hoffnungslos überlaufen. Wochentags ist man hier oft allein mit den Möwen und hat einen wunderbaren Blick über die tiefblaue See hinüber zu den Ilhas Desertas.

An Ausblicken ist die Ponta de São Lourenço ohnehin nicht arm. Wenige hundert Meter weiter laden Bänke und Picknicktische am ersten *miradouro* zur Rast. Es öffnet sich ein wild bewegtes **Panorama über die Nordküste** und den nördlichen Streifen der Ponta de São Lourenço. Dazwischen ragen erodierte spitze Felszacken aus dem heftig anbrandenden Meer. Man kann noch ein kurzes Stück (ca. 2 km) weiterfahren, vorbei an der Zufahrt zur Quinta do Lorde, bis man schließlich einen kleinen Parkplatz erreicht, von wo aus sich eine Wanderung hinaus auf die östlichste Spitze Madeiras anbietet.

Wanderung 14: Ponta de São Lourenço – sturmumtoste Klippen im Atlantik

- **Ausgangspunkt:** Parkplatz Ponta de São Lourenço
- **Endpunkt:** Parkplatz Ponta de São Lourenço
- **Schwierigkeitsgrad:** leicht bis mittelschwer
- **Gehzeit:** einfach 1½–2 Stunden
- **Höhendifferenz:** 300 m hinauf, 300 m hinunter
- **Wegbeschaffenheit:** gut markierter und gesicherter Wanderweg
- **Ausrüstung:** Wanderausrüstung

Vom **Parkplatz 2 km nach der Prainha** führt ein Weg nach Norden, von dem man nach 100 Metern in einen schmalen Pfad gen Osten einbiegt. Dieser durchquert auf einem Holzsteg eine Mulde, hinter der bereits der weitere Wegverlauf sichtbar wird. Die Casa de Sardinha und ein Felsentor, das sich im tosenden Atlantik erhebt, sind bei gutem Wetter deutlich erkennbar. Ziel der Wanderung ist der Gipfel hinter der Casa de Sardinha. Hinter einer Steinmauer biegt der Pfad nach Norden ab und erreicht eine Gabelung. Links gibt es wenige Schritte weiter einen Aussichtspunkt mit fantastischem Blick, rechts geht es zur Baia de Abra; man geht jedoch geradeaus.

Etwa eine Viertelstunde später zweigt der Weg scharf links ab und führt über **Steintreppen** zu einer Scharte. Von hier führt der Weg gut sichtbar Richtung Südosten auf den nächsten Rücken hinaus.

⊡ Schwindelfrei sollte man sein, wenn man auf Madeira wandern möchte

088ma sk

Zehn Minuten später treffen wir auf einen **schmalen Grat,** der zu beiden Seiten spektakulär abbricht. Diese Stelle ist mit Drahtseilgeländer gesichert.

Danach sind die Schwierigkeiten überwunden. Über eine Hochebene läuft man sanft bergab auf die palmenumstandene **Casa de Sardinha** zu, die man nach etwa 60 Min. erreicht. Von der Casa da Sardinha kann man noch über den westlichen Teil des Rückens auf den nahen **Doppelgipfel** steigen. Der Weg hinauf wird zum Schluss steiler und führt über ockerfarbene Erde zum höchsten Punkt, dessen Hauptgipfel mit etwas Trittsicherheit schnell bezwungen ist (ca. 15 Min. von der Casa da Sardinha). Man kann danach noch einen kleinen Bogen die Treppen hinunter an den Strand schlagen, dann geht's auf demselben Weg zurück.

Das Zentralgebirge im Osten

Zwei Pässe bilden die Hauptübergänge über Madeiras Zentralgebirge im Osten. Der **Paso de Portela** ist erreichbar über die ER 102 von Funchal über Camacha und die ER 108 von Machico über Santo da Serra, wo ein moderner Straßentunnel die Strecke erheblich abkürzt. Beide Straßen enden in Porto da Cruz an der Nordküste.

Von Funchal an Monte schlängelt sich die ER 103 zum **Paso de Poiso** hinauf. Von dort senkt sie sich über Ribeiro Frio nach Faial an der Nordküste. Wer Ma-

602ma sk

deiras dritthöchstem Berg, dem **Pico do Arieiro,** einen Besuch abstatten möchte, kann dies vom Paso de Poiso aus bequem mit dem Auto tun und von dort dann zum **Pico Ruivo** weiterwandern. Um Ribeiro Frio gibt es wieder Levadas, Lorbeerwald und üppiges Grün zu erforschen.

◁ Ponta de São Lourenço: keine Spur von üppiger Vegetation auf der östlichen Landzunge

△ Die Blüten der Königsprotea erreichen mit bis zu 25 cm Durchmesser Frühstückstellergröße

Santo da Serra

Beide Zufahrtsstraßen von der Südküste durchqueren auf ihrem Weg zum Paso de Portela eine dicht besiedelte Region. Hier im Osten haben die Berge an Schroffheit verloren, sanft fallen sie zur Südflanke mit dem nur 620 Meter hoch gelegenen Pass hin ab. Die Gegend wird auch von Industriebetrieben genutzt.

Santo António da Serra

Wer den östlichen Weg von Machico über Santo da Serra wählt, wird im Umkreis des kleinen **Luftkurortes** besonders stark mit den Folgen von Abholzung und reger Bautätigkeit konfrontiert. Santo António da Serra – wie der Ort mit vollständigem Namen heißt – ist dann wiederum eine Idylle, allerdings eine recht moderne. Hier oben haben reiche Herrschaften aus Funchal ihre Sommervillen erbaut. Gut verborgen hinter hohen Mauern und prunkvollen schmiedeeisernen Einfahrtstoren liegen sie im dichten Grün, häufig allerdings auch in empfindlicher Kühle und umtanzt von Nebel und Wolken.

Quinta de Santo da Serra

Wichtigste historische Attraktion ist die einst den Blandys (siehe Blandy's Garden, Funchal) gehörende Quinta do Santo da Serra mit dem als **Freizeitgelände** gestalteten Park, altem Baumbestand und weißblühenden Magnolienbüschen. Ein kleiner zoologischer Garten sorgt für die Unterhaltung der Kinder, während die Erwachsenen an den Picknicktischen ihre Brotzeit auspacken. Am **Miradouro dos Ingleses** im hinteren Teil des Parks stand, so erzählt man sich, Gründervater *Blandy* und suchte den Horizont nach Schiffen seines Handelsunternehmens ab, die nach der gefährlichen Atlantiküberfahrt beladen mit Waren in den sicheren Hafen von Funchal einliefen.

▪ **Quinta do Santo da Serra,** tgl. 10–18 Uhr, Eintritt frei.

2 km südlich von Santo da Serra an der Straße in Richtung Flughafen befindet sich für viele **Madeiras schönster Golfplatz.** Das Green liegt so verwegen auf Hügeln über dem Meer, dass man von jeder Stelle aus weit ins tiefe Blau gucken kann. 27-Loch-Anlage, komfortables Clubhaus mit Ausrüstungsverleih.

▪ **Clube de Golf Santo da Serra,** Tel. 291-552345, Fax 552367, www.santodaserragolf.com.

Schräg gegenüber dem Golfclub kann man vom **Centro Hipico** aus in die Berge reiten. Erst einmal werden aber die reiterischen Fähigkeiten in der Reithalle geprüft und dann gemeinsam beschlossen welchen Weg man wählt, die Reitpfade können nämlich sehr steil und geröllig sein – Erfahrung ist dann schon gefragt. Für einen einstündigen Ausritt muss man mit 50 € rechnen. Da der Besitzer des Reitstalles ein leidenschaftlicher Volvo-Fahrer ist, hat er sich auch gleich noch eine Halle errichtet, in der er als **Automuseum** seine Volvo- und Fiat-Sammlung ausstellt (derzeit nicht zugänglich).

▪ **Centro Hipico,** Tel. 291-552043, Di–So 9–13 und 15–19 Uhr.

▷ Nur karges Buschwerk widersteht den ständig über die Halbinsel wehenden Winden

090ma sk

Anfahrt mit dem Bus

- Busse der Linien 20 und 78 von Funchal über Machico nach Santo da Serra.

Unterkunft

- **Estalagem A Quinta**,** Sítio dos Casais Proximos, Tel. 291-550030, Fax 550049, DZ ab 45 €. Garten und Haus sind mit bäuerlichem Hausrat dekoriert, Ferienwohnungen mit angeschlossenem Restaurant.
- **Quinta do Pântano*,** Sítio dos Casais Proximos, Tel. 966-320727, www.quintadopantano.com, DZ ab 50 €. Ferien auf dem Bauernhof, Farm mit „biologischer" Zertifizierung, sehr schöne Anlage, ausgezeichnet geeignet als ruhiger Rückzugspunkt und als Basis für Exkursionen und Wanderungen.

Paso de Portela

Von Santo da Serra kann man nach Westen auf die ER 102 fahren, um den **Portela-Pass** zu erreichen. Von einem *miradouro* aus blickt man wie von einem Balkon auf die Nordküste und den Adlerfelsen. Direkt nebenan kann man sich in der beliebten Ausflugskneipe **Miradouro/Casa de Portela** an den Spezialitäten der madeirensischen Küche delektieren. Neben *espetadas, bolo de caco* und Tomatensuppe werden auch Eintopfgerichte serviert. Hier liegt der Endpunkt der von Ribeiro Frio herführenden Wanderung (Nr. 17), die man auch in umgekehrter Richtung von Portela aus gehen kann. Sechs Kilometer hinter dem Pass sind schließlich die Nordküste und der Ort Porto da Cruz erreicht.

Anfahrt mit dem Bus

- Busse der Linien 53 von Funchal nach Faial.

Essen und Trinken

- **Casa de Portela,** Portela-Pass, Tel. 291-966169, Menü um 15 €. Beliebte Ausflugsgaststätte mit traditionellen Gerichten, einem gemütlichen Gastzimmer mit Kamin und einer Terrasse.

Paso de Poiso und Pico do Arieiro

Etwa 12 Kilometer sind es vom Stadtzentrum Funchals über die ER 103 zum **Poiso-Pass.** Unterwegs passiert man den Wallfahrtsort Monte, dessen Kirche und Botanischer Garten einen längeren Zwischenstopp verdienen (siehe Kapitel „Ausflüge von Funchal"). In luftigen 1400 Metern Höhe zweigt am Poiso-Pass die gut ausgebaute ER 202 nach Westen in Richtung Pico do Arieiro ab. Fast gemächlich führt sie oberhalb der Baumgrenze durch die nach Süden abfallenden Hänge des Zentralgebirges zum weithin sichtbaren Ziel, dem Pico do Arieiro mit seiner militärischen Radaranlage. Farnkraut bedeckt wie ein weicher Teppich die Hänge, immer wieder passiert man wunderschöne Aussichtspunkte, und wenn Wolken die Nordküste verhüllen, scheint man über einem Wattemeer dahinzufahren.

Nach sieben Kilometern ist der Riesenparkplatz unterhalb des 1818 Meter hohen Arieiro erreicht. Ein kurzer Fußpfad führt hinauf zum **Gipfelkreuz.** Von dort blickt man hinüber auf die kubischen Felsblöcke des **Pico das Torres** (1851 m) und auf den Wanderweg, der vom Arieiro über den Pico das Torres zum **Pico Ruivo** hinüberführt.

Die beste Zeit für die Fahrt zum Arieiro und für die Wanderung sind die frühen Vormittagsstunden; am Nachmittag klettern die Wolken vom Norden meist über den Gipfel, die Sicht ist gleich Null.

Essen und Trinken

- **Casa de Abrigo do Poiso,** Poiso-Pass, Tel. 291-782269, Menü um 15 €. Landgaststätte mit madeirensichen Spezialitäten aus Fisch und Fleisch, am Wochenende kommen viele Ausflügler aus Funchal hoch.

Wanderung 15: Zum Pico do Arieiro und Pico Ruivo – den höchsten Gipfeln Madeiras

- **Ausgangspunkt:** Pico do Arieiro
- **Endpunkt:** Pico do Arieiro
- **Schwierigkeitsgrad:** mittelschwer
- **Gehzeit:** einfach 2–2½ Stunden
- **Höhendifferenz:** 700 m hinauf, 700 m hinunter
- **Wegbeschaffenheit:** gut markierter und gesicherter Bergsteig
- **Ausrüstung:** komplette Wanderausrüstung, Taschenlampe

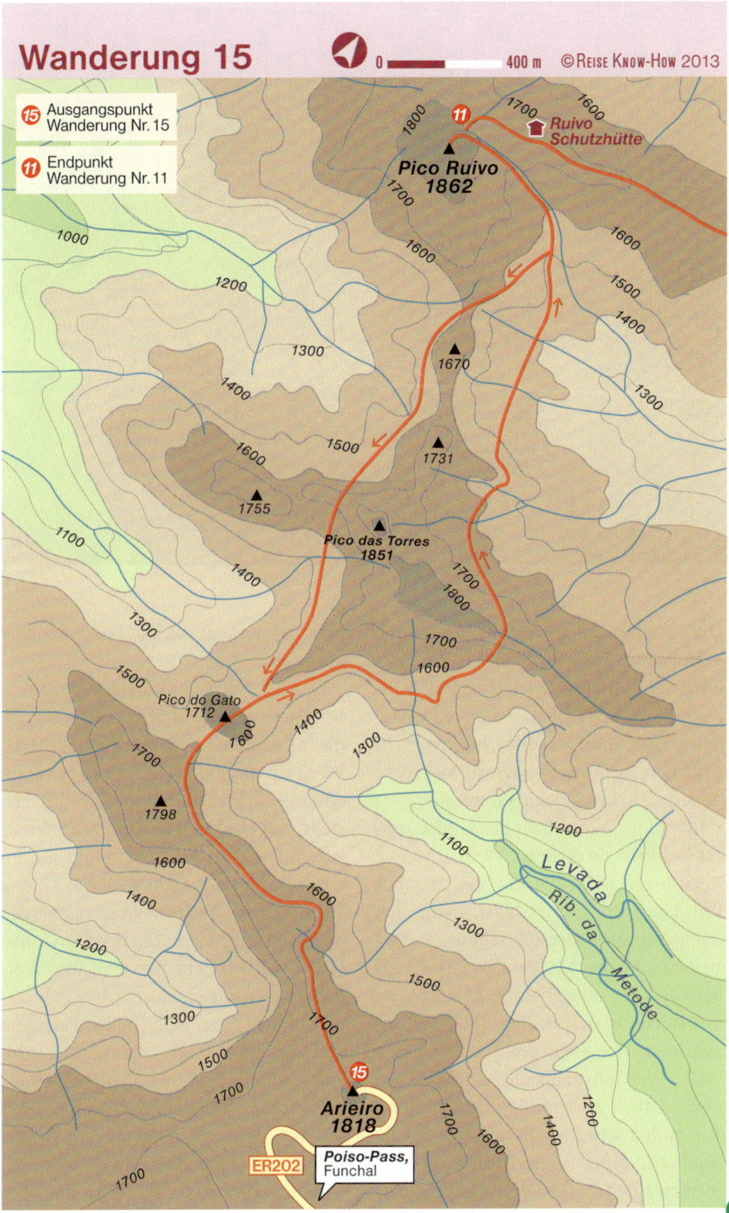
Wanderung 15
0
400 m
©Reise Know-How 2013
15 Ausgangspunkt Wanderung Nr. 15
11 Endpunkt Wanderung Nr. 11
Pico Ruivo 1862
Ruivo Schutzhütte
1670
1731
1755
Pico das Torres 1851
Pico do Gato 1712
1798
Levada Rib. da Metade
Arieiro 1818
ER202
Poiso-Pass, Funchal

091ma sk

Die landschaftlich einmalig schöne Wanderung vom Pico do Arieiro zum höchsten Berg der Insel, dem Pico Ruivo, zählt zu den Höhepunkten jeder Madeirareise. Bizarre Felsformationen in rötlichen Farbtönen lassen sie zu einem unvergesslichen Erlebnis werden.

Los geht es unterhalb des Gipfelkreuzes des **Pico do Arieiro.** Wem schon zu Beginn der Wanderung ein frischer Wind um die Ohren bläst, kann sich noch mit einer der typischen handgestrickten Madeira-Pudelmützen oder einem dicken Pullover eindecken. Immerhin startet man auf über 1800 Metern über dem Meeresspiegel.

Der Weg führt zunächst gepflastert in nordwestlicher Richtung und später auf Stufen den schroffen Bergrücken hinab. Nach ca. einer Viertelstunde gelangt man zu einer markanten Aussichtsplattform mit weitem Blick auf die Nordseite der Insel.

Danach führt ein kurzer Treppenanstieg auf die andere Seite des Grates. In die rotbraunen Felsen gemeißelt geht der Weg nun ausgesetzt auf dem **Bergkamm** entlang, kurze Zeit später steigt man steile, mit Drahtseil gesicherte Stufen zu einem weiteren Aussichtspunkt hinunter. Von hier aus sieht man bei klarem Wetter das Ziel dieser Wanderung: den höchsten Berg Madeiras, den Pico Ruivo (1862 m). Erreicht hat man ihn allerdings noch lange nicht.

Nun geht es an einer steilen Felswand entlang zunächst eben, später über zahllose Stufen bergab, bis man nach einem markanten Felsdurchlass und etwa 45 Min. den ca. 75 m langen **Tunnel durch den Pico do Gato** durchquert. Wieder im Tageslicht, führt der Weg

074ma sk

über teils sehr steile Steintreppen zu einer Scharte hinunter. Nach gut 50 Minuten erreicht man eine Weggabelung mit einem Hinweisschild (durch die Tunnel sind es 3,4 km, auf dem einzuschlagenden Weg 4,8 km zum Pico Ruivo). Man wandert nach rechts und Osten auf die Ostseite des Pico das Torres.

Weiter geht es auf einem ebenen Weg, dann beginnt der Anstieg auf den **Sattel des Pico das Torres.** Die Treppen sind zum Teil extrem steil. Besondere Vorsicht ist deshalb bei Nässe geboten. Schließlich erreicht man die Scharte an der Ostseite des Pico das Torres. Auf der anderen Seite steigt man auf einem zum Teil grob geschotterten und stellenweise rutschigen Weg ab und erreicht nach einer guten Stunde hinter der Gabelung einen Tunnelausgang. Hier trifft man wieder auf den Westweg und folgt nun dem Steig geradaus weiter.

Durch alte Baumheide wandert man leicht ansteigend und später in Serpentinen, bis man nach etwa 20 Min. eine Abzweigung erreicht. Von rechts kommt der Steig von der Achada do Teixeira (Wanderung 11) herauf. Man folgt jedoch dem Weg zur **Pico-Ruivo-Hütte,** die von hier aus schon ganz nah über uns ist. Man erreicht sie nach guten 2 Stunden Gesamtwanderzeit. Verpflegung darf man nicht erwarten. Wenn die Hütte geöffnet ist, werden aber Getränke verkauft.

An der Hütte vorbei steigt man weiter bergan, geht bei einer Abzweigung nach

[<] Hier startet der Weg zum Pico Ruivo

[^] Ein Schäfer schleppt Proviant auf den Pico Ruivo

links – geradeaus führt der Weg bis zum Encumeada-Pass – und erreicht 10 Min. später über Stufen das Wanderziel: den **Pico Ruivo,** mit 1862 Metern der höchste Berg Madeiras. Die Anstrengung wird belohnt durch einen einzigartigen Ausblick. Er reicht von der kahlen Hochebene im Westen über die raue Nordküste, von der Nachbarinsel Porto Santo bis zum Ostkap Madeiras und zu den Felslandschaften im Zentrum der Insel.

Nun geht es zurück bis zur Gabelung am Tunneleingang mit seinem Hinweisschild, das wir nach 25 Min. erreichen. Wir nehmen den Tunnel (von dem aus es 5,1 km zum Startpunkt sind) und erreichen nach gut 30 Min. und durch weitere Tunnel die Zusammenführung der beiden Wege. Nach einer knappen Stunde hinter der Gabelung und nach dem schweißtreibenden Anstieg über die zahllosen Treppenstufen steht man wieder am Gipfel des Pico di Arieiro. Wer die Wanderung verkürzen will, kann bei der Abzweigung unterhalb der Pico-Ruivo-Hütte in zirka einer halben Stunde auf einem einfachen Pflasterweg zur Achada do Teixeira absteigen. Allerdings muss man sich schon vor Beginn der Wanderung ein Taxi dorthin bestellen, da es keine Busverbindungen von der Achada do Teixeira nach Santana gibt.

Ribeiro Frio

Hinter dem Poiso-Pass windet sich die Straße durch Eukalyptuswald und kleine Lorbeerhaine zur Nordküste. Nach sechs Kilometern erreicht sie in einer unübersichtlichen Kurve die **Forellenzuchtstation** von Ribeiro Frio. Linker Hand liegt das Fischzuchtgelände, strukturiert mit kleinen Terrassen und Wasserbecken, zwischen denen Levadas für Frischwasserzufuhr sorgen. Man kann in der **parkähnlichen Anlage** mit ihren dichten Hortensienbüschen spazieren gehen, Pflanzen wie Fetthenne oder aus Südafrika eingeführte Blüher wie die dekorativen Fackellilien, Mittagsblumen oder Baum-Aloen bewundern und den Forellen zuschauen, die sich im klaren Wasser tummeln.

Da auf der Atlantikinsel bis zur Ankunft der ersten Siedler keine Süßwasserfische heimisch waren, machte man sich in den Zuchtstationen von Seixal und Ribeiro Frio seit Anfang der 1960er Jahre sehr verdient um die Verbreitung von Regenbogenforellen. Diese kommen nicht nur in die Kochtöpfe der Restaurants, sondern werden auch in Flüssen und Levadas ausgesetzt.

Die Region um die Forellenzucht und den Ort Ribeiro Frio wird Wanderer begeistern. Hier läuft man durch aromatisch **duftenden Lorbeerwald,** und es ist der eigenen Kondition und Laune überlassen, ob man nur bis zum nächsten Aussichtspunkt oder nach Osten zum Portela-Pass wandert.

Anfahrt mit dem Bus

- Busse der Linien 103 und 138 von Funchal.

Essen und Trinken

- **Restaurante Ribeiro Frio/Victor's Bar,** Tel. 291-575890, Menü 15–20 €, 9–18 Uhr. Das urige Gartenrestaurant auf der gegenüberliegenden Straßenseite der Forellenzucht ist *das* Ziel für Forellenliebhaber.

Wanderung 16: Von Ribeiro Frio zum Aussichtspunkt Balcões

- **Ausgangspunkt:** Ribeiro Frio
- **Endpunkt:** Ribeiro Frio
- **Schwierigkeitsgrad:** leicht
- **Gehzeit:** einfach 25 Minuten
- **Höhendifferenz:** keine
- **Wegbeschaffenheit:** einfacher, breiter Wanderweg
- **Ausrüstung:** keine

Von der **Forellenzuchtstation** folgt man zunächst der Hauptstraße bergab, passiert zuerst die Abzweigung nach Portela und erreicht dann links die Levada und das Hinweisschild „Balcões". Man folgt ihm auf einem breiten und bequemen, von Afrikanischen Liebesblumen und Hortensien gesäumten Weg. Nach etwa zehn Minuten und der Überquerung einer Brücke verschwindet die Levada unter Steinplatten. Der Weg zwängt sich zwischen Felsen hindurch und führt oberhalb des Ortes Ribeiro Frio weiter bis zur **Bar Flor da Selva.**

Hinter der Bar biegt man an der Weggabelung nach links, geht erneut zwischen Felsen hindurch und wandert entlang der Levada, die nun wieder offen fließt, in ein Tal hinein. Ein Schild weist nach rechts bergab, und nach zehn Minuten ist die **Aussichtsplattform Balcões** erreicht. Hier kann man eines der schönsten Bergpanoramen Madeiras genießen, das neben Pico Ruivo und Pico das Torres auch den Pico do Gato umfasst.

Auf gleichem Weg geht es zurück, wobei man entweder in der Bar Flor do Salvas oder im Restaurante Ribeiro Frio/ Victor's Bar eine verdiente Erholungspause einlegen kann.

Wanderung 17: Von Ribeiro Frio nach Portela – Urwald am kalten Fluss

(Lydia Gallo Gau)

- **Ausgangspunkt:** Ribeiro Frio
- **Endpunkt:** Portela
- **Schwierigkeitsgrad:** leicht bis mittelschwer
- **Gehzeit:** 2½–3 Stunden
- **Höhendifferenz:** 250 m hinunter
- **Wegbeschaffenheit:** Levada-Steig, teils gesichert, in Abschnitten schmal und mäßig bis stark ausgesetzt
- **Ausrüstung:** komplette Wanderausrüstung, Taschenlampe

Diese Wanderung führt durch die **dichten Laurazeenwälder** im feuchten Norden Madeiras. In der Erdneuzeit (Paläogen und Neogen) bedeckten diese Wälder ganz Südeuropa und Nordafrika, heute kommen Reste davon nur noch auf den Azoren, den Kapverdischen und Kanarischen Inseln und – am üppigsten – auf Madeira vor. Entlang des Weges sieht man immer wieder auf die höchsten Berge der Insel (Pico do Arieiro, Pico das Torres, Pico Ruivo). Für Abwechslung sorgt eine tief in die Felsen geschla-

Wanderungen 16 und 17

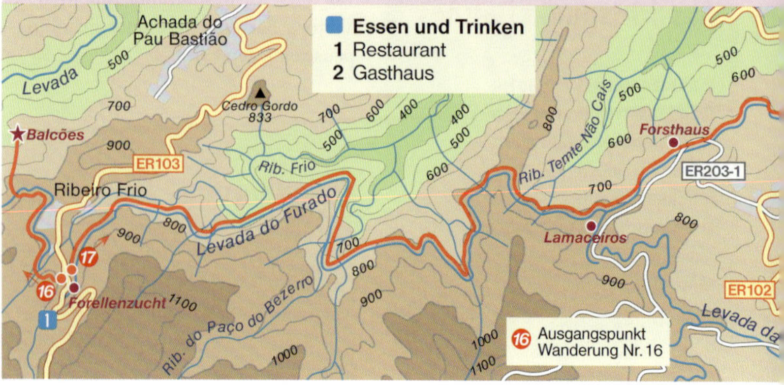

gene Schlucht, die den Eingang zu einem Tunnel bildet, besonders außergewöhnlich ist eine moosbewachsene Galerie. Am Ende der Wanderung wartet in Portela ein Gasthaus mit einheimischen Spezialitäten.

Man beginnt den Weg in **Ribeiro Frio.** Bei einem Schild mit der Aufschrift „Portela“ unterhalb des Restaurante Ribeiro Frio geht man zu einer Steinbrücke hinunter und überquert den Bach. Auf der anderen Seite führt ein breiter Weg nach links talauswärts, und gleich darauf hat man die Levada erreicht. Der Weg ist zunächst sehr breit und angenehm zu gehen, wird aber im Lauf der Wanderung teilweise zu einem schmalen Steig. Man folgt stets der Levada, an einem feuchten Tunneleingang geht man vorbei. Kurz darauf werden die Hänge sehr steil, der Weg ist durch Drahtzäune abgesichert. Ein **kleiner Wasserfall** sprudelt wenig später in die Levada. Immer wieder muss man an steilen Abschnitten vorbei, die aber abgezäunt sind.

Nach etwa einer knappen halben Stunde hat man einen schönen Blick auf die höchsten Gipfel Madeiras, denn hier lichtet sich der dichte Wald ein bisschen. Die Levada wird immer wieder von kleinen Zuläufen gespeist, die aus den **moosigen Felsen** plätschern. Auf gleicher Höhe führt der Weg weiter am Wasserlauf entlang. Nach weiteren knappen 30 Min. muss man mehrmals Bachbetten überqueren. Wenn der Weg neben der Levada zu schmal und rutschig wird, kann man unterhalb auf den Steigspuren das Gerinne sicher durchschreiten.

Weiter geht es abwechslungsreich über kurze Abschnitte mit Steinplatten und Holzplanken auf der Levada, vorbei an Wasserfällen, bis man nach etwa 1½ Stunden den Höhepunkt der Wanderung erreicht: Zuerst geht es durch eine schmale Felsschlucht, die direkt in einen **Tunnel** endet. Nach etwa 50 Metern unter Tag beginnt anschließend der ausgesetztere, aber mit Drahtzäunen gut gesicherte Teil der Tour. Man passiert eine

steile, stark bewachsene Felswand mit Ausblicken auf die Nordküste und durchschreitet noch einige kleinere Tunnel. Danach geht man durch eine markante, in die Felsen geschlagene Galerie. Nun hat man alle schwierigeren Stellen hinter sich und erreicht nach weiteren 30 Min. das **Wasserhaus Lamaceiros.** An diesem kleinen Gebäude vorbei kommt man nach wenigen Metern auf einen breiten Weg, dem man nach links talwärts folgt. Man verlässt hier die Levada, die auf die Südseite der Insel hinüberführt.

Der Weg wird nun wieder schmaler, gut fünf Minuten nach der Abzweigung erreicht man ein **Forsthaus** mit einer sehr gepflegten Gartenanlage. Rustikale Tische und Bänke laden inmitten unzähliger Blumen zum Picknick ein. Freche Hühner treffen als Gäste ein, die an der Mahlzeit der Wanderer teilhaben wollen.

Nach der verdienten Rast folgt man der Erdstraße geradeaus weiter auf die Nordküste zu. An einem Abzweig nach rechts geht man vorbei und kann kurz darauf den Blick auf den markanten Adlerfelsen genießen. Bei der nächsten Abzweigung geht man nach links Richtung Portela. So erreicht man schließlich wieder eine Levada und folgt dieser bis zu einem Wasserhaus. Hier steigt man die Treppen hinunter; weiter unten liegt **Portela.** Man erreicht die Asphaltstraße und folgt ihr nach links zum Gasthaus Casa de Portela. Am Ende hat man sich die typische madeirensische Tomatensuppe und den berühmten Espetada-Spieß wirklich verdient. Wer im Winter außerdem auf seinen Vitaminhaushalt achten möchte, kann anschließend bei den Einheimischen noch einige der exotischen Baumtomaten kaufen.

Zum Ausgangspunkt kommt man am besten mit einem der Taxis zurück, die direkt beim Gasthaus auf die müden Wanderer warten (etwa 25 €).

Wanderung 18: Von Funchal über die Berge an die Nordküste – einmal über die Insel

- **Ausgangspunkt:** Barraira (Funchal)
- **Endpunkt:** Ilha bei Santana
- **Schwierigkeitsgrad:** schwer
- **Gehzeit:** 9–10 Stunden
- **Höhendifferenz:** 2000 m rauf, 2000 m runter
- **Wegbeschaffenheit:** schmale, teils ausgesetzte Pfade, teilweise felsige und in Hohlwegen rutschige Steige
- **Ausrüstung:** komplette Wanderausrüstung

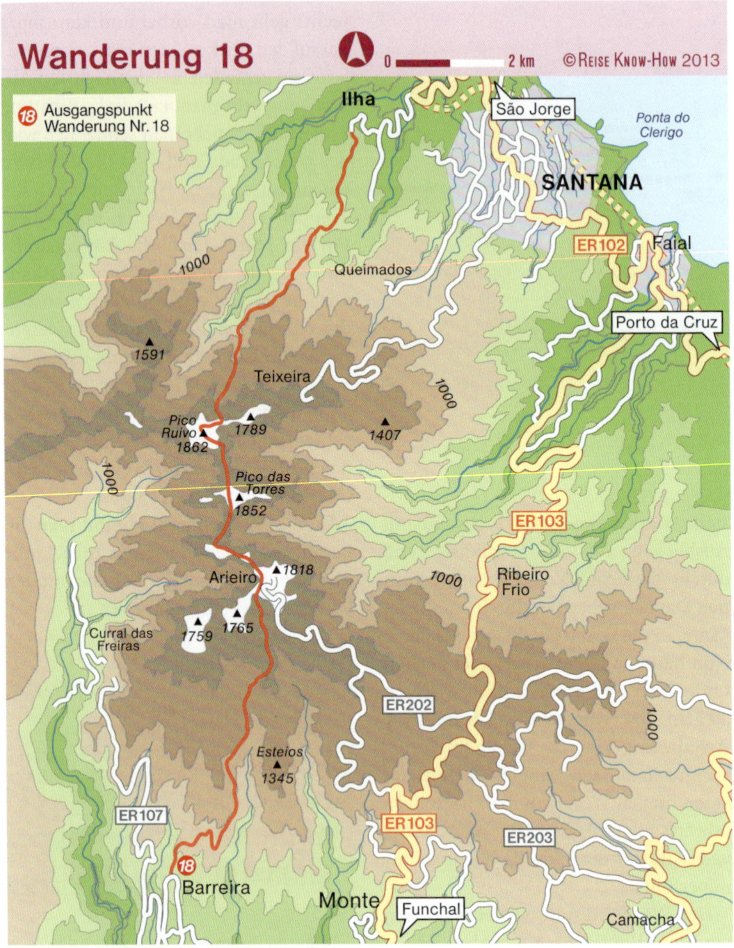

Die Wanderung beginnt in Barreira hoch über Funchal an der Levada Negra und geht erst durch dichten Wald, dann meist schattenlos und wirklich einsam hinauf zum Pico do Areiro, wo man sich in die Kette der Wanderer hinüber zum Pico Ruivo (gleicher Wegverlauf wie die Wanderung 15) einreihen muss. Einsamkeitsfanatiker trösten sich mit den herrlichen Ausblicken. Ab dem Pico

Ruivo wandert man wieder allein über steile Pfade und tief eingeschnittene Hohlwege dem Meer entgegen.

Ab **Barreira** folgt man der tapfer sprudelnden Levada Negra erst auf einigen wenigen Stufen, dann auf breitem gepflasterten Weg. Nach 10 Minuten wird ein Gehöft passiert, der letzte Gruß der Zivilisation bis zum ersten Gipfel. 5 Minuten hinter dem Bauernhof endet der breite Weg am Zusammenfluss zweier Levadas. Wir folgen der rechten, aus Osten kommenden und gehen nicht geradeaus bergan. Es geht nun auf schmalem Pfad fast eben dahin bis zu einem weiteren Zusammenfluss (eine halbe Stunde hinter Barreira). Auch hier gehen wir nicht bergan nach Norden, sondern verbleiben auf der Höhe, uns weiter Richtung Osten haltend.

Nach 10 Minuten sind wir an einem Gatter angekommen und verlassen den Wald. Der Blick auf Funchal ist fantastisch. Nun heißt es, nur wenig steil, aber kontinuierlich bergauf gehen, immer dem Lauf der Levada folgend, mal auf breiterem, mal auf schmalerem Pfad. Schattenlos ist es nun, und die Sonne brennt unbarmherzig auf die weiten, sattgrünen Wiesen.

Nach einer knappen Stunde sind wir an einem **Felstal** angekommen. Gumpen und ein kleiner Wasserfall laden zu einer Rast ein. Zehn Minuten später passieren wir Rundhütten und folgen dem Lauf der Levada nun auf Stufen steil bergauf und in Richtung Nordosten. Nach 5 Minuten sind wir an einem weiteren Levadazusammenfluss angelangt. Wir wählen für unseren Weg den linken Wasserkanal und gehen nach Norden. Nach 15 Minuten tauchen voraus Masten und eine Straße auf, wir bleiben am Rand der Levada und sehen alsbald noch ein gutes Stück über uns die **Schutzhütte am Pico do Areiro.**

Am Levadaende nach weiteren 10 Minuten bahnen wir uns über eine der dort befindlichen **Staumauern** einen Weg nach Nordosten auf die andere Seite des kleinen Tales und nehmen dort den Weg bergan auf. Nach nochmals 10 Minuten kommt ein **Stein mit gelber Markierung** in Sicht. Hier schlagen wir einen Haken und gehen hoch auf die sichtbare Straße zu und gelangen so nach 2 Minuten zu einem gut erkennbaren Pfad, dem wir nach links bergan folgen. In einer guten halben Stunde erreichen wir schließlich den **Pico do Areiro.** Ab hier geht es, die Beschreibung der Wanderung 15 zur Hand nehmend, bis zum **Pico Ruivo.**

Wenige Meter unterhalb des Rifugio am Pico Ruivo steht der Wegweiser mit der Pfadmarkierung 1.1 (Ilha 8,2 km). Die Wanderung folgt zunächst 500 m dem gepflasterten Weg bergab in Richtung des Parkplatzes bei Teixeira. Am **Wegweiser** (Ilha 7,7 km) zweigt schließlich der anfangs sehr schmale, teils überwucherte und nur mäßig gut markierte Pfad ab (je ein gelber und brauner Strich). Wenn man die Markierung verloren hat, sollte man unbedingt bis zur letzten sichtbaren Markierung zurückgehen und sich erneut auf die Suche machen. Nach einer guten halben Stunde ist dieser in der Orientierung etwas schwierige Abschnitt überwunden. Nun weist uns der gut sichtbare, teils mit Stufen ausgestatte Pfad die Richtung. Nach 20 Minuten auf diesem Pfad weist ein Hinweisschild nach links nach Semagral. Wir halten uns rechts und nach Norden.

092ma sk

Nach einer knappen Stunde durch dichten Wald wird erneut ein Schild erreicht. Es weist geradeaus zum Posto Forestal Vale da Lapa. Nach 20 Minuten stehen wir vor dem **Forsthaus,** können am Brunnen unsere Wasservorräte auffrischen. Unbemerkt haben wir die Wanderung 10 entlang der Levada do Caldeirão gekreuzt. Die Levada ist unter uns durch einen Tunnel verlaufen. Wer noch Kraft in den Beinen und ausreichend Zeit hat, kann sich noch auf den Weg zu Madeiras „grünem Geheimnis" machen (siehe Wanderung 10). Wir gehen weiter, kommen nach 10 Minuten an eine Kreuzung, halten uns links in Richtung Ilha und stoßen nach weiteren 10 Minuten auf einen breiten Forstweg. Über diesen Forstweg und Abkürzungen durch tief ausgeschnittene Hohlwege geht es nun zügig bergab und die letzten 5 Minuten in einem weiten Bogen auf dem Asphalt der Hauptstraße zur **Dorfkirche von Ilha** mit Haltestelle (etwa eine Stunde vom Forsthaus).

⌃ Wanderstiefel festschnüren, bevor es an den Aufstieg zum Pico Ruivo geht

› In solchen Eishäusern wurde früher das Eis für Funchals High Society gelagert

Olá

5 Porto Santo

Badefreuden satt: Neun Kilometer goldgelben Sandstrands erwarten Feriengäste auf Madeiras kleiner Nachbarinsel Porto Santo, deren gleichnamige Inselhauptstadt sehr gemächlich und verschlafen wirkt. Ausflüge führen zu Windmühlen, Aussichtspunkten und einer kultigen Hähnchenbraterei.

◁ Windmühlen, Traumstrand und Eis – perfektes Urlaubsvergnügen auf Porto Santo

PORTO SANTO:

VIEL STRAND UND EINIGES MEHR

Im Grunde besteht Porto Santo auf den ersten Blick aus nichts Anderem als einem neun Kilometer langen Streifen goldenen Sandes. Wer aus Madeira kommt, wird diesen Luxus besonders zu schätzen wissen und zunächst wenig Sinn für Porto Santos andere Attraktionen haben. Wobei „Attraktion" hoch gegriffen ist, es handelt sich eher um eine besondere Atmosphäre, um eine gewisse

NICHT VERPASSEN!

- **Vila Baleira,** verschlafene Inselhauptstadt mit einem sehenswerten Kolumbus-Museum | 193
- **Strand Campo de Baixo,** neun Kilometer goldener Sand – ein Traum für Wasserratten | 198
- **Serra de Dentro,** verlassenes Bauernland mit sprödem Charme im Südosten | 202
- **Camacha,** Windmühlen, Wein und Brathähnchen begründen den Ruf des bäuerlichen Ortes | 202

Diese Tipps erkennt man an der gelben Hinterlegung.

0 1 km
©Reise Know-How 2013
Baixa do Meio
Baixa do Barbeiros
Ilhéu das Cenouras
Pedregal de Dentro
440
202
Camacha
1
2
202
Serra de Dentro
Fonte de Areia
Pico do Facho 517
203
Pico do Castelo 437
Rib. do Tanque
202
Serra de Fora
Flugplatz
Pé do Pico
3
4
Porto dos Frades
Portela
Dragoal
Tanque
Casinhas
Penedo
Campo de Cima
193
Vila Baleira
Porto de Abrigo
200
Boqueirão de Cima
Ribeira Cochino
Ribeira Salgado
5
6
7
8
Ilhéu de Cima
Cabeço da Ponta
198
Campo de Baixo
Madeira
Übernachtung
4 Casa Rosário Coelho
7 Hotel Porto Santo
8 Pestana Porto Santo
Essen und Trinken
1 Estrela do Norte
2 Torres
3 Teodorico/ Porto dos Frades
5 Bar do Henrique
6 Pé na Água
9 Adega das Levadas
10 O Calhetas

Lässigkeit, die in der Inselhauptstadt besonders deutlich spürbar ist und daran erinnert, dass Nordafrika näher ist als Europa. In den Cafés von Vila Baleira, beim Hähnchengrill in Camacha, in der Weite des Südostens – überall ist diese Stimmung zu spüren. Deshalb: Auszeit vom Strand, Roller oder Auto gemietet und ab zur Inseltour – es lohnt sich!

Überblick

Die nur 42 Quadratkilometer große Insel Porto Santo liegt etwa 43 Kilometer nordöstlich von Madeira und ist von dessen Nordküste bei klarem Wetter als recht **flache Silhouette** über dem Meer sichtbar. Weder an Größe noch an Höhe, geschweige denn an üppiger Vegetation kann sich Porto Santo mit Madeira messen. Der lediglich 517 Meter hohe Pico do Facho bietet den regenschwangeren Wolken, die von den Passatwinden herbeigetragen werden, keinerlei ernst zu nehmendes Hindernis. Sie überqueren Porto Santo und laden ihre wertvolle nasse Fracht lieber am 1800 Meter hohen Zentralgebirge der Nachbarinsel ab.

094ma sk

Von der Natur ist Porto Santo nicht begünstigt, und ebenso scheinen seine Bewohner von eher einfältigem Wesen – so behaupten es jedenfalls die Madeirenser, die ihre Nachbarn abfällig **profetas** (Propheten) nennen. So gutgläubig waren die Portosantesen, dass sie im 16. Jahrhundert mit großer Begeisterung einem geistig verwirrten Schäfer folgten, der das nahe Ende der Welt predigte und seinen Adepten eigenartige Anweisungen gab: Sie sollten nicht arbeiten und sich mit Essen und Trinken versorgt mit ihm zum Gebet zurückziehen. Dem Schäfer wurden Wunderheilungen angedichtet, das öffentliche Leben indes erlahmte bei all der Frömmigkeit. Von Madeira wurde schließlich Hilfe geschickt und der falsche Prophet verhaftet. Die Portosantesen hatten damit ihr Fett und ihren Spitznamen weg. Sie würden jedem hinterherlaufen, der ihnen das Blaue vom Himmel verspricht, wird behauptet.

Die Portosantesen lassen sich durch derlei Nachreden aber nicht einschüchtern. Frech strecken sie Madeira die Zunge heraus, denn sie haben ein touristisches Kapital, das der größeren Insel fehlt: einen natürlichen **goldgelben Sandstrand** und sicheres Sonnenwetter. Hauptort Porto Santos ist das Städtchen **Vila Baleira** an der Südküste, an das sich nach Westen der berühmte, neun Kilometer lange **Strand Campo de Baixo** anschließt. Einige kleine Weiler findet man im Norden und Osten der Insel, doch die Landflucht ist groß, und viele alte Bauernhäuser sind heute verlassen und liegen teils in Ruinen. Im Westen erstreckt sich der grüne Rasen des **Golfplatzes.**

⌃ Pferdewagen und Windmühlen – Porto Santo hat viele Traditionen bewahrt

Geschichte

Porto Santo entwickelte sich parallel zu Madeira, allerdings hatte es zunächst die Nase vorn, denn nicht auf der Hauptinsel, sondern im „Heiligen Hafen", wie die Übersetzung von Porto Santo lautet, fanden *Zarcos* Schiffe 1418 Schutz vor einem Unwetter. Als sich dieses beruhigt hatte, sichteten sie Madeira und setzten über.

Nach der Entdeckung

1446 erhielt der *Zarco*-Gefährte **Bartolomeu Perestrelo** die Insel als Lehen. Doch sobald man die Drachenbäume abgeholzt hatte, waren die kargen Böden schutzlos Wind und Sonne ausgeliefert. Erosion war die unausweichliche Folge. Wegen der Regenarmut konnten die Bauern auf Porto Santo nur wenige Felder bestellen und bestenfalls ihr Vieh auf den Weiden grasen lassen. Perestrelo jedenfalls war ziemlich verärgert, weil er unter den drei Legatkapitänen des Archipels offensichtlich den schlechtesten Schnitt gemacht hatte. Vor allem an brütend heißen Tagen, wenn die Sonne gnadenlos das Gras verdorrt, kann man sich gut vorstellen, dass Menschen, die nicht hier aufgewachsen sind, angesichts der Trostlosigkeit durchdrehten. So erzählt man es zumindest von den *Perestrelos,* die sich über drei Generationen ihrer Ehefrauen einfach dadurch entledigten, dass sie sie umbrachten.

▷ Mit diesem Nachbau des Kolumbus-Schiffes kann man Ausflugsfahrten unternehmen

Piraten

In den auf die Entdeckung folgenden Jahrhunderten nahmen sich die immer wieder anrückenden Piraten, was die magere Wirtschaft produzierte. Die **Chronik der Überfälle** ist beeindruckend: 1566 plünderte der auch Funchal auf Madeira heftig zusetzende *Berthrand de Montluc* die Insel, 1595 kamen englische Freibeuter, 1617 algerische Korsaren, die kurzerhand auch gleich alle Portosantesen mitnahmen, derer sie habhaft werden konnten. 1667, 1690 und 1708 wurden weitere Überfälle verzeichnet.

Eine erste Festung errichtete man im 16. Jahrhundert auf dem Pico do Castelo. Im 18. Jahrhundert rafften sich die Autoritäten schließlich dazu auf, ihre Hauptstadt Vila Baleira mit dem Forte de São José zu schützen.

20. Jahrhundert bis heute

Ins Blickfeld der Öffentlichkeit rückte Porto Santo erst, als 1960 auf der Insel

095ma sk

ein NATO-Stützpunkt errichtet wurde, dessen **Flughafen** auch die zivile Luftfahrt benutzte. Nun war die Insel wichtiger Verkehrsknotenpunkt im Madeira-Tourismus. Vom Flughafen wurden die Passagiere nach Vila Baleira gebracht und von dort auf die vierstündige Überfahrt nach Funchal geschickt. 1964 sorgte schließlich die Flughafeneröffnung auf Madeira dafür, dass Porto Santo nicht mehr „gebraucht" wurde. In der Zwischenzeit hatten aber einige Touristen und vor allem die Madeirenser selbst den Strand der Insel lieben gelernt. Die ersten **Hotels** wurden gebaut, und heute ist Porto Santo in den Sommermonaten bis auf das letzte Bett ausgebucht, weshalb man sich rechtzeitig um eine Reservierung bemühen sollte.

Vila Baleira

Das **Zentrum** des Hauptortes Vila Baleira liegt mit Rathaus, Kirche, Kolumbusmuseum und einigen Läden und Cafés um den geruhsamen Largo do Pelourinho, den „Platz des Schandpfahls". Von hier gelangt man östlich zum alten Landekai und schließlich zum **Porto de Abrigo,** dem Hafen von Porto Santo, wo die Fähre von Madeira anlegt. Nach Westen zu liegt der Sandstrand **Campo de Baixo,** nach Norden geht es zum Flughafen.

Das Städtchen ist klein, übersichtlich und von einer ruhigen, im Sommer hitzeflirrenden Stimmung umfangen – hier geht alles seinen gemächlichen Gang, und fast scheint es, als läge Porto Santo näher an Afrika als die große Schwester Madeira.

Sehenswertes

Largo do Pelourinho

Bereits 1430 wurde der Grundstein für die **Igreja da Senhora da Piedade** gelegt. Berühmt war ihr Kirchenschatz, und der lockte wohl auch die Piraten auf das karge Eiland. Strahlend weiß und von Bougainvillea umrankt zeigt sich die Kirche von außen. Ein Azulejo-Medaillon ist der einzige Schmuck an der Fassade, es zeigt die Grablegung Christi. Im Inneren haben Barock-Architekten die meisten manuelinischen Bauelemente beseitigt und durch vergoldetes Schnitzwerk ersetzt. Nur eine Seitenkapelle überlebte die Verschönerung und zeigt noch die kühnen, spitzen Bögen der portugiesischen Gotik.

Auf dem Largo do Pelourinho vor der Kirche werfen Palmen Schatten auf das

096ma sk

Schachbrettmuster, in dem die Kiesel dekorativ verlegt wurden. Zwei auf Porto Santo ursprünglich beheimatete und von den Siedlern weitgehend abgeholzte Drachenbäume flankieren die Freitreppe hinauf zum Eingang der **Câmara Municipal,** die aus dem 16. Jh. stammt.

Kolumbusmuseum

Drittes Highlight auf dem Platz, etwas hinter der Kirche versteckt, ist das Kolumbusmuseum, das in einem schlichten Steinhaus den großen Seefahrer feiert. Mit *Kolumbus* fühlt sich Porto Santo besonders verbunden. Angeblich habe er beim Spaziergang am Strand von Campo de Baixo Pflanzen und eine Bohne gefunden, die seiner Ansicht nach aus einem Erdteil im Westen stammen mussten. Derart bestärkt begann er, konkrete Pläne für seine Fahrt nach „Indien" zu schmieden. Ob, wann und wie oft *Kolumbus* Porto Santo besuchte, ist allerdings umstritten. Tatsache und einziger Hinweis auf einen eventuellen Besuch ist seine Ehe mit *Filipa Moniz Perestrelo,* der Tochter des ersten Inselgouverneurs. Und da *Kolumbus* ja als Zuckerhändler mehrmals nach Madeira reiste, könnte es durchaus sein, dass er auch der Nachbarinsel einen Besuch abstattete.

Das Kolumbusmuseum

Böse Zungen behaupten, *Kolumbus'* Ehe mit der *Perestrelo*-Tochter hätte nicht nur mit Liebesdingen zu tun gehabt. Vielmehr seien Aufzeichnungen und Karten im Besitz *Perestrelos* gewesen, die den Seeweg nach „Indien" bereits ziemlich genau skizzierten. Bei **Grabungen im Umfeld des Museums** wurden alte Mauerreste aus dem 15. Jh. entdeckt, die möglicherweise als Relikte eines „Kolumbus-Hauses" identifiziert werden könnten.

Viel hat *Kolumbus* der Insel jedenfalls nicht hinterlassen – das Museum begnügt sich mit allerlei Krimskrams der Seefahrt und **alten Karten,** um die Erinnerung an den prominenten Gast aufrecht zu halten und Badegäste vom Strand nach Vila Baleira zu locken. In einem Ausstellungsraum kann man verfolgen, wie es Schiffen erging, die vor Porto Santo strandeten: 1724 versank eine holländische Galeone vor der Nordküste der Insel, ein Jahr später waren die ersten professionellen Schatztaucher unter damals lebensgefährlichen Bedingungen unterwegs, um das Schiff zu plündern.

■ **Kolumbus-Museum,** www.museucolombo-portosanto.com, Juli–Sept. Di–Sa 10–12.30 und 14–19 Uhr, sonst nur bis 17.30 Uhr, So 10–13 Uhr, 2 €.

Die Rua Infante Dom Henrique führt vom Largo do Pelourinho schnurgerade ans Meer und passiert dabei zuerst das **Centro De Artesanato do Porto Santo** (18–24 Uhr) und dann den hübschen **Stadtpark,** in dem ein steingewordener, kühn blickender *Kolumbus* Porto Santos Rolle bei seinen Entdeckungsfahrten heraufbeschwört. Dann ist man am Meer und kann den 1928 erbauten **Kai** entlang laufen, der die beschwerliche Anreise nach Porto Santo für die Passagiere etwas erleichterte. Bis dahin mussten die Fahrgäste von Trägern die letzten Meter vom ankernden Schiff auf festen Boden getragen werden.

Praktische Tipps

Info

■ **Secretaria Regional do Turismo,** Dr. Manuel Gregorio Pestana Junior, Tel. 291-985244, Fax 983562, www.cm-portosanto.pt, Mo–Fr 9–17.30 Uhr, Sa 10–12.30 Uhr. Hier bekommt man eine Liste der Privatzimmer und Pensionen. Das Touristenbüro vermittelt auch Apartments und Privatzimmer.

Verkehrsverbindungen

■ **Fähre:** Die *Porto Santo Line* verkehrt einmal täglich, im August Mi, Fr und Sa zweimal täglich zwischen Porto Santo und Madeira, Fahrtzeit etwa 2½ Stunden. Auskunft am Hafen unter Tel. 291-210300, Fax 226434, www.portosantoline.pt; das Stadtbüro befindet sich in der Rua D. Estevão de Alencastre, Hin- und Rückfahrt je nach Saison in der Touristenklasse 45–55 €.

■ **Flughafen:** *Aeroporto do Porto Santo.* Mehrere Flüge täglich nach Madeira, Auskunft erteilt die TAP – Air Portugal, Tel. 291-980120.

■ **Bus:** Von Vila Baleira aus werden die anderen Orte der Insel normalerweise mindestens dreimal täglich angefahren. Auskunft zu den Abfahrtszeiten im Touristenbüro, Tickets am Kiosk an der Haltestelle oder beim Fahrer (ca. 1 €). Wer nicht allzu viel Zeit hat, sollte besser einen Wagen mieten oder ein Taxi nehmen.

■ **Moinho Renta a Car,** Rua Levada do Canha, 2, Tel. 291-982403, Fax 982403, 9400 Porto Santo,

www.moinhorentacar.com; Flughafen: Loja Nr. 2, Tel. 291-983260, Fax 983264.
■ **Auto Jardim,** Porto Santo Airport, Tel. 291-984937, Fax 984937, www.auto-jardim.com.
■ **Taxi:** Bei der Tankstelle, Tel. 291-982334. Die Tarife für Ausflugsfahrten sind festgelegt, das Informationsbüro hält dazu eine Preisliste bereit. Eine Inselrundfahrt kostet um 50 €.

Nützliche Adressen

■ **Notruf Polizei:** Tel. 291-982423.
■ **Notarzt:** Tel. 291-982379.

Unterkunft

■ **Praia Dourada***,** Rua D. Estevão de Alencastre, Tel. 291-982315, Fax 982484, DZ ab 70 €. Das saubere und freundlich eingerichtete Stadthotel liegt etwa 200 Meter vom Strand entfernt (November bis März geschlossen).
■ **Pensão Central**,** Rua A. Magno Vasconcelos, Tel. 291-982226, Fax 983460, DZ um 50 €. Ruhig gelegene und etwas angestaubte Privatpension abseits des Ortszentrums von Vila Baleira. Freundlicher Service.
■ **Pousada da Juventude,** Sítio das Matas, Tel. 291-741540, Bett im Zimmer mit Bad 25/28 €. Einfache Unterkunft in der Jugendherberge.

Camping

■ **Parque de Campismo do Porto Santo,** Rua Goulart Medeiros, Tel. 291-982160. Von Vila Baleira in Richtung Strand. Zweiter und größter Campingplatz des Archipels, im Sommer häufig sehr voll (Erw. ab 25 Jahre 2,80 €, Stellplatz 3 €).

Essen und Trinken

■ **O Forno,** Rampa da Fontinha, Tel. 291-985141, Menü um 15 €. Die umfangreiche Speisekarte führt zahlreiche Fischgerichte auf, darunter *bacalhau* (Stockfisch) und Thunfischfilet. In der Fleisch-Abteilung gibt es neben *espetada* (Rindfleischspieß) auch Schweinekotelett und *frango assado* (Grillhühnchen).
■ **Solar do Infante,** Av. Dr. Manuel Gregório Pestana Junior, Tel. 291-985270, Menü um 20 €. Die hohe Kunst der Fischküche, exquisite Lage mit Blick auf Promenade und Strand.
■ **Marques,** Rua João Santana, Tel. 291-982319, Menü 10–15 €. Snack-Bar und Restaurant im Stadtzentrum.
■ **Baiana,** Rua Dr. Nuno Silvestre Teixeira, Tel. 291-984649. Porto Santos berühmtestes Café am Largo do Pelourinho.
■ **Bambina,** Av. Dr. Manuel Gregório Pestana Junior, Tel. 291-983425. Hier gibt es köstliches Eis und noch köstlicheren Kuchen, aber auch Hamburger und Hot Dogs stehen auf der Karte.

Nachtleben

■ Das Nachtleben läuft auf vollen Touren im **Challenger,** Rua Estevão de Alencastre, und in den Bars am Hafen, die sich nachts zu Diskotheken wandeln.
■ **Bar Taskaki,** Rua João Gonzalves Zarco. Chill out in der Nähe der alten Markthalle – es gibt bequeme Sofas, Lounge-Sounds und Gast-DJs.

Aktivitäten

■ **Tauchen,** Mergulho Diving, am Hafeneingang, Tel. 291-983259, www.portosantosub.com.
■ **Reiten,** Centro Hípico do Porto Santo, Satao da Ponta, Tel. 967-671689.
■ **Pferdekutschen,** gegenüber dem Stadtpark (Av. Dr. Manuel Gregório Pestana Junior) warten die *carriolas* auf Passagiere.

GoKart-Bahn Mad Kart, am Hafen, Tel. 291-982862, von Mittag bis 3 Uhr morgens röhren die Karts über den Rundkurs.

Porto Santo Golfe, Sítio da Lapeira de Dentro, Tel. 291-983778, www.portosantogolfe.com. 18 Löcher, Par 72, 6434 m lang, designed von *Severiano Ballesteros.* Das Klubrestaurant mit Supersicht ist auch für Nicht-Golfer offen.

Feste und Festivals

Festas de São João, 23. Juni, Korso mit Teilnehmern aus verschiedenen Gegenden der Insel, der Karneval vom Porto Santo.

Festival do Colombo, im September, Vila Baleira wandelt sich in ein mittelalterliches Städtchen.

Campo de Baixo

Zum Strand Campo de Baixo lässt man sich von Vila Baleira mit einem Taxi oder stilvoll mit einer Pferdekutsche chauffieren oder man geht zu Fuß. Den Spaziergang am neun Kilometer langen Sandstrand entlang kann man bei der **Capela Espírito Santo** unterbrechen, in der ein wertvolles flämisches Werk zu bewundern ist, das „Letzte Abendmahl". Allerdings ist dieses kleine Gotteshaus wie die meisten anderen Kapellen auf der Insel überwiegend geschlossen.

In zwei Stunden erreicht man am Sandstreifen entlang und vorbei an verfallenen Windmühlen sowie an Pensionen, Hotels und Restaurants die Westspitze Porto Santos, die **Ponta da Calheta.** Über eine wunderschöne Sandbucht mit glasklarem Wasser blickt man hinüber zum Felseninselchen **Ilhéu de Baixo ou da Cal.** Auf dem Eiland wurde seit dem 16. Jahrhundert Kalk abgebaut, den man beispielsweise zum Weißen der Fassaden von Kirchen und *quintas* verwendete. Heute haben synthetische Farbstoffe dieses natürliche Mittel verdrängt.

Unterkunft

Porto Santo**,** Campo de Baixo, Tel. 291-980140, Fax 980149, www.hotelportosanto.com, DZ ab 120 €. Sehr angenehmes, modernes Haus (trotzdem es das erste Hotel der Insel war) in ruhiger Lage unter Palmen, direkt am Strand und mit einem der schönsten und großzügigsten Spas des Archipels ausgestattet. In ihm wird weltweit einzigartige die Heiße-Sand-Therapie ausgeführt, da der Sand aus Porto Santo wegen seines Gehaltes an Strontium als besonders heilkräftig gilt (insbesondere bei Krankheiten des Bewegungsapparates). Gute Küche und mit 94 Zimmern noch überschaubar, darunter einige in japanisch-arabischem Stil gestaltete Suiten exklusiv abseits des Hauptbetriebes.

Pestana Porto Santo***,** Campo de Baixo, Tel. 291-144000, Fax 144099, www.pestana.com, DZ ab 160 €. Großhotel und All-Inclusive-Anlage mit 275 Zimmern um eine Pool-Landschaft, großes Spa, mehrere Restaurants und viele Kongresse außerhalb der Hochsaison. Hübsche Anlage, trotz der Größe wurde Wert darauf gelegt, dass das Hotel nicht protzig wirkt.

[>] Mit dem Pferdewagen kann man gemütlich über die Insel fahren

097ma sk

Essen und Trinken

■ **Pé na Água,** Campo de Baixo, Tel. 291-983114, Menü 25/30 €, 10–2 Uhr morgens. Ausgezeichnete Fischküche in Beachbar-Atmosphäre direkt am Strand, ab Mitternacht ist man dann endgültig Bar/Lounge/Disco.

■ **Adega das Levadas,** Sítio das Levadas, Tel. 291-982557, Menü mit Wein 20 €, im Sommer ganztägig, im Winter nur abends geöffnet. Uriges Lokal auf einem Bauernhof auf dem Weg zum Cabeço das Flores gelegen, Terrasse mit Meerblick, Weinprobe und Gerichten vom Grill.

■ **O Calhetas,** Calheta, Tel. 291-984380, Menü um 20 €. Fischspezialitäten mit herrlichem Panoramablick über die Felseninselchen an der Ponta de Calheta. Die Besitzer haben einen kostenlosen Shuttle-Service am Strand entlang bis Vila Baleira eingerichtet, damit ihre Gäste bedenkenlos den delikaten Weinen zusprechen können.

■ **Bar do Henrique,** Campo de Baixo, Tel. 291-984881, Di geschlossen. Entspannte Bar am Strand ca. 1 km vom Zentrum mit rustikaler Atmosphärer, Treffpunkt der Surfer.

Pico de Ana Ferreira

Auf den **283 Meter hohen Hügel** oberhalb des Strandes führt ein bequemer Wanderweg, auf dem man in zweieinhalb Stunden eine nette Rundtour unternehmen kann, die bei der Kapelle São Pedro endet. Der Berg diente in unruhigen Zeiten ebenfalls als Zufluchtsort für die Portosantesen und wird heute landwirtschaftlich genutzt. Weinreben und Getreide wachsen an seinen Hängen.

Eine **Sage** erzählt, dass der Hügel *Ana Ferreira,* einer illegitimen Tochter des portugiesischen Königs *João II.,* als Landeigentum übergeben worden sei. Die arme, vom König abgeschobene *Ana* war darob gar nicht erfreut: „Ich bin wohl nur Weideland wert", soll sie geseufzt haben. Das Weideland ließ sich aber schließlich doch bebauen, weshalb *Ana Ferreira* letztendlich ein gutes Auskommen hatte.

Kirchenfest

Die **Kapelle São Pedro** gehört sicherlich zu den ältesten Gotteshäusern Porto Santos, wurde allerdings Mitte des 18. Jahrhunderts umgebaut. Mit ihrem palmenbestandenen Vorplatz am kaum bewachsenen Hang des Pico de Ana Ferreira wirkt sie sehr einsam und malerisch. Am 29. Juni wird hier ein großes **Kirchenfest zu Ehren des hl. Petrus** gefeiert, der Schutzpatron der Fischer ist.

[>] Außer Betrieb – Windmühlen auf Porto Santo

Bei dieser Gelegenheit sieht man vielleicht auch noch einige der alten **Trachten** von Porto Santo: weiße Hemden und Hosen bei den Männern, kombiniert mit einer dunklen Weste, und ebenfalls weiß bei den Frauen, die ihre Haare mit einem Kopftuch verhüllen. Die Herren der Schöpfung tragen einen flachen runden Strohhut, einer Kreissäge nicht unähnlich. Solche Hüte kann man mit etwas Glück noch an einem Souvenirstand oder in Vila Baleira erwerben.

Boqueirão de Cima

Die Meerenge Boqueirão de Cima liegt zwischen dem Inselchen Ilhéu de Cima und der südöstlichsten Landspitze Porto Santos. Im Gegensatz zur Südwestküste steigen hier bis zu **20 Meter hohe Felsen** aus dem Meer, die Küste ist zerklüftet und vor allem bei Tauchern ein beliebtes Revier.

Portela

Der Aussichtspunkt Portela über der Südküste, zwei Kilometer östlich von Vila Baleira, bietet ein wunderschönes Inselpanorama. Gelegentlich sieht man sogar Madeira, so wie die Insel wohl auch den portugiesischen Entdeckern um *Zarco* am Horizont erschienen war.

Vom Aussichtspunkt führt eine Stichstraße nach Norden zur **Ermida da Nossa Senhora da Graça.** Hier ist angeblich die Jungfrau Maria zwei Schäferkindern

098ma sk

erschienen, und an dieser Stelle sprudelt seither eine wunderkräftige Quelle. Das Kirchlein wurde im 15. Jahrhundert erbaut und seither mehrmals umgestaltet. An Porto Santos wichtigstem Heiligenfest am 15. August pilgern die Menschen hierher zur Gnadenvollen Gottesmutter.

Serra de Dentro und Serra de Fora

Das Tal um die Weiler Serra de Dentro und Serra de Fora ganz im Osten der Insel war früher Porto Santos wichtigstes Anbaugebiet für Getreide. Zahlreiche **alte Bauernhäuser,** die *casas de salão,* sind heute von ihren Bewohnern verlassen und liegen in Ruinen. Die Feldmäuerchen sind eingestürzt und die früher fruchtbaren Böden ungepflegt dem Vieh überlassen. Vielleicht hat die Landschaft im Nordosten Porto Santos eben dadurch einen ganz besonderen Reiz. Sie ist ursprünglich, herb und hat nichts mit dem lieblichen Madeira gemein.

Die *casas de salão* waren traditionell aus **grob behauenen Steinen** erbaut und mit dunklem Lehm verputzt. Im Inneren wurden sie durch Rohrwände unterteilt, die ebenfalls mit Lehm verstrichen wurden. Die Bauweise erinnert an Traditionen aus Nord- und Westafrika, und man erzählt ja auch, dass die Portosantesen mindestens ebenso viel arabisches wie portugiesisches Blut in ihren Adern hätten. Einige der verlassenen Häuser wurden inzwischen als Ferienhäuser hergerichtet, andere dienen als ländliche Pensionen mit viel Flair.

Unterkunft

■ **Casa Rosário Coelho**,** Serra de Fora, Tel. 291-984306, Fax 984571, www.madeirarural.com, DZ ab 30 €. Ein sehr hübsch renoviertes Haus in ruhiger, idyllischer Lage. Der Besitzer gibt Tipps für Wanderungen in der Umgebung.

Essen und Trinken

■ **Teodorico/Porto dos Frades,** Serra de Fora, Tel. 291-982257, 11–4 Uhr morgens, Menü 20 €. Churrascaria mit Fisch und Fleisch zwischen edlen Lavasteinwänden und auf Korbstühlen, wenige Meter vom Meer, aber ohne Blick darauf gelegen.

Camacha

Der Ort unweit der Nordküste Porto Santos liegt dreieinhalb Kilometer von Vila Baleira entfernt und ist für dreierlei berühmt: für seine **Windmühle,** ein noch einigermaßen gut erhaltenes Relikt der ursprünglich über dreißig Mühlen, in denen auf Porto Santo früher Getreide gemahlen wurde, für seine köstlichen **Brathähnchen** und für den nicht minder delikaten **Weißwein Verdelho,** dessen Trauben geschützt durch hohe Hecken in der Region um Camacha angebaut werden.

Fonte de Areia

Von Camacha führt die Straße weiter ans Meer zu der berühmten **Quelle** Fonte de Areia, die unterhalb der Steilküste entspringt. Diese und die anderen Quellen der Insel wurden bis vor kurzem wegen ihres **hohen Mineralgehaltes** als Heilmittel geschätzt. In Flaschen abgefüllt exportierte Porto Santo sein Mineralwasser sogar nach Madeira. Da das Geschäft jedoch nicht besonders lukrativ war, wurde der Export eingestellt, die Quellen privatisiert und heute ist das Wasser des öfteren abgestellt.

Essen und Trinken

Estrela do Norte, Tel. 291-983500, Menü um 20 €. Camachas berühmtes Grill-Restaurant macht seinem Ruf alle Ehre. *Frango assado* schmeckt wirklich kross, aber auch die Fisch- und Fleischgerichte auf der Karte lohnen eine lange Mittagsrast.

Torres, Tel. 291-984373, Menü um 10/15 €. Auch hier gibt es Brathähnchen und alles, was Madeiras und Porto Santos Küche an Köstlichkeiten bereithält; nur abends geöffnet.

Pico do Castelo

Ein umfassender Rundblick auf Porto Santo, den Flughafen zu Füßen, ist der Lohn für den etwa zwanzigminütigen Aufstieg vom Parkplatz in 300 Metern Höhe auf den **437 Meter hohen Gipfel** des Pico do Castelo. Hier wurde im 16. Jahrhundert eine Festung errichtet, die weniger der Abwehr von Piraten als dem Schutz der Menschen diente. Wenn die Posten am Nachbarhügel, dem 517 Meter hohen Pico do Facho, Alarm gaben und ihre Fackeln entzündeten, flohen die Portosantesen auf den „Burgberg" und sahen hilflos zu, wie die Angreifer ihre Häuser brandschatzten. Von der Festung sind nur einige Fundamentreste erhalten, doch der angelegte Park mit seinen Picknickplätzen und das restaurierte Forsthaus laden zu einer längeren Pause und zum Genuss der Rundumsicht ein.

Der Pico do Castelo wird seit einigen Jahren durch eine Baumschule aufgeforstet. Der Anblick der grünen und offensichtlich gut anwachsenden Bäume hat in der dürren Umgebung etwas Tröstliches: Kiefern, Lorbeerbäume und dazwischen ein paar Drachenbäume bedecken den Hügel mit einem Schatten spendenden Kleid.

003ma sk

6 Praktische Reisetipps von A bis Z

< Jedes noch so kleine und schwer zugängliche fruchtbare Fleckchen Erde wird bebaut wie hier am Capo Girão

Anreise

Schiff

Bei Redaktionsschluss gab es keine Fährverbindungen zwischen Portugal und Madeira.

Flug

Der Großteil der Besucher Madeiras reist aus Mitteleuropa auf dem Luftweg an.

Madeira ist mit **Linienmaschinen** aus Deutschland, Österreich und der Schweiz direkt nicht erreichbar. Wer mit Lufthansa oder Swiss fliegt, muss in Lissabon auf die portugiesische Liniengesellschaft TAP **umsteigen** (code sharing-Flüge). Von Deutschland, Österreich und der Schweiz bieten nur Chartergesellschaften Direktflüge an. Ein Flug dauert etwa vier Stunden, Flüge kosten zwischen 250 und 600 Euro.

Madeiras **Flughafen Madeira Airport** befindet sich 20 Kilometer außerhalb der Hauptstadt Funchal im Osten an der Küste.

- **Flughafeninformation:** Tel. 291-520700

Fluggesellschaften

Die wichtigsten Charter-Fluggesellschaften mit **Verbindungen nach Funchal** sind:

- **Air Berlin,** www.airberlin.com oder (D-)Tel. 030-34343434, (A-)Tel. 0820-737800 (0,12 €/Min.), (CH-)Tel. 00848-737800 (0,08 SFr/Min.). Ab vielen deutschen Städten sowie Zürich, Salzburg und Wien.
- **Condor,** www.condor.com oder (D-)Tel. 01805-767757 (0,14 €/Min.). Ab mehreren deutschen Städten sowie ab Basel, Zürich und Wien (bündelt Condor und Air Berlin, nur online).
- **TUIfly,** www.tuifly.com, ab vielen deutschen Städten sowie ab Basel, Zürich und Wien.
- **Lauda Air,** www.laudair.com, Tel. 0043-820320 321, mehrmals pro Woche ab Wien.

300ma sk

Nach **Lissabon** zum Weiterflug nach Madeira kommt man mit den Mitgliedern des Star Alliance-Zusammenschlusses:

Die portugiesische TAP unterhält das dichteste Flugnetz nach Madeira und Porto Santo

- **TAP Air Portugal,** www.flytap.com oder (D-)Tel. 01803-000341, (CH-)Tel. 0041-448009652. Ab Frankfurt, München und Zürich (über Lissabon oder Porto) mehrmals täglich.
- **Lufthansa,** www.lufthansa.de oder (D-)Tel. 0180-805805 (0,14 € aus dem dt. Festnetz). Ab Frankfurt und München (über Lissabon).
- **Austrian,** www.austrian.com oder (A-)Tel. 05-17661000.
- **Swiss,** www.swiss.com oder (CH-)Tel. 0041-848700700. Ab Zürich (über Lissabon).

Last Minute

Wer sich erst im letzten Augenblick für eine Reise nach Madeira entscheidet oder gern pokert, kann Ausschau nach Last-Minute-Flügen halten, die von einigen Airlines mit deutlicher Ermäßigung **ab etwa 14 Tage vor Abflug** angeboten werden, wenn noch Plätze zu füllen sind. Diese Last-Minute-Flüge lassen sich nur bei Spezialisten buchen (bei den Rufnummern werden 0,12–0,20 € bzw. 0,12 SFr. pro Minute berechnet):

- **L'Tur,** www.ltur.com; (D-), (A-), (CH-)Tel. 00800-21212100 (kostenfrei) sowie 140 Niederlassungen

Kleines „Flug-Know-how"

Check-in

Nicht vergessen: Ohne einen gültigen Reisepass oder Personalausweis kommt man nicht an Bord.

Bei den innereuropäischen Flügen muss man mindestens eine Stunde vor Abflug am Schalter der Airline eingecheckt haben. Viele Airlines neigen zum Überbuchen, d. h., sie buchen mehr Passagiere ein, als Sitze im Flugzeug vorhanden sind, und wer zuletzt kommt, hat dann möglicherweise das Nachsehen.

Gepäck

In der Economy-Class darf man in der Regel nur Gepäck bis zu 20 kg pro Person einchecken (steht auf dem Flugticket) und zusätzlich ein Handgepäck von 5 kg in die Kabine mitnehmen, welches eine bestimmte Größe von 55 x 40 x 23 cm nicht überschreiten darf. In der Business Class sind es meist 30 kg pro Person und zwei Handgepäckstücke, die insgesamt nicht mehr als 10 kg wiegen dürfen. Man sollte sich beim Kauf des Tickets über die Bestimmungen der Airline informieren.

Seit November 2006 dürfen Fluggäste **Flüssigkeiten** oder vergleichbare Gegenstände in ähnlicher Konsistenz (z. B. Getränke, Gels, Sprays, Shampoos, Cremes, Zahnpasta, Suppen) nur noch in der Höchstmenge von jeweils 0,1 Liter als Handgepäck mit ins Flugzeug nehmen. Die Flüssigkeiten müssen in einem durchsichtigen, wiederverschließbaren Plastikbeutel transportiert werden, der maximal einen Liter Fassungsvermögen hat. Diese Beschränkung soll EU-weit wieder aufgehoben werden, sobald die Flughäfen mit Flüssigkeitsscannern ausgerüstet sind.

Taschenmesser, Nagelfeilen, Nagelscheren, sonstige Scheren und Ähnliches dürfen nicht im Handgepäck untergebracht werden. Diese muss man im aufzugebenden Gepäck verstauen. Darüber hinaus gilt, dass Feuerwerke, leicht entzündliche Gase (in Sprühdosen, Campinggas), entflammbare Stoffe (in Benzinfeuerzeugen, Feuerzeugfüllung) etc. nichts im Passagiergepäck zu suchen haben.

Rückbestätigung

Bei den meisten Airlines ist heutzutage die **Bestätigung des Rückfluges** nicht mehr notwendig. Allerdings empfehlen alle Airlines, sich dennoch telefonisch zu erkundigen, ob sich an der Flugzeit nichts geändert hat, denn kurzfristige Änderungen der genauen Abflugzeit kommen immer häufiger vor.

europaweit. Unter „Super Last Minute" gibt es Angebote für den Abflug innerhalb der nächsten 72 Stunden.

- **Lastminute.com,** www.lastminute.de, (D-)Tel. 01805-777257 (0,14 €/Min.).
- **5 vor Flug,** www.5vorflug.de, (D-)Tel. 01805-105105 (0,14 €/Min.).
- **www.restplatzboerse.at:** Quelle von Schnäppchenflügen für Österreich, (A-)Tel. 01-580850, (D-)Tel. 0991-2967-9653.

Weiterreise nach Porto Santo

Flug

Madeira und Porto Santo sind per Flug **täglich mehrmals miteinander verbunden,** in der Hochsaison bis zu zehnmal. Die Maschinen sind allerdings klein, und am Wochenende können sie schon mal ausgebucht sein. In diesem Fall sollte man sich auf die Warteliste setzen lassen, meist bekommt man einen Platz. Der Flug kostet hin und zurück zwischen 100 und 125 €. Tickets verkauft die SATA Air Açores.

Der Flughafen von Porto Santo liegt mitten auf der Insel und wird gleichzeitig vom Militär genutzt. Taxis zur Weiterfahrt stehen zur Verfügung.

- **SATA Air Açores,** Funchal Flughafen, Tel. 291-520820, Mo–Fr 7–13.30, 14.30–20 Uhr, Sa/So 7–13, 15–20 Uhr; Call Center, Tel. 707-227282, www.sata.pt.
- **Flughafeninformation:** Madeira unter Tel. 291-520700, Porto Santo unter Tel. 291-980120.

Fähre

Porto Santo ist auch auf dem Seeweg erreichbar. Die Fähre der „Porto Santo Line" legt täglich (außer Dienstag) im Hafen von Funchal ab und kehrt noch am selben Tag in den Abendstunden zurück. Den jeweils geltenden Fahrplan kann man im Internet einsehen: www.portosantoline.pt.

- **ab Funchal** täglich 8 Uhr, Fr 19 Uhr.
- **ab Porto Santo** täglich 18/19 Uhr, Fr 22.30 Uhr.

Die Überfahrt dauert etwa 150 Minuten und kostet in der Hochsaison hin und zurück um die 55 €. Tickets sind in Reisebüros oder am Schiff erhältlich.

- **Porto Santo Line,** Rua Praia 8, 9000 Funchal, Tel. 291-210300, www.portosantoline.pt.
- **Porto Santo Line,** Porto Abrigo, 9400 Porto Santo, Tel. 291-982556.

Ausrüstung und Reisegepäck

Wer **wandern** möchte, muss gute Bergschuhe, Wanderkleidung, ausreichend Sonnenschutz und weitere Ausrüstung wie Trinkflasche, Taschenlampe etc. mit sich führen (siehe „Wandern").

Bei **Medikamenten,** die wegen einer chronischen Erkrankung regelmäßig eingenommen werden müssen, besteht das Risiko, dass die Apotheken das Mittel nicht vorrätig haben. Am besten bespricht man sich mit seinem Hausarzt, der Tipps zur Zusammenstellung einer kleinen Reiseapotheke gibt.

Bei Stromausfällen in abgelegenen Orten leistet nachts eine **Taschenlampe** gute Dienste.

Kleidung

Je nachdem, wo man sich aufhält, bewegt sich die **Kleiderordnung** zwischen leger und förmlich. In den guten Hotels wird zum Fünfuhrtee und abends feinere Garderobe verlangt – Jackett und Krawatte sind teilweise Bedingung, auch

004ma sk

Damen in Jeans und Turnschuhen werden um einen Kleiderwechsel gebeten. In den günstigeren Unterkünften genügen bei Herren abends Hemd und lange Hose, bei Damen Bluse und lange Hose oder Kleid.

Tagsüber am Pool und bei Stadtspaziergängen ist **leichte Kleidung** angebracht, doch sollte man immer bedenken, dass die Madeirenser ein sehr traditionelles Volk sind und eine zu offenherzige Garderobe nicht gerne sehen. An kühleren Abenden leisten ein **Pullover** und/oder eine **Windjacke** gute Dienste. Ein **Regenumhang** ermöglicht auch an nassen Tagen Spaziergänge; für kurze Ausflüge ist ein kleiner **Schirm** nicht verkehrt.

Landkarten

Die Tourismusbüros verteilen kostenlose Straßenkarten von Madeira (1:80.000) und Porto Santo (1:25.000), die für den Autotouristen zufriedenstellend sind.

Die ideale Ergänzung zu diesem Reiseführer stellt die bei Reise Know-How im world mapping project erschienene detaillierte **Madeira-Karte** (1:45.000) mit exakten Höhenlinien, klassifiziertem

⌃ Barreirinha in Funchal – Badeanlagen wie diese sind an den wenigen Kiesstränden Madeiras eine attraktive Bademöglichkeit

› Siesta am Strand von Machico

005ma sk

Straßennetz und UTM-Raster für GPS dar. Auch Porto Santo und die Ilhas Desertas sind auf ihr verzeichnet. Wanderkarten siehe „Wandern".

Fotoausrüstung

Wer nicht gerade passionierter Fotograf ist, dem reicht eine Kamera mit einem Zoom zwischen leichtem weiten Winkel und leichtem Tele (etwa 28–135 mm). Eine Makroausführung leistet gute Dienste, insbesondere wenn man dicht an die bunte Pflanzenpracht heran möchte. Ein Polarisationsfilter lässt die Farben satter erscheinen und schützt das Objektiv vor eventuellen Kratzern.

Die gängigen **Kamerabatterien** sind auf Madeira im Allgemeinen erhältlich, günstiger sind sie auf alle Fälle als Sonderangebote in Mitteleuropa und dort in großen Supermärkten. Wer noch analog fotografiert und Spezialfilme verwendet, sollte diese ebenfalls aus Mitteleuropa mitbringen. **Digitalfotografen** erwartet auf Madeira ein ähnlich gutes Angebot an Zubehör wie in den jeweiligen Heimatländern.

Autofahren

Mietfahrzeuge

Wer nicht auf die öffentlichen Verkehrsmittel angewiesen sein will, mietet sich ein Fahrzeug für die ganze Dauer des

Urlaubs oder auch für eine begrenzte Zeit, um Ausflüge zu unternehmen. Die Vehikel gelten als sehr gut gewartet und sind relativ jung. Die meisten Firmen vermieten nicht an Personen, die jünger sind als 21 Jahre, bei Motorrädern 23 Jahre. Der **nationale Führerschein** genügt als Beleg. Eine Kreditkarte ist hilfreich, wenn man die obligatorische **Kaution** nicht in bar hinterlegen will.

In der Hochsaison sollte man auf alle Fälle im Voraus buchen, sowohl winters wie sommers. Auf Porto Santo ist es im Juli und August fast unmöglich, spontan ein Fahrzeug zu mieten. Die Vorausbuchung bietet zudem meist einen Preisvorteil. Darüber hinaus befindet sich bei Streitigkeiten der Gerichtsstand im eigenen Land.

Madeiras Straßen

Bevor Sie sich für die Anmietung eines Fahrzeugs entscheiden, sollten Sie sich bewusst machen, dass das Fahren auf Madeira einiges Geschick erfordert. Schwindelfrei zu sein, schadet bei den häufig ausgesetzt am Berg entlangführenden Straßen nicht, man muss schnell reagieren können, wenn man auf kurvenreichen Bergstraßen entgegenrasenden Bussen oder Lkw begegnet, die die gesamte Straßenbreite beanspruchen. Und man darf auch nicht in Panik geraten, wenn man urplötzlich in dichtem Nebel keine 20 m Sicht mehr hat. Zugegeben – das ist alles etwas überspitzt dargestellt – aber immer wieder fühlen sich Touristen von der Verkehrssituation auf Madeira überfordert. Deshalb: Wer unsicher ist, mietet zunächst ein Fahrzeug für einen Testtag, bevor er sich für einen Mietwagen oder doch lieber Taxiausflüge bzw. öffentliche Verkehrsmittel entscheidet!

Pkw

Fast alle internationalen Firmen sind auf Madeira vertreten. Üblicherweise werden die Fahrzeuge mit einer Vollkaskoversicherung und freien Kilometern vermietet. Man sollte die Reifen prüfen und nachschauen, ob die Tankfüllung korrekt in den Übernahmepapieren eingetragen ist. Die Kosten eines Mietwagens der kleinsten Klasse betragen ab etwa 150 € pro Woche alles inklusive (außer Benzin).

Nach deutschem Recht und alles inklusive (auch fallen keine Spezialgebühren für die Übernahme am Flughafen an) vermietet die Firma Holiday Autos Fahrzeuge zu günstigen Preisen (www.holidayautos.de, Deutschland Tel. 089-17923002, Österreich Tel. 0810-000999).

Empfehlenswert ist auf Madeira auch die deutschsprachige Firma Magos Car.

> Die alte Küstenstraße im Norden durchfuhr immer wieder kleine Wasserfälle, die plötzlich und selbst bei strahlendem Himmel die Sicht beeinträchtigten. Auch in Tunneln führten Wasserfälle zur Sichtbehinderung, wenn man nicht rechtzeitig den Scheibenwischer einstellte. Wasserfälle wurden von den Madeirensern gerne als kostenlose Autowaschanlagen genutzt. Es konnte durchaus passieren, dass man hinter einem Wagen stand, der mehrmals unter einem Wasserfall vor- und zurückfuhr und auf diese Weise gereinigt wurde. Heute kommen solch originelle Begegnungen dank der modernen Nordküstenstraße leider kaum mehr vor.

007ma sk

■ **Magos Car,** Edificio Ventur, Loja E, Caniço de Baixo, Madeira, Tel. 291-934818, Fax 934819, info@magoscar.com, www.magoscar.com, Mo–Sa 8.30–20 Uhr, So bis 13 Uhr.

Auf Porto Santo wende man sich zum Beispiel an:

■ **Moinho Rent a Car,** Stadtmitte neben der Tankstelle, Tel. 291-982875, 9400 Porto Santo, www.moinhorentacar.com; Flughafen: Piso Chegadas e Partidas, Tel. 291-983260.

Motorrad

Die engen und gewundenen Gebirgsstraßen Madeiras sind nur für sehr erfahrene Motorradenthusiasten geeignet, besonders wenn man bedenkt, dass es immer wieder zu kurzen und heftigen Regenschauern kommt. Pro Tag muss man zwischen 70 und 100 € für eine große Maschine einkalkulieren. Mindestalter ist 23 Jahre.

■ **Magos Bike,** Adresse s. o. Magos Car, BMW F 650 – R 1200 GS.

Tankstellen

Tankstellen öffnen täglich von 6.30 bis 22 Uhr, kleinere auf dem Land nur bis 18 Uhr. Autobahntankstellen sind durchgehend geöffnet. Bleifreies Normal- und Superbenzin wird flächendeckend angeboten, ebenso Diesel. Die meisten großen Tankstellen akzeptieren Kreditkarten. Die Treibstoffpreise haben mitteleuropäisches Niveau.

Verkehrsregeln

Die Verkehrsregeln entsprechen im Großen und Ganzen denen in Mitteleuropa. Es gelten die internationalen Verkehrszeichen, und es herrscht Rechtsverkehr.

Höchstgeschwindigkeit

Die Höchstgeschwindigkeit in Ortschaften beträgt **40/60 km/h** (je nach Ausschilderung), auf Landstraßen entsprechend der Ausschilderung **80/100 km/h.** Auf der Autobahn liegt die Geschwindigkeitsbegrenzung bei **100 km/h.** Wer seinen Führerschein noch nicht länger als ein Jahr besitzt, darf außerorts prinzipiell maximal 80 km/h fahren. Radarkontrollen finden innerhalb und außerhalb der Ortschaften statt.

Portugiesische Verkehrsschilder

- **Alto:** Stopp
- **Atençao:** Achtung
- **Cuidado:** Vorsicht
- **Curva perigrosa:** Gefährliche Kurve
- **De passagem:** Vorfahrt beachten
- **Estacionamento proibida:** Parken verboten
- **Ir pela direita:** Rechts halten
- **Ir pela esquerda:** Links halten
- **Desviso:** Umleitung
- **Passagem proibida:** Durchfahrt verboten
- **Perigo:** Gefahr

Vorfahrt

Es gilt **rechts vor links,** doch haben motorisierte Fahrzeuge grundsätzlich Vorfahrt vor Fuhrwerken und Radfahrern. Auf den engen Gebirgsstraßen Madeiras hat ein ansteigendes Fahrzeug stets Vorfahrt, Lkw wird man die Durchfahrt allerdings meist auch unabhängig von dieser Regelung gewähren müssen.

Parken

Speziell in Funchal sollte man sich strikt an die Parkregelung halten. Verstöße werden umgehend und erbarmungslos geahndet, die den Verkehr behindernden Fahrzeuge werden **abgeschleppt.**

Pflichten und Verbote

Bei Pannen ist es angeraten, das Fahrzeug schnell mit dem **Warndreieck** abzusichern. Auf den kurvenreichen, unübersichtlichen Straßen im Gebirge wird nicht immer derart gefahren, dass in angemessener Distanz abgebremst werden kann.

Wie im übrigen Europa ist das **Telefonieren** mit Funktelefonen ohne Freisprecheinrichtung während der Fahrt verboten.

Die **Promillegrenze** liegt in Portugal bei 0,5 ‰. Auch wenn Straßenkontrollen ohne ersichtlichen Grund selten vorkommen – bei Unfällen wird es unangenehm, sobald der Blutalkohol über diesem Grenzwert liegt.

Es besteht **Anschnallpflicht** für Autofahrer und **Helmpflicht** für Motorradfahrer.

Innerhalb wie außerhalb der Ortschaften muss man auf den Straßen besonders auf **Fußgänger** Acht geben. In den kleinen Orten sind meist keine Gehwege vorhanden, und die Straßen werden auch als Spielplatz und Treffpunkt benutzt.

Die Mitführung (und das Anlegen bei Pannen etc.) einer **Warnweste** ist Pflicht, Mietwagen sind mit dieser im Allgemeinen ausgerüstet.

Straßennetz

Auf Madeira und Porto Santo ist das Straßennetz dicht und zum großen Teil asphaltiert. In den letzten Jahren wurden zahlreiche Straßen und Tunnel gebaut. Eine Autobahn verbindet Funchal mit dem Flughafen und mit Ribeira Brava; eine Autobahnumgehung leitet um Funchal herum. Eine große Erleichterung bei Inselrundfahrten bieten die modernen Tunnel, die den Weg von der Süd- an die Nordküste und von Ost nach West entscheidend verkürzen.

Nordküstenstraße

Sie war eine der Hauptattraktionen im Norden: Die zwischen Fels und Atlantik teils haarsträubende, schmal und ausgesetzt geführte Straße zwischen Porto Moniz und São Vicente, der durch die in den Fels geschlagenen Tunnel zusätzlicher Reiz verliehen wird. Die alte Straße wurde durch eine moderne Trasse mit mehreren Tunnels ersetzt; sie wird nur noch eingeschränkt unterhalten und ist in weiten Abschnitten gesperrt.

008ma sk

Auch wenn die Landstraßen Nummern besitzen, findet man diese selten auf Hinweisschildern oder Karten. Die Orientierung geschieht anhand der Zielorte auf den Schildern.

Straßenzustand

Die Straßen auf Madeira sind in gutem Zustand, wenn auch Nebenstraßen sehr eng sein können. Durch Bergrutsche und Geröllawinen kommt es immer wieder zu unerwarteten Hindernissen und Sperrungen. Man sollte stets vorausschauend und nur so schnell fahren, dass man immer in Sichtweite abbremsen kann.

Bei **Regen** werden die Straßen durch Laub äußerst rutschig, der Bremsweg verlängert sich entsprechend. Dies trifft auch auf das – allerdings nur noch selten vorhandene – Kopfsteinpflaster zu.

Besonders während der Erntezeit verengen immer wieder **Landwirtschafts-Fahrzeuge** die Straßen und sorgen für lange Staus, ebenso die schwer beladenen Lkw, die sich qualmend die Berge hinauf quälen.

Straßenkategorien

Die Straßen auf Madeira und Porto Santo sind in **vier Kategorien** unterteilt. Die Straßen der letzten Kategorie sind meist nicht befestigt, bei einigen Nebenstraßen handelt es sich ebenfalls um Pisten. Im Großen und Ganzen sagt die Einteilung aber mehr über das Verkehrsaufkommen aus als über den Ausbau der Straße.

- **Via Rápida:** Autobahn
- **Estradas Principais:** Hauptstraßen
- **Estradas Secundárias:** Nebenstraßen
- **Outras Vias:** kommunale Straßen

Vorsicht bei der Rallye

Im August findet die große internationale **Rallye Vinho Madeira** („Madeirawein-Rallye") statt. Zwei bis drei Tage lang ist immer wieder ein Teil der Insel gesperrt. Da die Rennwagen zwischen den einzelnen Abschnitten der Rallye auch die ungesperrten Wege entlang röhren, ist an diesen Tagen besondere Vorsicht und defensives Fahren geboten.

Kreisverkehr

Wie in anderen europäischen Ländern werden auch auf Madeira die Zufahrtsstraßen zu vielen Orten und Städten über einen Kreisverkehr geführt. Auf diese Weise sind die Autofahrer gezwungen, das Tempo zu drosseln. **Vorfahrt** hat derjenige, der sich im Kreisel befindet.

Am Taxistandplatz im Zentrum von Funchal

Botschaften und Konsulate

Botschaften und Konsulate helfen bei der Vorbereitung längerer Aufenthalte. Bei der Anbahnung von Geschäftskontakten und beim Erfragen wirtschaftlicher Rahmenbedingungen können die diplomatischen Vertretungen ebenfalls unter die Arme greifen.

- **Botschaft der Republik Portugal,** Zimmerstraße 56, 10117 Berlin, Tel. 030-590063500, Fax 590063600, www.botschaftportugal.de.
- **Botschaft der Republik Portugal,** Opernring 3, 1010 Wien, Tel. 01-5867536, Fax 586753699.
- **Botschaft der Republik Portugal,** Weltpoststr. 20, 3015 Bern, Tel. 031-3528668, Fax 3514432.

Es gibt in Deutschland, Österreich und der Schweiz auch weitere konsularische Vertretungen für Portugal, nach denen man sich im Bedarfsfall bei der Botschaft erkundigen kann.

Adressen der diplomatischen Vertretungen in Portugal und Madeira siehe Kapitel „Notfälle".

Dokumente

Portugal – und mithin Madeira – gehört zur Europäischen Union und ist dem Schengener Abkommen beigetreten. Dies bedeutet, dass eine Grenz- und Zollkontrolle in der althergebrachten Form entfällt. Trotzdem ist jeder EU-

Bürger verpflichtet, ein Personaldokument mit sich zu führen. Für die Einreise nach Portugal genügt für **EU-Bürger der Personalausweis,** der noch mindestens drei Monate gültig sein muss. Auch Kinder benötigen ab der Geburt ein eigenes Resiedokument. Schweizer benötigen einen Pass oder die Identitätskarte mit mindestens sechs Monaten Gültigkeit. Sowohl EU-Bürger als auch Schweizer müssen bei einem Aufenthalt von mehr als 90 Tagen eine Genehmigung einholen; bei EU-Bürgern reicht eine Aufenthaltserlaubnis, Schweizer benötigen ein Visum. Beide Dokumente kann man auf Madeira beantragen.

- **Serviço de Estrangeiros e Fronteiras,** 1-8 Nv. Rochinha, 9050 Funchal, Tel. 291-214150, www.sef.pt.

Fahrzeugpapiere

Wer sein eigenes Fahrzeug mitbringen möchte, benötigt den **nationalen Führerschein,** den **Zulassungsschein** und die **grüne Versicherungskarte,** die man bei seiner Kfz-Versicherung telefonisch bestellen kann. Ist der Fahrer nicht der Fahrzeughalter, sollte eine beglaubigte Vollmacht zur Führung des Fahrzeuges mitgeführt werden. Wer einen Mietwagen benutzen möchte (Mindestalter meist 21 Jahre), benötigt den nationalen Führerschein und eine Kreditkarte, sofern man die Kaution nicht bar entrichtet.

☒ Espada (Degenfisch) mit frittierter Banane – nicht gerade ein Augenschmaus, aber eine typisch madeirensische Köstlichkeit

Elektrizität

Die Stromspannung beträgt **220 Volt,** Flachstecker sind in jedem Fall verwendbar. Wegen der größeren Spannungsschwankungen als in Mitteleuropa sollte man empfindliche elektronische Geräte mit Apparaturen absichern, die eine konstante Spannung garantieren.

Essen und Trinken

Madeira besitzt seine eigene Küche, inzwischen haben aber auch portugiesische Spezialitäten und internationale Gerichte Einzug gehalten. Wegen der Jahrhunderte dauernden Armut auf der Insel ist die **einheimische Küche bäuerlich** ausgerichtet, man benutzt die Zutaten, die vor Ort in der Natur zu finden sind: Fisch, Rindfleisch und viel Gemüse. Bei den madeirensischen Spezialitäten handelt es sich meist um die Festtagsgerichte der Bauern, die vielleicht zwei-, dreimal im Jahr auf dem Speisezettel standen. Die unverfälschten Leckereien und Spezialitäten der Insel sollte man in den kleinen Landgasthöfen und den Bars genießen. In den Restaurants vieler Hotels, besonders der kleinen, feinen, kommt die madeirensische Küche auf höchstem Niveau auf den Tisch.

Die **Hygiene** genügt mitteleuropäischen Ansprüchen. Nur wer einen empfindlichen Magen hat, sollte Vorsichtsmaßregeln treffen und keine eiskalten Getränke trinken, sich vor Rohkost hüten und Obst vor dem Verzehr schälen.

009ma sk

Vegetarische Restaurants sind kaum vertreten, aber meist wird man sich mit dem Wirt auf eine fleischlose Mahlzeit einigen können. In den Hotels sollte man beizeiten auf besondere Wünsche hinweisen, insbesondere wenn man Halbpension gebucht hat. Scheuen Sie sich nicht, vegetarische Gerichte, koschere oder den islamischen Vorschriften entsprechende Kost zu verlangen.

Getränke

Wein

Am bekanntesten ist die Insel für den Wein, dem sie ihren Namen lieh – den **Madeirawein** *(vinho da madeira)*. Er wird aus bestimmten Rebsorten hergestellt, und je nachdem, wie er verschnitten ist, wie die Reifung beeinflusst wurde und ob sich in der Flasche nur die Trauben eines Jahrgangs befinden, bestimmen sich Name und Preis. Niemand würde Madeirawein zur Speise genießen, allein vorweg als Aperitif oder am Ende des Mahls als Dessertwein findet er seinen Weg auf den Tisch.

Das **Leitungswasser ist trinkbar** und generell gechlort. In den Sommermonaten, wenn die Wasserversorgung an ihrer Kapazitätsgrenze angelangt ist, kann es geschmacklich auch einmal nicht mehr besonders angenehm sein. Dann sollte man sich in den Läden mit dem PE-Flaschen-Trinkwasser versorgen.

An Bord gekeltert – Madeirawein

Der **vinho da madeira** verdankt seine Entstehung angeblich einem Zufall: Seeleute beluden, so erzählen die „Weinlegenden", ihre Schiffe auf Madeira nicht nur mit Essen, sondern auch mit Wein, der im 15./16. Jahrhundert noch ein ordinärer, recht sauer schmeckender Tafelwein war. Während der Atlantiküberquerung verwandelte sich der Tropfen, vom Seegang ordentlich geschüttelt, am Äquator erhitzt und dann wieder stark gekühlt, in einen äußerst wohlschmeckenden und schier unbegrenzt haltbaren Tropfen. Schon bald versuchten Madeiras Winzer, diese äußeren Verhältnisse im Weinkeller nachzuempfinden. Die Metamorphose des Weines gelang, und fortan war der Madeira nicht nur als ein sehr haltbares und wohlschmeckendes geistiges Getränk bei den Schiffsbesatzungen geschätzt, sondern auch ein begehrtes Tröpfchen an europäischen Speisetafeln.

Madeira ist ein Verschnitt verschiedener auf der Insel kultivierter Rebsorten, der in einem komplizierten Produktionsprozess auf etwa 50 °C erwärmt, vorsichtig abgekühlt und mindestens 18 Monate gelagert wird. Jede Kellerei verfährt dabei nach ganz besonderen, geheim gehaltenen Methoden, die für einen weiteren Qualitätsunterschied sorgen. Erst am Ende des Reifungsprozesses wird der Wein in alte Holzfässer gefüllt. Seine Genese erlebt er in modernen Behältern aus Edelstahl, in denen die Temperatur leichter reguliert werden kann.

Man unterscheidet Sercial, Boal und Malvasia. **Sercial,** der trockenste im Bunde, ist aus der gleichnamigen Traube gekeltert, die an der Nordküste um Seixal gezogen wird. Er eignet sich besonders gut als Aperitif und schmeckt als einziger Madeira auch Leuten, die es nicht so mit süßen Tropfen haben. **Boal** besitzt einen leicht nussigen Geschmack und mehr Süße. Je nach Vorliebe kann man ihn als Appetitanreger oder als Dessertwein goutieren. **Malvasia** oder Malmsey, wie ihn die Madeirenser auch nennen, wird ausschließlich nach dem Essen getrunken und schmeckt ausgesprochen weich und süß.

Alle großen Winzereien veranstalten in ihren Verkaufsräumen Verkostungen; einige wie Henriques & Henriques in Câmara de Lobos und die Wine Lodge in Funchal organisieren auch Führungen durch die Produktionsanlagen. Wer nicht unbedingt wirklich hochklassigen Madeira mit nach Hause nehmen möchte, sollte Preisvergleiche anstellen. In den großen Supermärkten gibt es die Standard-Sorten teils erheblich billiger als in den Kellereien.

Zum Essen trinkt man einfache **Tafelweine,** die meist offen ausgeschenkt werden und nicht die Bezeichnung Madeirawein führen. So ist zu unterscheiden zwischen Madeirawein und Wein aus Madeira.

Bier

Auch das auf der Insel gebraute Bier *(cerveja),* das unter dem Markennamen **„Coral"** vertrieben wird, ist nicht zu verachten. Nur Touristen trinken Bier zum

Essen, Madeirenser ziehen den offenen Wein aus der Karaffe vor und genehmigen sich ein Bier vielleicht nachmittags, um den Durst zu löschen.

Likör

In Läden, Supermärkten und Bars finden sich Liköre aus den verschiedensten Früchten, z. B. Banane und Maracuja. Sie werden mit Zuckerrohrschnaps in diversen Variationen, Mischungsverhältnissen und mit unterschiedlichen Früchten als Cocktails gereicht.

Kaffee

Die Bezeichnungen für Kaffee sind eine Wissenschaft für sich: Ein normaler Espresso heißt *bica* oder *café,* der doppelte Espresso wird *café grande* genannt, einen nicht so starken Espresso bestellt man als *carioca;* Milchkaffee gibt es ebenfalls in verschiedenen Versionen, der *garoto* ist ein Espresso mit Milch, der *galão* ein Espresso mit doppelt viel Milch und der *chinesa* ein doppelter Espresso mit Milch.

Tee

Der berühmte **Fünfuhrtee** ist eine Errungenschaft der englischen Besucher. Meist nimmt man ihn in den Hotels oder den großen Straßencafés ein, die auf Touristen eingestellt sind. Eine madeirensische Tradition ist Teetrinken nicht, und so wird man gut zubereiteten Tee (aus Teeblättern mit sprudelndem Wasser und in vorgewärmter Kanne) nur an den besten – und teuersten – Plätzen genießen können.

Typische Speisen

Suppen

Die **sopa de tomate e cebola** ist eine Gemüsesuppe mit Tomaten und Zwiebeln auf Rindfleischbasis, manchmal mit einem Ei verfeinert, wohlschmeckend und sättigend. Sie ist für den kleinen Magen daher als Vorspeise ungeeignet, aber als kleines Mittagsgericht vorzüglich. Das Gleiche gilt für die **açorda madereinse,** eine Brotsuppe, die mit Kräutern abgeschmeckt ist, und die **sopa de peixe,** eine Fischsuppe, die es auch noch in einer mit Kartoffeln, Tomaten und Zwiebeln angereicherten Form als Eintopf gibt, den **caldeira de peixe.**

Fisch

Fisch *(peixe)* wird auf Madeira stets fangfrisch zubereitet. Den **espada** (Schwarzer Degenfisch) fängt man nur in den tiefen Gewässern um Madeira und an einer Stelle vor Japan. Das feine Fleisch des im Übrigen überaus hässlichen Tiefseefisches wird entweder in einem Kräuterteigmantel gebacken, frittiert, gebraten oder als Suppe serviert. In jeder Form ist es köstlich. Die Variationen reichen von *espada com banana* (eine frittierte Banane unterstreicht den Geschmack) über *espada com marisco* (in einer Sauce aus Meeresfrüchten) bis zu *espada com vinho da madeira.* Der *espada* sollte nicht mit Schwertfisch *(espadarte)* verwechselt

010ma sk

werden, der ebenfalls auf fast jeder Speisekarte steht.

Wer **Thunfisch** *(atum)* liebt, wird von den in Weißwein, Knoblauch und Petersilie marinierten Thunfischsteaks begeistert sein *(bifes de atum)*, oder vom Thunfischsalat, der aus frischem Fisch zubereitet wird.

Eine Spezialität, die nicht jeder Geschmacksnerv als angenehm empfindet, ist **bacalhau** (Stockfisch), ein ehemaliges Arme-Leute-Essen. Den getrockneten Fisch selbst einzuweichen (24 Stunden unter häufigem Wasserwechsel) und zu kochen, ist in keiner Weise zu empfehlen – man würde sich die Freude am Essen verderben und hätte mit einer Unzahl von Wespen zu kämpfen, für die der Sud eine Delikatesse zu sein scheint. Auch von Fachleuten bearbeitet entwickelt er immer noch einen eher aufdringlichen Geschmack, der aber mit scharfen Beigaben abgemildert wird.

In den Fischlokalen an den Häfen werden **castanhetas** serviert: kleine gegrillte Fische, die nicht unbedingt filetiert werden müssen, man isst sie so, wie sie auf dem Teller liegen, kann aber den Kopf entfernen.

Im Landesinneren hat sich manche Gaststätte auf **Forellen** *(trutas)* spezialisiert. Stets fangfrisch, bieten sie gegrillt, gebacken oder gekocht dem Feinschmecker das unglaubliche Aroma der in Gebirgsbächen lebenden Fische.

⌃ Breites Angebot an Fisch und Meeresfrüchten auf dem Markt von Funchal

Fleischgerichte

Bekanntestes und bei Touristen wie Einheimischen gleichermaßen beliebtestes Fleischgericht sind die **espetadas:** etwa drei Zentimeter große Rindfleischwürfel, die auf einen Metallspieß gesteckt und gegrillt werden. Bestellen kann man Lende, aber auch Filet, was sich im Preis niederschlägt und die Zubereitungsdauer beeinflusst (blutig bis well done). Das Fleisch ist meist nur mit Salz, Pfeffer und Lorbeer gewürzt, manchmal kommt Knoblauch hinzu. Die Kellner bringen den Spieß direkt vom Feuer an den Tisch, wo er in Kopfhöhe vor den Speisenden an einer Hängekonstruktion befestigt wird. Mit Gabeln holt sich jeder seine Portion auf den Teller. Traditionell wurden *espetadas* auf Holzspießen vom Lorbeerbaum zubereitet, die dem Fleisch ein besonderes Aroma verliehen; heute ist man davon aber abgekommen.

Zu den Fleischspießen passt am besten ein gekühlter Landwein. Als typische Beilage wird frisch aus dem Ofen **bolo de caco** gereicht, ein Fladenbrot aus Weizen- und Süßkartoffelmehl, das teilweise aufgeschnitten und mit Knoblauch garniert auf dem Teller liegt. Eine weitere klassische Beilage ist **milho frito,** gebratene Maispolenta.

Ebenfalls sehr schmackhaft ist **carne de vinha d'alhos,** ein über mehrere Tage in Wein eingelegtes, mit Lorbeer und Knoblauch gewürztes und anschließend gebratenes Schweinefleisch. Zu besonderen Gelegenheiten, z. B. wenn die ganze Familie zusammenkommt oder bei kirchlichen Festtagen, kommt ein gebratenes **Spanferkel** *(leitão assado)* auf den Tisch.

Ein anderes typisch madeirensisches Gericht sind **Napfschnecken** *(lapas),* die auf Reis oder mit geschmolzener Knoblauchbutter serviert werden.

Desserts

Ob Obst, Pudding oder Kuchen, zum Abschluss der Mahlzeit darf man die Desserts nicht vergessen. Für **Papaya-Pudding** *(pudim de papaia)* werden die Früchte püriert und mit Sahne verfeinert. Im Obstkorb liegen Maracujas, Mangos, Bananen und Annonas (Peruäpfel) neben Äpfeln, Trauben und Orangen.

Der Stolz der Madeirenser ist der **Honigkuchen** *(bolo de mel).* Der dunkle und süße Kuchen darf nicht mit Metall in Berührung kommen, muss also statt mit der Gabel mit den Händen gegessen werden. Wegen seiner Haltbarkeit ist er auch ein beliebtes Mitbringsel.

Lokale und Restaurants

Neben den auch für Funchal obligatorischen Schnellrestaurants kann man zwischen einer ganzen Reihe von Speiselokalen unterschiedlicher Preiskategorien wählen. Bedienung und Steuern sind stets im Preis inbegriffen, an **Trinkgeld** gibt man um die zehn Prozent.

Die **Bars** – in Portugal einfache Lokale – haben Theken, an denen Sandwiches verkauft werden, teils bereits fertig angerichtet, teils kann man sich den Belag selbst zusammenstellen lassen.

Einfache **Landgasthöfe** servieren herzhafte Fleischgerichte. In den Bergen findet man Restaurants, die am Wochenende viele Madeirenser anziehen. Die

Großfamilien kommen während ihres Landausflugs mittags vorbei, und es wird ausgiebig getafelt. Aber auch in Funchal und den kleinen Städtchen sind Lokale zu finden, die von außen betrachtet zwar nicht viel hermachen, aber köstliche und nicht zu teure Gerichte servieren.

Wer für sein Dinner kulturelle Unterhaltung wünscht, geht in eines der **Restaurants,** die zum Beispiel Fado-Gesänge bieten. Ihr Preisniveau ist etwas höher. Man verbringt den ganzen Abend am Tisch, eine Vorbestellung wird darum empfohlen. Die großen Feinschmeckerrestaurants sind meist den Hotels angeschlossen, das Preisniveau ist gehoben. Vorzüglich geschultes Personal sorgt in der Küche und am Tisch für das Wohl der Gäste.

Essenszeiten

In **Hotels** wird das Frühstück meist zwischen 7 und 9 Uhr bzw. bis 10 Uhr serviert, Mittagessen ist zwischen 12 und 13 Uhr, Abendessen ab 19 Uhr.

In den **Restaurants** kommen die Einheimischen zwischen 12 und 14 Uhr zum Mittagessen, zwischen 19 und 21 Uhr zum Abendessen. Sowohl das Mittag- als auch das Abendessen kann sich über mehrere Stunden hinziehen, besonders am Wochenende und wenn größere Gruppen etwas zu feiern haben.

☒ Eins der vielen Kirchenfeste

Feste und Feiertage

Die Madeirenser feiern gerne und oft. Neben den gesetzlichen Feiertagen hat jeder Ort seine eigenen Festtage, an denen je nach Fest die Geschäfte zumindest halbtags geschlossen bleiben. Die Termine variieren teilweise. Gefeiert werden die Ortsheiligen, aber auch bestimmte landwirtschaftliche Produkte, ein Blumenfest im Frühling, die Weinlese sowie Erntedank am Ende der Erntesaison. Die **Feste der Ortsheiligen** gehen mit einer prächtigen Ausstaffierung des Ortes und einer Prozession einher. Häuser und Straßen versinken an diesen Tagen geradezu in einem üppigen Blütenmeer.

Sehenswert ist beispielsweise das Johannisfest **Festas de São João** (21.–24. Juni), das die Sommersaison mit einer Reihe von Festivals und Veranstaltungen einleitet. In der Nacht vom 23./24. Juni brennen auf der Insel die Johannisfeuer und überall finden festliche Umzüge statt. Ebenfalls im Juni wetteifern beim **Festa dos Altares São João** in den Funchaler Straßen Figueira Preta, Travessa dos Reis und auf dem Platz Largo do Carmo die Geschäftsleute um die Ehre, den schönsten Altar aufgebaut zu haben. Am 23. Juni finden in Funchal ab 21 Uhr die **Marchas de São João** statt. Die Umzüge starten am Largo de São Pedro und ziehen über die Rua das Prestas und Rua da Carreira zum Ziel in der Rua de São João.

Auch **Wallfahrten** – meist zu Mariä Himmelfahrt, am 15. August – werden

SAGRADO CORAÇÃO DE JESUS
VOSSO REINO

von den Einheimischen gerne besucht. Im Februar wird mit viel Musik **Karneval** gefeiert. Weltberühmt ist das Feuerwerk in Funchal in der **Silvesternacht,** alle Hotels sind dann ausgebucht, und ausgelassen wird das neue Jahr begrüßt.

Der **„Tag der Nelkenrevolution“** erinnert an die Beendigung der Diktatur in Portugal am 25. April 1974, als das Militär gegen die herrschende Klasse revoltierte und nach 48 Jahren die Demokratie wieder einführte. Der **„Tag der Entdeckung“** feiert die Entdeckung Madeiras. Da das exakte Datum nicht feststellbar ist, wurde der 1. Juli dafür ausgewählt. Am **Nationalfeiertag,** dem 5. Oktober, wird der Wiedereinführung der Republik gedacht. Allerheiligen nennt man auch „Tag des Brotes für Gott“ *(pão por deus);* früher wurden die Armen gespeist, heute erhalten die Kinder kleine Geschenke.

Dem **Tag der Unbefleckten Empfängnis** am 8. Dezember kommt besondere Bedeutung zu, da mit ihm die Weihnachtszeit eingeläutet wird. Auf der ganzen Insel werden an diesem Tag die traditionellen Honigkuchen, die *bolo de mel,* gebacken, und man pflanzt symbolisch Getreide an.

Zahllose **Festivals** werden das Jahr über für Madeirenser und Gäste organisiert. Mitte Januar startet die Festsaison mit einem Wanderfestival, **Festival de Passeios a Pé,** auf der ganzen Insel. Im April versinkt Funchal zum Blumenfest **Festa da Flor** in einem Meer von Blüten. Im Juni zieht das Atlantik-Festival, **Festival do Atlântico,** mit einem Feuerwerk-Wettbewerb und Aufführungen klassischer Musik Besucher an. Ende Juni dreht sich in der Câmara de Lobos alles um den Degenfisch bei der **Festa do Peixe Espada Preto.** Anfang August versammeln sich Madeiras Folkloregruppen in Camancha zum **Festival de Arte Camachense.** Anfang September wird in Câmara de Lobos das Weinfest **Festival do Vinho** begangen; kurz darauf widmet sich Porto Santo dem Amerika-Entdecker mit dem Kolumbus-Festival **Festival de Colombo,** dessen Höhepunkt das Auslaufen des Kolumbus-Schiffes aus dem Hafen von Villa Baleia bildet. Mitte Oktober treffen sich Madeiras Musikkapellen zum **Encontro Regional de Bandas** in Ribeira Brava – ein Fest für Anhänger der Blasmusik! Im November findet in Funchal ein **internationales Filmfestival statt,** im Dezember das **Festival für digitale Musik und Kunst.**

Gesetzliche Feiertage

- **1. Januar:** Neujahr
- **25. April:** Tag der Nelkenrevolution
- **1. Mai:** Tag der Arbeit
- **10. Juni:** Portugal- und Carmões-Tag
- **1. Juli:** Tag der Entdeckung
- **15. August:** Mariä Himmelfahrt
- **5. Oktober:** Tag der Republik
- **1. November:** Allerheiligen
- **1. Dezember:** Nationalfeiertag
- **8. Dezember:** Unbefleckte Empfängnis
- **25./26. Dezember:** Weihnachten

außerdem

- Karnevalsdienstag
- Aschermittwoch
- Karfreitag
- Palmsonntag
- Fronleichnam

Patronatsfeste

- **Januar:** *Santo Amaro,* in Santa Cruz
- **Mai/Juni:** *Espirito Santo,* in Camacha
- **Juni:** *Santo António,* in Santo da Serra; *São João,* in Funchal; *São João* und *São Pedro,* in Câmaro de Lobos; *São Pedro,* in Ribeira Brava
- **Juli:** *Santa Maria Madalena,* in Madalena do Mar und Porto do Moniz
- **August:** *Nossa Senhora do Monte,* in Monte; *Nossa Senhora da Graça,* in Porto Santo; *Nossa Senhora do Livramento,* in Curral das Freiras
- **September:** *Senhor Jesus,* in Ponta Delgada; *Nossa Senhora do Loreto,* in Arco da Calheta; *Nossa Senhora do Faial,* in Faial; *Nossa Senhora do Livramento,* in Caniço; *Nossa Senhora dos Remédios,* in Quinta Grande; *Nossa Senhora da Piedade,* in Caniçal
- **Oktober:** *Nossa Senhora do Livramento,* in Ponta do Sol; *Nossa Senhora do Rosário,* in São Vicente; *Senhor dos Milagres,* in Machico

Geldangelegenheiten

Portugal und Madeira gehören zur Euro-Zone und nutzen als Währung den Euro (ausgesprochen: e-u-ro). Bürger der Schweiz müssen weiterhin Geld wechseln. Für einen Schweizer Franken erhält man 0,82 €, 1 € entspricht 1,23 SFr (Stand März 2013).

Die Rückseite der portugiesischen Euro-Münzen, entworfen von Designer *Vítor Manuel Fernandes dos Santos,* schmücken alte Wappen und königliche Siegel aus dem 12. Jahrhundert.

Geldautomaten

Die Geldautomaten sind dem Maestro-System angeschlossen; man kann dort unkompliziert mit Maestro-(EC-)Karte und Eingabe der Geheimnummer Bargeld abheben. Je nach Hausbank wird dafür pro Abhebung eine Gebühr von ca. 1,30–4 € bzw. 4–6 SFr berechnet.

Die Barauszahlung per Kreditkarte sollte innerhalb der EU-Länder nach der EU-Preisverordnung nicht mehr kosten als im Inland, aber je nach ausgebender Bank können das bis zu 5,5 % der Abhebungssumme sein (am Schalter in der Regel teurer als am Geldautomaten).

Kreditkarten

Kreditkarten werden auf Madeira von allen größeren Hotels, vielen Restaurants und Läden sowie einigen Tankstellen akzeptiert. Gelegentlich wird man aufgefordert, eine PIN einzugeben. Drücken Sie dann ohne Nummerneingabe OK, und Sie bekommen einen Beleg, den Sie unterschreiben können. Für das bargeldlose Zahlen per Kreditkarte innerhalb der EU dürfen die ausgebenden Banken keine Gebühr für den Auslandseinsatz veranschlagen; für die Schweizer wird jedoch ein Entgelt von ca. 1–2 % des Umsatzes berechnet.

Reiseschecks

Wer lieber ohne Plastikkarten arbeitet, kann sich Reiseschecks besorgen. Allerdings ist es umständlicher und auch nicht viel sicherer als die Nutzung von Maestro-(EC-) oder Kreditkarte.

Wie man im Notfall, z. B. bei Verlust oder Diebstahl der Karte, wieder liquide wird, ist unter „Notfälle“ nachzulesen.

Reisekosten

Die Preise auf Madeira bewegen sich auf unterem **mitteleuropäischem Preisniveau,** sind aber durch die Anhebung der Mehrwertsteuer Anfang 2012 in bestimmten Bereichen wie etwa Restaurants deutlich gestiegen. Die Höhe der Urlaubskosten wird wesentlich von der Übernachtungswahl mitbestimmt. Wer in den Städten in günstigen Pensionen übernachtet und öffentliche Verkehrsmittel benutzt, wird mit 35 bis 50 € pro Person und Tag zurechtkommen. Ein mittleres Budget muss mit ca. 50 bis 95 € kalkuliert werden. Dafür kann man in Mittelklassehotels mit Halbpension übernachten, ab und an auswärts speisen, und auch ein Mietwagen ist für eine gewisse Zeit mit drin. Zwischen 95 und 150 € pro Person kann man schon einen äußerst komfortablen Urlaub verbringen, mit Mietwagen, sehr guten Hotels und häufigem Ausgehen am Abend. Nach oben hin offen kann man sich jeden Luxus leisten, den die Insel bietet: das Hotel zu 300 € pro Nacht und das Dinner für 70 € pro Person. Zu den kalkulierten Tagespreisen ist noch der Flug hinzuzurechnen, der mit etwa 250 bis 600 € pro Person zu Buche schlägt (siehe „Anreise“).

Saisonale Schwankungen

Die Preise schnellen, wie überall, in der Hochsaison nach oben, und wer es vermeiden kann, sollte nicht im Winter oder in den Sommerferien nach Madeira fahren. Ursprünglich gab es im Hochsommer keine Saison, da die Engländer in dieser Zeit die englischen Seebäder besuchten. Heute umwirbt man die Mitteleuropäer stark für Sommerbesuche, so dass auch die wärmste Jahreszeit nicht mehr in der Nebensaison liegt.

Gesundheit

Auf Madeira begegnet man keinem über das mitteleuropäische Maß hinausgehenden Gesundheitsrisiko. Im Gegenteil, das Klima ist ausgesprochen gesund. Nicht umsonst sind jahrhundertelang kränkelnde Europäer auf die Blumeninsel gekommen, um sich auszukurieren.

Allerdings kam es im Oktober 2012 zu einem heftigen Ausbruch des von der Stechmücke *Aedes aegypti* übertragenen **Dengue-Fiebers** mit etwa 1500 Erkrankungen. Man sollte sich also sehr gut ge-

[>] Rentner vor der Pfarrkirche in Machico

gen Mückenstiche schützen (Repellent, Moskitonetze, stichsichere Kleidung). Es wird geraten, bei Fieberanfällen nach Rückkehr umgehend einen Arzt aufzusuchen.

Die **hygienischen Bedingungen** genügen im Allgemeinen den höchsten Ansprüchen. Bei normaler Körperkonstitution kann man unbedenklich Salate und Obst zu sich nehmen. Das **Leitungswasser** kann in den Sommermonaten allerdings einen unangenehmen Geschmack bekommen, sodass es auch ohne Gesundheitsgefahr ratsam ist, seinen Durst mit Mineralwasser zu löschen. Wasser aus Quellen oder gar aus den Levadas (Bewässerungskanälen) sollte ohne Aufbereitung – sei es mittels Desinfektionstabletten, sei es durch Abkochen – keinesfalls getrunken werden.

083ma sk

Medizinische Versorgung

Die medizinische Versorgung außerhalb der Hauptstadt ist eher mangelhaft. Zwar gibt es überall Erste-Hilfe-Stationen, centros de saúde, sie sind personell aber häufig unterbesetzt und schlecht ausgestattet. Alle Kliniken Madeiras sind in der Gemeinde Funchal angesiedelt.

Krankenwagen sind über die Notrufnummer **112** zu alarmieren.

Folgende Hospitäler stehen zur Verfügung

- **Clinica Santa Luzia,** R. da Torrinha 5, Funchal, Tel. 291-200000, Fax 774720, täglich 8–24 Uhr.
- **Centro Clinico da Calheta,** Impasse da Estrela, Calheta, Tel. 291-823208.
- **Centro Medico da Ribeira Brava,** R. Manuel Arriaga 16/17, Ribeira Brava, Tel. 291-951925.
- **Clinica de Porto Santo,** Rua Dr José Diamantino, Tel. 291-980060.

Zahnklinik

- **Clinica Dentária,** B. 5 de Outubro, Tel. 291-228217.

Deutschsprachiger Arzt

- **Praxis Dr. Pierre Curado,** Innere Medizin und Allgemeinmedizin. Casa A-1-A, Rua Bartolomeu Perestrelo, Caniço de Baixo, Tel. 291-932218, Handy 965-075100, doctor@netmadeira.com. Sprechzeiten nach telefonischer Vereinbarung (auch Sa/So), Haus- und Hotelbesuche sind möglich.

Apotheken sind durch das Schild „Farmácia" mit weißem Kreuz auf grünem Grund gekennzeichnet. Die üblichen

Öffnungszeiten sind Montag bis Freitag von 9 bis 13 und 15 bis 17, Samstag von 9 bis 13 Uhr. Der Bereitschaftsdienst wird auf Listen an den Eingängen der Apotheken angegeben.

Krankenschein

Die gesetzlichen Krankenkassen von Deutschland und Österreich garantieren eine Behandlung auch im akuten Krankheitsfall in Portugal, wenn die medizinische Versorgung nicht bis nach der Rückkehr warten kann. Als Anspruchsnachweis benötigt man die Europäische Krankenversicherungskarte, die man von seiner Krankenkasse erhält.

Im Krankheitsfall besteht ein Anspruch auf ambulante oder stationäre Behandlung bei jedem zugelassenen Arzt und in staatlichen Krankenhäusern. Da jedoch die Leistungen nach den gesetzlichen Vorschriften im Ausland abgerechnet werden, kann man auch gebeten werden, zunächst **die Kosten der Behandlung** selbst zu tragen. Obwohl bestimmte Beträge von der Krankenkasse rückerstattet werden, kann doch ein Teil der finanziellen Belastung beim Patienten bleiben, also zu Kosten in kaum vorhersagbarem Umfang führen.

Aus diesem Grund wird zusätzlich der Abschluss einer **privaten Auslandskrankenversicherung** dringend empfohlen. Diese sollte außerdem eine zuverlässige Reiserückholversicherung enthalten, denn der Krankenrücktransport wird von den gesetzlichen Krankenkassen nicht übernommen. Diese sind z. B. in Deutschland ab 5–10 € pro Jahr auch sehr günstig.

Schweizer sollten bei ihrer Krankenversicherungsgesellschaft nachfragen, ob die Auslandsdeckung auch für Portugal gilt. Sollte man keine Krankenversicherung mit Auslandsdeckung haben, empfiehlt es sich, kostenlos bei *Soliswiss* (Gutenbergstr. 6, 3011 Bern, Tel. 031-38104 94, info@soliswiss.ch, www.soliswiss.ch) nach einem attraktiven Krankenversicherer zu fragen.

Zur Erstattung der Kosten benötigt man grundsätzlich ausführliche **Quittungen** (mit Datum, Namen, Bericht über Art und Umfang der Behandlung, Kosten der Behandlung und Medikamente).

Der Abschluss einer **Jahresversicherung** ist in der Regel kostengünstiger als mehrere Einzelversicherungen. Günstiger ist auch die **Versicherung als Familie,** statt als Einzelpersonen. Hier sollte man nur die Definition von „Familie" genau prüfen.

Informationen

Fremdenverkehrsämter

Die portugiesischen Fremdenverkehrsämter betreuen ganz Portugal, und so ist naturgemäß die Information, die über Madeira erteilt werden kann, sehr be-

⊡ Azulejo-Medaillon an der Pfarrkirche von Porto Santo

006ma sk

schränkt. Nichtsdestotrotz sind die Ämter sehr bemüht zu helfen. Der Deutsch-Portugiesische Kulturverband, eingeteilt in elf Landesverbände, versteht sich mehr als Betreuer der Portugiesen in Deutschland denn als Vermittler von Deutschland nach Portugal und kann deshalb interessierten deutschen Touristen kein Informationsmaterial bieten.

Vor Ort gibt es **Touristenbüros** in Funchal, am Flughafen auf Madeira, in Machico, Camara de Lobos, Curral das Freiras, Ribeira Brava, Porto Moniz, Santana und auf Porto Santo (siehe jeweils dort).

- **Turismo de Portugal** (Portugiesisches Fremdenverkehrsamt), Zimmerstr. 56, 10117 Berlin, Tel. 030-2541060), edt.berlin@turismodeportugal.pt, www.visitportugal.com.

Auf Madeira

- **Direcção Regional do Turismo,** Avenida Arriaga 16, 9004-519 Funchal, Tel. 291-211902, Fax 232151, www.visitmadeira.pt.
- **Direcção Regional do Turismo,** Avenida Dr. Manuel Gregorio Pestana Junior, 9400 Porto Santo, Tel. 291-985244, Fax 983562.

Infomaterial

Die Fremdenverkehrsbüros versenden einen jährlich aktualisierten Hotelführer. Dieser listet praktisch alle offiziellen Betriebe auf. Die kostenlos auf Madeira verteilte Broschüre „Madeira Tipps" bietet zum Hotelverzeichnis auch noch einige Restaurantadressen und weitere touristische Informationen. Da sich die Broschüre über Werbung finanziert, sind die Empfehlungen jedoch sehr selektiv.

Internet

Die Internet-Abdeckung ist auf Madeira und auf Porto Santo gut. Kostenlosen WiFi-Zugang bieten mehrere Städte wie etwa Funchal im Bereich der Fußgängerzone oder Ribeira Brava an der Uferpromenade. Schilder weisen auf das Angebot hin. Eine Auflistung von Hotspots findet sich unter www.wifi-madeira.com/ing/funchal.html.

Die Landeskennung von Portugal und Madeira ist *pt*, der bekannteste Provider ist telepac.

Die Web-Seite „Madeira-Club" bietet in deutscher Sprache Reiseinformationen, Tipps zu Festivals, Hotelbeschreibungen, Restaurantvorschläge, Veranstalteradressen und Links zu weiteren Seiten:

- **www.madeira-club.de**

Weitere deutschsprachige Seiten zu Madeira

- **www.madeira-news.de**
- **www.scuba-madeira.com** (Tauchcenter)
- **www.madeiraislandsgolf.travel** (Golfportal)
- **www.visitmadeira.pt** (offizielle Tourismusseite)
- **www.madeira-web.com**
- **www.madeira-zeitung.de**

Englische Web-Seiten zu Madeira

- **www.madeira-island.com**
- **www.madeirablog.eu** (Blog rund um Madeira)
- **www.madeiraarchipelago.com** (umfangreiche touristische Website mit Links zu Hintergrundinfos zu verschiedenen Themen)
- **http://madeiraislanddirect.com/blog** (Blog zu aktuellen Themen)

Nachtleben

Das Nachtleben beschränkt sich mehr oder weniger auf Funchal, das über ein Casino sowie einige Diskotheken und Bars verfügt, die manchmal Livemusik bieten. Spätabends kann man in manchen Lokalen noch Fado-Gesängen lauschen. Generell ist das Nachtleben eher an die Bedürfnisse des **gesetzteren Publikums** angepasst. „Heiße" Discos der mediterranen Urlaubswelt darf man nicht erwarten. Zu später Stunde leeren sich die Straßen zusehends, und nur im Altstadtviertel Zona Velha ist dann noch etwas Betrieb.

Notfälle

Notrufnummern

- **Polizei und Krankenwagen:** Tel. 112
- **Feuerwehr:** Tel. 291-229115 (freiwillige Feuerwehr), 291-200930 (städtische Feuerwehr Funchal)
- **Wasserwacht:** Tel. 291-230112
- **Rettungswagen Rotes Kreuz** *(Cruz Vermelha):* Tel. 291-741115
- **Bei Vergiftungen:** Tel. 808-250143

Fundbüro

Ein Fundbüro befindet sich in der Rua da Infância 28, Tel. 291-208200. Im Fall des Dokumentenverlustes sind Polizei sowie Botschaften und Konsulate (s. u.) zuständig.

Verlust von Karten und Schecks

Bei Verlust oder Diebstahl der Geldkarte oder Reiseschecks sollte man diese umgehend sperren lassen. In Deutschland gibt es dafür die einheitliche Sperrnummer 0049-116116 für Maestro-(EC-) Karten, Kreditkarten, Krankenkassenkarten, Handykarten u. a. In Österreich und der Schweiz gelten hingegen:

- **Maestro-(EC-)Karte,** (A)-Tel. 0043-1-2048800; (CH)-Tel. 0041-1-2712230; UBS: 0041-8488-88601; Credit Suisse: 0041-8008-00488.
- **MasterCard,** international Tel. 001-6367227 111.
- **VISA,** Tel. 00800-1111569.
- **American Express,** Tel. 0049-69-97972000.
- **Diners Club,** (A)-Tel. 0043-1-501350; (CH)-Tel. 0041-587508080.

Bei Maestro-(EC-)Karten muss man für die Sperrung seine Kontonummer nennen können.

Nur wenn man den **Kaufbeleg** mit den Seriennummern der Reiseschecks sowie den **Polizeibericht** vorlegen kann, wird der Geldbetrag von einer größeren Bank vor Ort binnen 24 Stunden zurückerstattet. Also muss der Verlust oder Diebstahl umgehend bei der örtlichen Polizei und auch bei American Express gemeldet werden:

- **American Express Reiseschecks,** man wähle die portugiesische Notrufnummer Tel. 800205598 (kostenfrei).

Eine sehr schnelle Möglichkeit des **Geldtransfers** aus dem Heimatland bietet, in Zusammenarbeit mit Western Union, die Reisebank AG (ehemals Verkehrskreditbank), die mit Filialen in fast allen deutschen Bahnhöfen und Flughäfen vertreten ist. In Deutschland wird das Geld bar bei einer der Filialen eingezahlt. Nach 24 Stunden kann es bei einer Western-Union-Agentur abgehoben werden, u. a. CTT – Correiros de Portugal SA, Millennium BCP und Unicambio Funchal (siehe Telefonbuch oder unter www.westernunion.com).

Diplomatische Vertretungen

Wird der Reisepass oder Personalausweis im Ausland gestohlen, muss man dies bei der örtlichen Polizei melden. Darüber hinaus sollte man sich an die nächste diplomatische Auslandsvertretung seines Landes wenden, damit man einen Ersatz-Reiseausweis zur Rückkehr ausgestellt bekommt (ohne kommt man nicht an Bord eines Flugzeuges!).

Auch in **dringenden Notfällen,** z. B. medizinischer oder rechtlicher Art, sind die Auslandsvertretungen bemüht vermittelnd zu helfen.

Deutschland

- **Embaixada da Alemanha,** Campo dos Mártires da Pátria 38, 1169-043 Lissabon, Tel. 21-8810210 und außerhalb der Öffnungszeiten auch unter 965-808092, Fax 8853846, www.lissabon.diplo.de.
- **Consulado Honorário da Alemanha,** Largo do Phelbs 6 (1. Stock), 9050-025 Funchal, Tel. 291-220338, Fax 230108, funchal@hk-diplo.de.

Österreich

- **Embaixada da Áustria,** Avenida do Infante Santo 43 (4. Stock), 1399-046 Lissabon, Tel. 21-3943900, Fax 3958224, www.embaixadadaaustria.pt.

- **Consulado Honorário da Áustria,** Miltones-Viagens, Rua Imperatriz Donna Amelia 4, Edificio Princesa – Loja 0/4, 9000 Funchal, Tel. 291-206103, Fax 281620, hkonsulatfunchal@hotmail.com.

Schweiz

- **Embaixada da Suíça,** Travessa do Jardim 17, 1350-185 Lisboa, Tel. 21-3944090, Fax 3955945.

Öffentliche Verkehrsmittel

Bus

Das **Busnetz** auf Madeira ist recht dicht, man erreicht praktisch alle Sehenswürdigkeiten und viele Ausgangspunkte für Wanderungen mit dem Bus. An Sonn- und Feiertagen ist der Busverkehr stark eingeschränkt; viele Linien fahren überhaupt nicht. Zur Orientierung: Funchals Stadtbusse sind orange, die grünen Busse fahren Richtung Osten, die roten nach Westen. Auf Porto Santo ist das Busnetz eher lückenhaft. Auf beiden Inseln gibt es in der Hochsaison einen Busdienst, der die Hotelzonen mit den Stränden verbindet. Die Fahrzeuge sind offen und durch ihre fröhliche Farbgebung auffällig. **Tickets** für die Stadtbusse Funchals sind in den Kiosken an den Haltestellen erhältlich, die sich an der Avenida do Mar, der Hafenstraße Funchals, entlangziehen. Auch im Bus werden Fahrkarten verkauft, allerdings zu höheren Preisen. Eine umweltfreundliche Alternative sind die **Elektrobusse** der Eco Linha, die in der Funchaler Innenstadt verkehren und mit den Tickets des öffentlichen Nahverkehrs genutzt werden können. Reisende können eine Einzelfahrkarte im Bus erwerben (1,90 €) und diese dann nach dem Entwerten mit einem Guthaben für weitere Fahrten aufladen lassen. Bei zwei bis neun Fahrten kostet dies 1,25 €/Fahrt, bei mehr als neun Fahrten 1,15 €/Fahrt. Kinderfahrten (6–11 Jahre) schlagen mit 0,70 € zu Buche. Wer längere Zeit in Funchal bleibt, fährt mit einer Mehrtageskarte eventuell günstiger (1 Tag 4,40 €, 3 Tage 11,30 €, 5 Tage 15,60 €, 7 Tage 21 €). Außerhalb der Stadt wird direkt beim Busfahrer gezahlt (Preisbeispiel Funchal – Camacha um 2,10 €). Die Überlandlinien werden von mehreren Busgesellschaften bedient: Empresa de Automóveis do Caniço, SAM, Rodoeste und Companhia de Carros de São Gonçalo. Die Busfahrpläne lassen sich im Internet herunterladen:

- **www.madeira-island.com/bus_services**
- **www.horariosdofunchal.pt**

⊡ Backstand
mit dem traditionellen Fladenbrot in Santana

012ma sk

Die Abfahrtszeiten können sich kurzfristig ändern; im Tourismusbüro von Funchal werden die aktuellen Busfahrpläne gegen eine geringe Gebühr verkauft.

Stadtbusse Funchal

- **Monte:** Linien 20/21/48
- **Palheiro Ferreiro:** Linien 33/36/37
- **Jardim Botânico:** Linien 29/30/31/31A
- **Pico dos Barcelos:** Linien 9/12/48
- **Badekomplex Lido:** Linie 6

Porto Santo

Auf Porto Santo kann man mindestens 3x täglich von Vila Baleira zu den anderen Orten fahren.

Taxi

Taxifahren ist auf Madeira und Porto Santo **nicht übermäßig kostspielig.** Man kann die Wagen anhalten, zu den Standplätzen gehen oder sie per Telefon bestellen. Es ist auch durchaus üblich, die Taxis für einen halben oder ganzen Tag zu mieten. In diesem Fall wird der Fahrpreis vorab ausgehandelt. Innerhalb Funchals wird mit Taxameter gefahren. Richtwerte für die gängigen Strecken außerhalb Funchals und auf Porto Santo gibt eine Liste vom Taxiverband an, die in jedem Wagen ausliegen muss.

Für einen halben Tag muss man mit etwa 60 € rechnen, für einen ganzen Tag mit etwa 100 €. Stadtfahrten bewegen sich um die 5 bis 9 €. An Wochenenden wird ein Zuschlag verlangt.

Taxiruf

- **24-Stunden Taxi-Service:** Tel. 291-764476
- **Calheta:** Tel. 291-822423
- **Camacha:** Tel. 291-922185
- **Câmara de Lobos:** Tel. 291-942407
- **Caniço:** Tel. 291-934640
- **Est. Câmara dos Lobos:** Tel. 291-945229
- **Funchal/Av. Arriaga:** Tel. 291-222500
- **Machico:** Tel. 291-962220
- **Porto Santo:** Tel. 291-982334
- **Ribeira Brava:** Tel. 291-952349
- **São Vicente:** Tel. 291-842238

Öffnungszeiten

- **Apotheken:** Mo–Fr 9–13, 15–17 Uhr, Sa 9–13 Uhr. Die Notdienste werden an den Apotheken angezeigt.
- **Banken:** Mo–Fr 8.30–11.45 und 13–14.45 Uhr.
- **Behörden:** Mo–Fr 8–12 und 13.30–16 Uhr.
- **Geschäfte:** Mo–Fr 9–13 und 14–19 Uhr, Sa 9–13 Uhr. Einige Supermärkte sind bis 22 Uhr und auch am Wochenende geöffnet.
- **Museen:** meist Mo–Fr 9–17 Uhr, mit einer Mittagspause.
- **Post:** Mo–Fr 9–12.30 und 14–17.30 Uhr, Sa 9–12.30 Uhr. Die Hauptpost in Funchal ist bis 20 Uhr geöffnet.
- **Tankstellen:** täglich 7–24 Uhr, kleinere auf dem Land bis 18 Uhr, Autobahntankstellen durchgehend.

▷ Am Mercado dos Lavradores in Funchal

Post

Postämter tragen den Schriftzug **„Correio“** und sind Mo–Fr 9–12.30 und 14.30–18.30 Uhr geöffnet. Das Hauptpostamt in Funchal ist Mo–Fr 8.30–20 Uhr zugänglich. Hier besteht auch die Möglichkeit zu telefonieren (bis 22 Uhr).

Das **Porto** für Briefe und Postkarten nach Mitteleuropa beträgt **68 Cent** (bis 20 g). Postlagernde Sendungen sind an alle Postämter möglich, Angabe: Name, Poste restante, Ort.

083ma sk

Reisezeit

Madeira und Porto Santo kann man dank des ausgeglichenen Klimas das ganze Jahr über bereisen. Im Sommer ist es jedoch in der Hauptstadt Funchal meist feucht-heiß und stickig. Die Bewohner flüchten in die Berge, um ein wenig Abkühlung zu finden – oder auf die Nachbarinsel Porto Santo, um ins Meer zu springen. Eines muss dem Besucher der Hauptinsel immer bewusst sein: Sie ist **keine Insel für Badeurlaub.** Der Himmel ist nur selten in seiner ganzen Weite strahlend blau, meist sind Wolken zu sehen, die immer wieder die Sonne bedecken und sie wieder frei geben. Nur ein paar Kilometer trennen Regengebiete vom Sonnenschein, und wer mobil ist und den Wetterbericht in der Tageszeitung liest, wird meist eine Stelle auf der Insel finden, an der er blauen Himmel sieht.

Regenreiche Nordküste

Eine deutliche Trennlinie liegt zwischen der Nord- und der Südküste der Insel. Da die Schlechtwetterfronten fast immer von Norden kommen und dort auch hängen bleiben, regnet es hier häufiger als im Süden. Stabiles, sonniges Wetter garantiert also nur die Südküste, während man das Inselinnere und den Norden meist nur in den Vormittagsstunden ohne Regenschutz genießen kann. Die **Wetterumschwünge** kommen schnell und unerwartet, deshalb sollte man vor Bergtouren stets den Rat der Einheimischen einholen und nur mit entsprechender Ausrüstung aufbrechen.

Milde Temperaturen

Im angenehmen Gegensatz zur Launenhaftigkeit des Wetters steht die Stabilität der Temperaturen. Mit **19 bis 24 °C** ist es auf Madeira das ganze Jahr über gleichmäßig warm, und die Nachttemperaturen sinken an der Küste selten unter 14 °C. In hohen Lagen wie auf dem Pico do Arieiro und dem Pico Ruivo kann es im Winter durchaus schneien. Auch in den Sommermonaten sollte man für Ausflüge in die Bergwelt einen warmen Pullover und eine Windjacke dabei haben.

Baden nur im Sommer

Da die Gewässer um Madeira sehr tief sind, kann sich das Meer nur schlecht erwärmen: Bei 14 °C wird kaum jemand in Versuchung kommen, im Februar im Atlantik zu schwimmen. Ab Juli hat das Wasser mit 20 bis 22 °C eine **angenehme Badetemperatur,** die bis in den Oktober hinein stabil bleibt. Anders sieht es auf Porto Santo aus: Das Meer am flachen Strand wird schneller warm und hält seine Badewannentemperatur meist von Mai bis November.

Hauptsaison

Im **Winter** überwiegen englische Touristen, die dem nasskalten Wetter auf ihrer Insel entfliehen, im **Sommer** sind die Bewohner der mittel- und südeuropäischen Länder die Zielgruppe des madeirensischen Tourismusverbandes. Aber auch die Portugiesen vom Festland zieht es in der warmen Jahreszeit auf die Blumeninsel. In Funchal ist dann wenig Betrieb. Die meisten Portugiesen sind auf dem Land oder zum Baden auf Porto Santo, so dass man gute Chancen hat, in einem der Hotels der Hauptstadt ein Zimmer zu bekommen.

Um **Weihnachten und Neujahr** ist Madeira ausgebucht, nicht nur wegen des Klimas. Das berühmte Feuerwerk von Funchal zu Silvester zieht internationales Publikum an.

Beste Reisezeit

Schön ist es auf Madeira besonders im **Frühling,** wenn alles in voller Blüte steht, oder im **Herbst,** wenn die Ernte eingefahren wird und ein Fest sich ans andere reiht. Ein Besuch Porto Santos ist zu dieser Zeit weniger interessant, die karge Insel bietet sich hauptsächlich zum Baden an.

▷ Die Fischer von Câmara de Lobos stechen in See

014ma sk

Sicherheit

Kriminalität spielt auf Madeira und Porto Santo keine nennenswerte Rolle. Die Kriminalitätsrate liegt eher unterhalb des mitteleuropäischen Niveaus. Außerhalb der Sommersaison, die den einen oder anderen Dieb auf die Insel spülen mag, gilt Madeira als sehr sicher. Gewaltkriminalität ist so gut wie unbekannt. Allerdings werden in Funchal immer häufiger Touristenautos aufgebrochen, auch in bewachten Tiefgaragen.

Da Gelegenheit aber Diebe macht, sollte man die **üblichen Vorsichtsmaßregeln** beachten. Geld und die Reisedokumente gehören nicht offen ins Hotelzimmer, sondern in den Safe (auf dem Zimmer oder an der Hotelrezeption). Das Gepäck und Wertgegenstände, wie z. B. Kameras, sollte man nicht unbeaufsichtigt lassen. An den Strand nimmt man besser nur so viel Geld mit, wie man ausgeben möchte. Wer mit dem Rucksack unterwegs ist, sollte immer ein Auge auf das Gepäck haben und es am Strand von einer Vertrauensperson bewachen lassen.

[>] Entspannung im luxuriösen Ambiente des Reid's Palace Hotel in Funchal

Sport und Aktivitäten

Ob man sich mit der Vergangenheit beschäftigen und die Museen, Kirchen und Festungen besuchen möchte oder ob man taucht, Tennis und Golf spielt, angelt oder segelt – für jeden Geschmack haben Madeira und Porto Santo etwas zu bieten. Umgeben von Wasser, bieten die Inseln eine Menge Wassersportmöglichkeiten, wobei Sonnenbaden und Schwimmen wegen der Wassertemperatur und der vornehmlich steilen Felsküste an letzter Stelle steht.

Baden

Baden ist an fast allen Orten möglich, entweder im offenen Meer oder in Meerwasserschwimmbecken und natürlich auch in den Pools der Hotels. Viele Hotels besitzen kleine Molen, die einen bequemen Zugang zum Wasser ermöglichen. Auf Madeira gibt es abgesehen von einigen künstlich aufgeschütteten „Beaches" praktisch keine nennenswerten Sandstrände, wohl aber Kies- und Steinstrände, die teilweise leicht zugänglich sind. Nur Porto Santo besitzt einen natürlichen Sandstrand, und dieser ist fast zehn Kilometer lang. Im Hochsommer ist er von den Madeirensern und „Festländern" gerne besucht und bietet die üblichen Möglichkeiten zu Strandaktivitäten.

Meerwasserschwimmbecken gibt es u. a. in Ribeira Brava, Ponta Delgada, Porto Moniz und Porto da Cruz. **Strän-**

016ma sk

de besitzen Caniçal, Caniço de Baixo (öffentliches Bad mit Becken), Garajau, Machico, Santa Cruz und São Vicente. In Funchal gibt es neben den Hotelmolen zwei **öffentliche Bäder** am Meer (Lido und Barreirinha) sowie ein beheiztes öffentliches Bad in der Stadt (Quinta Magnólia). Meist sind die Bäder am Meer überwacht; eine rote Fahne bedeutet, dass es wegen hohen Wellengangs nicht empfehlenswert ist, im Atlantik zu baden. Zur eigenen Sicherheit sollte man diese Warnung ernst nehmen!

Bootsfahrten

Bootsausflüge werden auf Madeira und Porto Santo auf modernen Segeljachten und auf einem Nachbau der Karavelle von *Christoph Kolumbus* angeboten. Die dreistündige Ausfahrt mit der Karavelle findet jeweils in der Frühe und am Nachmittag statt. Man kreuzt unter vollen Segeln vor der Küste bei Funchal, zurück geht es mit Motorkraft (um 30 €/ Person). Leser berichten, dass diese Fahrten mittlerweile eher unenthusiastisch durchgeführt werden.

■ **„Santa Maria de Colombo“,** Marina do Funchal, 9000 Funchal, Tel. 291-220327, Fax 220327, www.madeirapirateboat.com.

Mit der „Ribeira Brava“, einer traditionellen, 12 m langen *chavela,* einem Fischerboot, sticht das Unternehmen Lobosonda vom Yachthafen Calheta aus in See. Alternativ kann man auch eine Fahrt auf dem schnellen Schlauchboot „Stenella“ wählen. Auf dem Programm stehen Fahrten zur Delfin- und Walbeobachtung, Sonnuntergangsfahrten und Touren zu den Fischern, die um die Insel

Espadas angeln. Die Ausflüge kosten um 35 €, Kinder zahlen die Hälfte.

■ **„Ribeira Brava"** und **„Stenella",** Lobosonda, Caminho do Areeiro de Baixo nª 9, 9000-229 Funchal, Tel. 968-400980, www.whale-watching-madeira.com.

Segeln

Zur Auswahl stehen Halbtagesfahrten und mehrtägige Törns auf Booten verschiedener Größe, die auch als Gruppe zu mieten sind (immer jedoch mit Crew). Eine Halbtagesfahrt kostet um die 25 € pro Person. Gesichtet werden Delfine, Wale und Wasserschildkröten.

Auch organisierte Fahrten zu den unbewohnten **Ilhas Desertas** sind möglich, buchbar über Gavião (ca. 80 €/Pers.).

■ **Gavião Madeira,** Tel. 291-241124, Fax 772030, http://gaviaomadeira.blogspot.de.
■ **Catamaran Dolphin Watch,** Terras de Aventura, Tel. 291-708990, www.terrasdeaventura.com (auch Wasserski, Jetski, Kayak etc.).

Tauchen

Die Felsenküsten des Atlantiks sind ein **hochinteressantes Tauchrevier.** Nicht nur Fische und anderes Meeresgetier gibt es in großer Vielfalt zu sehen, auch Wracks kann man besichtigen. Mit dem Tauchboot fährt man hinaus zum Revier. Meist stehen die felsigen Abschnitte der Küste Madeiras oder Porto Santos auf dem Programm, aber auch ein Besuch der Ilhas Desertas wird angeboten. Über den deutschsprachigen Buchhandel sind Tauchführer zu beziehen.

Tauchen im Atlantik

Der Madeira-Archipel bietet dem Taucher aufgrund seines vulkanischen Ursprungs interessante und abwechslungsreiche Unterwasserlandschaften. In den Gewässern rund um die Inseln tummeln sich **ca. 550 Fischarten,** wobei der Makaronesen-Zackenbarsch neben etwa zehn anderen Flossenträgern nur hier sowie in den Gewässern der Azoren und Kanaren vorkommt. Großfischsichtungen, wie z. B. von Mantas, sind auf Madeira im Sommer zwar möglich, zählen aber zu den Erlebnissen, die wohl nur den wenigsten Tauchtouristen vergönnt sind. Mehr Glück hat man mit großen Zackenbarschen, Barrakudas, zahlreichen Rochen sowie wirbellosen Tieren wie Kraken, Riffhummern, Einsiedlerkrebsen und Borstenwürmern.

Wer Wandern mit **Unterwasser-Abenteuern** verbinden möchte, ist auf Madeira genau richtig. Tauchbasen gibt es in Funchal, Caniço de Baixo sowie Machico. Wer gerne unabhängig von fixen Bootsausfahrten an Hausriffen taucht, findet in Caniço de Baixo die geeignete Stelle: Die Tauchschule Atalaia bietet neben dem Canyon-Riff und zwei weiteren langgestreckten Felsspornen auch eine gut zu betauchende Unterwasserhöhle, die ca. 50 Meter lang ist. Daneben gibt es überall die Möglichkeit, vom Boot aus zu tauchen. **Schöne Unterwasser-Spots** sind Garajau, ein Naturschutzgebiet mit zahlreichen großen Zackenbarschen, Machico mit Schwarzen Korallen sowie die Wracks vor Funchal.

Wer nur zum Tauchen auf den Archipel kommt, den wird es wohl auf die Nachbarinsel **Porto Santo** ziehen. Die kleine Schwester Madeiras besitzt keine Flüsse, die den Atlantik trüben. Somit sind unter Wasser Sichtweiten bis 60 Meter möglich, wobei beeindruckende 40 Meter die Norm sind. Diese Transparenz steigert das Empfinden von Räumlichkeit bei den durch Lava bizarr geformten Riffen. Die Top-Spots wie Thunriff und Whale Rock beginnen erst 36 bis 37 Meter tief im Atlantik und garantieren zwar anspruchsvolle, aber unvergessliche Tauchgänge, die zum Besten in der Region zählen.

Wer nicht so viel Druck verspüren möchte, findet in geringerer Tiefe im Bereich zwischen 20 und 30 Metern Tauchplätze, die den zuvor genannten kaum nachstehen: das Barrakuda-Riff mit einer wunderbaren Unterwasserlandschaft aus Lavagestein; oder Baixa Cotrim, eine Felsinsel, die steil aus dem ebenen Sandgrund emporsteigt. Besiedelt werden diese Felsriffe von Gabeldorschen, Congeraalen und Muränen, ferner sieht man Drücker-, Lipp- und Kugelfische. Wer gern ein wenig aus der Seefahrergeschichte der Insel erfahren möchte, findet hier mit den Tauchplätzen „Ankerfriedhof" und „Kanonen", was er sucht.

Getaucht werden kann auf Madeira das ganze Jahr über, in Porto Santo von Anfang Mai bis Ende Oktober. Die Wassertemperaturen schwanken in den Sommermonaten zwischen 20 und 25 °C, im Winter ist der Atlantik mit 17 °C deutlich kälter.

Ein Tauchbericht vom Canyon-Riff vor Caniço de Baixo

Die Einstiegsstelle zum Hausriff befindet sich an einem aus Lavagestein bestehenden Sporn, der gestreckt in den Atlantik hinausragt. An der Felswand geht es senkrecht bis zum ca. sieben Meter tief gelegenen Meeresgrund hinunter, wo den Taucher gleich zahlreiche Meerbrassen begrüßen. Ein Torbogen im Gestein lässt uns durch den Lavasporn hindurchgleiten, und über große Felsblöcke hinweg gelangt man vorbei an Eidechsenfischen, Meerbarbenkönigen, Goldstriemen, Lippfischen, Seesternen und Seeigeln an den Riffabhang, der in ca. 20 Meter Tiefe in einen Sandboden übergeht.

Wir folgen der Linie zwischen Gestein und ebenem Sand. Ein Makaronesen-Zackenbarsch lässt sich nur ungern näher betrachten, er zieht es vor, sich in den Spalten und Höhlen der großen Lavabrocken zu verstecken. Schließlich knickt das Felsriff nach links ab. Das ist die Stelle, die uns *Jörg*, der Basisleiter der Tauchschule Atalaia, beschrieben hat. Behalten wir unseren bisherigen Kurs bei, müssten wir direkt auf das Canyon-Riff stoßen. Um Luft zu sparen tauchen wir auf nur etwa 15 Meter Tiefe über den Sandboden hinweg, die einzelnen Gruppen von Röhrenaalen helfen uns die Richtung auch ohne Kompass zu halten. Nach mehreren Minuten über unstrukturiertem Meeresgrund treffen wir schließlich auf das Canyon-Riff, das bis auf ca. 21 Meter Tiefe hinunterreicht. Die Sicht ist hier mit gut 20 Meter besser als zu Beginn des Tauchgangs. Ein Schwarm Bonitos kreuzt unseren Weg, bevor wir in einen der engen Canyons einbiegen.

(Harald Pittracher)

015ma sk

Anfänger können an Kursen teilnehmen und mit einer Lizenzprüfung abschließen, Lizenzhalter sich die Ausrüstung leihen. Wegen der relativ niedrigen Wassertemperatur ist ein warmer Tauchanzug unabdingbar. Das Logbuch, die Lizenz und ein ärztliches Attest sind mitzubringen. Besonders zu empfehlen sind die deutschsprachigen Atalaia Diving und das Manta Diving Center.

Tauchschulungen und Tauchexkursionen bieten an

- **Manta Diving Center,** deutschsprachig im Hotel Galomar, Caniço de Baixo, Tel. 291-935588, www.mantadiving.com.
- **Imersão Aventura e Desporto,** Marina do Funchal, 9000 Funchal, Tel. 291-234815, www.imersao.com.
- **Scorpio Diving School,** Lido 9000 Funchal, Tel. 291-766977.

■ **Tubarão Madeira Mergulho,** Hotel Pestana Palms 9050 Funchal, Mobil-Tel. 965-011126, www.scuba-madeira.com, Nitrox-Basis.
■ **Atalaia Scuba Diving,** Hotel Roca Mar, 9125 Caniço de Baixo, Tel. 291-934330, Fax 933011, www.atalaia-madeira.com (deutschsprachig).
■ **Madeira Divepoint,** Hotel Madeira Carlton, Largo Antonio Nobre, Funchal, Tel. 291-239579, www.madeiradivepoint.com.
■ **Madeira Oceano's,** Hotel Dom Pedro Baia, Mobil-Tel. 918-479922, www.madeiraoceanos.com.
■ **Porto Santo Sub,** Clube Naval, Tel. 291-983259, www.portosantosub.com, Nitrox-Basis.

Angeln

Für Hochseeangler bietet Madeira ideale Gewässer. **Big Game Fishing** nach Thunfisch, Schwertfisch und Haien ist rund um die Insel möglich. Die Ausrüstung wird gestellt, ein halber Tag kostet etwa 100 €. Wer nicht in einer Gruppe hinausfahren möchte, sondern das Boot für sich allein haben will, muss ein Mehrfaches dieses Preises bezahlen.

■ **Turipesca Game Fishing Center,** Marina do Funchal, Loja 18, 9000 Funchal, Tel. 291-231063, Fax 231061, www.madeirafishingcentre.com.

◁ Madeiras Gewässer sind ein reizvolles Tauchrevier

■ **Katerine B,** Captain Peter Bristow, Travessa das Virtudes 23, São Martinho, 9000 Funchal, Mobil-Tel. 917-599990, www.fishmadeira.com.

Für Rutenjagd auf **Forellen** im Ribeiro Frio erhält man eine Lizenz im Forsthaus von Ribeiro Frio. Die Ausrüstung muss mitgebracht werden.

Fahrradfahren

Nur konditionsstarken Radlern kann Radfahren auf Madeira empfohlen werden. Die Steigungen zehren an den Kräften und man braucht bei dem ständigen Auf und Ab sehr lange, um die nächste Ortschaft zu erreichen. Andererseits ist Madeira ein **Paradies für Mountainbiker,** die das Inselinnere auf den schmalen Pfaden entlang der Levadas, der Bewässerungskanäle, erkunden wollen. Und zu guter Letzt hat auch das **E-Bike** die Insel erreicht. Einen deutschsprachigen Verleih findet man in Funchal (siehe unten).

Möchte man sein eigenes Rad mitnehmen, sollte man dies frühzeitig bei der Fluggesellschaft anmelden. **Geführte Touren** bietet u. a. Terras de Aventura an. Für die **Miete** eines Mountainbikes muss man pro Tag ca. 20 € kalkulieren, im Preis enthalten sind Helm und Versicherung. Als Ausrüstung erhält man zusätzlich Reifenreparaturwerkzeug, Fahrradschloss und Karte.

„Normale" Fahrräder und Mountainbikes vermieten

■ **Madeira Bergziegen,** Station im *Four Views Oasis Hotel,* Reis Magos, Tel. 917-244446, www.madeira-bergziegen.de, Verleih von Rennrädern und MTBs, Organisation von Touren.

■ **Joyride,** Centro Comercial Olimpo (beim Casino Park Hotel), Funchal, Tel. 291-234906, www.madeiramotorbikes.com. Verleih von E-Bikes.
■ **Terras de Aventura,** Caminho do Amparo 25, 9000-248 Funchal, Tel. 291-708990, Fax 771018, www.terrasdeaventura.com.
■ **Moskito Drive,** Estr. Monumental 316, Hotel Alto Lido, Loja 4, Funchal, Tel. 291-765180, www.moskito-drive.com.

Geländewagenfahrten

Auf geführten Touren im Geländewagen erreicht man Orte, die einem mit dem eigenen Wagen verschlossen bleiben würden, nicht nur weil die Wege so schlecht sind, sondern auch, weil man sie wohl gar nicht erst finden würde. Auch hier ist *Terras de Aventura* mit guten Programmen empfehlenswert.

■ **Terras de Aventura,** Caminho do Amparo 25, 9000-248 Funchal, Tel. 291-708990, Fax 771018, www.terrasdeaventura.com.

Gleitschirmfliegen

Wer die Bergwelt von oben bestaunen möchte, kann sich auf das Abenteuer Gleitschirmfliegen einlassen. Wer keinen eigenen Schirm mitbringt, wird dem Piloten als Passagier vor den Bauch geschnallt und muss nichts anderes tun, als sich ruhig verhalten und die Landschaft genießen. Die Kosten betragen für einen ganztägigen Ausflug ca. 50 €, die Flugdauer ist witterungsabhängig (Aufwinde).

■ **Hartmut Peters,** Mobil-Tel. 964-133907, www.madeira-paragliding.com.

Golf

Madeira besitzt derzeit zwei Golfplätze: Palheiro Golf, außerhalb Funchals bei der Quinta do Palheiro, und Santo da Serra beim gleichnamigen Ort 30 Kilometer nordöstlich Funchals. Ein dritter Platz bei Ponta do Pargo war 2012 noch im Bau. Ein weiteres 18-Loch-Green gibt es auf Porto Santo. Die „Madeira Island Open" werden jährlich im Frühling auf dem Green von Santo da Serra ausgetragen. Auf allen Plätzen kann man Ausrüstung anmieten. Palheiro ist 6000 Meter lang und besitzt 18 Löcher. Er wurde 1993 von *Cabel Robinson* gestaltet. Santo da Serra wurde 1998 auf 27 Löcher erweitert.

■ **Balancal Palheiro Golf,** São Gonçalo, 9050 Funchal, Tel. 291-790350, Fax 794925, www.palheirogolf.com.
■ **Santo da Serra Golfclub,** Santo da Serra, Tel. 291-550100, Fax 550105, www.santodaserragolf.
■ **Porto Santo Golfe,** Sítio da Lapeira de Dentro, Tel. 291-983778, www.porto-santo.com.
■ **Ponta do Pargo Golf Resort,** www.pontadopargoresort.com.

Reiten

Mehrere Reitställe stehen auch Touristen offen. Wegen der aktuellen Öffnungszeiten nehme man direkt Kontakt auf.

■ **Associação Hípica da Madeira,** Quinta Vila Alpires, Caminho dos Prestos, Tel. 291-793249.
■ **Rancho Madeirense,** Santana, Pico Das Pedras, Tel. 291-570230.
■ **Quinta de São Jorge,** Santo da Serra, Tel. 291-552043.
■ **Centro Hípico do Porto Santo,** Sítio da Ponta, Porto Santo, Mobil-Tel. 967-671689.

Canyoning

Mit Canyoning und „Abseiling“ haben zwei neue Trendsportarten ihren Weg nach Madeira gefunden. Die tief eingeschnittenen Flussbetten sind dafür ein ideales Terrain. *Amilcar* organisiert das sportliche Abenteuer.

- **Ventura do Mar,** Marina de Funchal, Tel. 963-390796 oder 291-280033, www.venturadomar.com.

Birding

Für Vogelbeobachtung ist Madeira mit seiner vielfältigen Vogelwelt hervorragend geeignet. *Madeira Windbirds* organisiert Halbtages- und Tagestouren auf der Insel und Bootsausflüge zur Vogelbeobachtung auf die Selvagens.

- **Madeira Windbirds,** Tel. 291-098007, www.madeirabirds.com.

Walbeobachtung

Die Gewässer um Madeira sind ein beliebter Tummelplatz für unterschiedliche Walarten und Delfine, darunter Finn- und Killerwale. Zahlreiche Agenturen sind an der Uferpromenade Funchals mit Kiosken vertreten und bieten Bootsausflüge an (ca. 3 Std., 30 €/Person). Eine empfehlenswerte Adresse ist:

- **Bonita da Madeira,** Marina do Funchal, Tel. 291-762218, www.bonita-da-madeira.com.

Einige Tour-Veranstalter, die Delfin- und Walbeobachtungsfahrten organisieren, bieten ihren Gästen auch die Möglichkeit, begleitet von erfahrenen Guides **mit Delfinen zu schwimmen.**

- **Madeira Wind Birds,** Tel. 917-777441, www.madeirawindbirds.com. Start ist die Marina der Quinta do Lorde in Caniçal in der Nähe von Ponta de São Lourenço.
- **Rota dos cetaceos,** Marina Shopping, Av. Arriaga, 75, loja 230, Funchal, Tel. 291-280600, www.rota-dos-cetaceos.pt. Start von der Marina in Funchal.

Sonstiges

Eine **Joggingbahn** ist auf dem Gelände der Quinta Magnólia ausgewiesen. Fast jedes Hotel besitzt **Fitness-Studios,** und die meisten größeren Hotels verfügen über einen **Tennisplatz,** viele davon mit Flutlichtanlage. An der Rezeption kann man sich erkundigen, ob auch Nichtgäste den Platz benutzen dürfen. Ausrüstung wird meist vermietet.

Sprache

Die Sprache des Archipels ist **Portugiesisch.** Auf Madeira und Porto Santo kommt man in den touristischen Gegenden mit **Englisch** gut zurecht. Nur auf dem Land kann es manchmal schwierig sein, jemanden mit Fremdsprachenkenntnis zu finden. Dank der stetig wachsenden Zahl deutscher Urlauber wird in den Ferienzentren meist auch **Deutsch** verstanden bzw. gesprochen.

Das Portugiesisch des Archipels unterscheidet sich nicht von dem des Festlandes, die Aussprache ist etwas weicher und ähnelt dem Dialekt an der Algarve, von der viele Portugiesen nach Madeira ausgewandert sind. Im **Anhang** am Buchende findet sich eine kleine **Sprachhilfe** mit dem nötigsten Vokabular, darunter eine Liste mit Speisen und Getränken für den Restaurantbesuch.

Ein sehr praxisorientierter **Sprachführer Portugiesisch** ist im Reise Know-How Verlag in der Kauderwelsch-Reihe erschienen: „Portugiesisch – Wort für Wort" (Band 11). Dazu ist ein begleitender **AusspracheTrainer** auf Audio-CD erhältlich.

Sprachferien

Wer seinen Urlaub mit einem Sprachkurs verbinden möchte, hat mehrere Möglichkeiten, darunter:

- **Cambridge School,** Rua da Carreira 240, Funchal, Tel. 291-743718, www.cambridge.pt.
- **Centro de Estudos, Línguas e Formação do Funchal,** Rua Bela de São Tiago 20, Funchal, Tel. 291-222894, Fax 225429, www.e-self.net.

Telefonieren

Telefonzellen gibt es auf der ganzen Insel. Allerdings gibt es fast keine Münz-, sondern nur **Kartentelefone.** Telefonkarten erhält man bei der Telecom bzw. in Läden mit einem Telecom-Schild. Telefonieren kann man auch beim Hauptpostamt in Funchal (bis 22 Uhr).

Ohne Probleme sind von Madeira aus **R-Gespräche** möglich, bei denen das Konto des Angerufenen mit den Telefonkosten belastet wird. Man wählt die Nummer 800800490 (gebührenfrei) und wird automatisch zur Operator-Zentrale in Deutschland durchgestellt. Diese fragt bei der gewünschten Teilnehmernummer nach, ob sie die Kosten übernimmt. Zusätzlich zu den Verbindungsgebühren von ca. 50 Cent/Minute muss der Angerufene 3,99 € für den Service zahlen.

Der Normaltarif beim Telefonieren wird in Portugal von 8 bis 21 Uhr erhoben. **Billigtarifzeiten** sind 21 bis 8 Uhr und das Wochenende.

Die **nationale Auskunft** ist unter 118 zu erreichen, die **internationale Auskunft** unter 099. Mit dem **internationalen Operator** wird man unter der Nummer 098 verbunden. Wer **Telegramme** aufgeben will, wählt für Portugal 183, für das Ausland 182.

Achtung: Vorwahlen gibt es in Portugal nicht, sie sind in die Telefonnummer integriert. Auf Madeira wird deshalb sowohl bei Orts- als auch bei Ferngesprächen und bei Festnetz- und Mobilfunknummern keine „0" vorgewählt. Nur bei Auslandsgesprächen wird die übliche Landesvorwahl mit „00" vorgesetzt.

Telefon-Vorwahlen

- **Madeira:** 00351 (wie Portugal)
- **Portugal:** 00351
- **Deutschland:** 0049
- **Österreich:** 0043
- **Schweiz:** 0041

Handy

Das eigene Mobiltelefon lässt sich in Madeira problemlos nutzen. Nicht zu vergessen sind die **passiven Kosten,** wenn man von zu Hause angerufen wird (Mailbox abstellen!). Der Anrufer zahlt nur die Gebühr ins heimische Mobilnetz, die Rufweiterleitung ins Ausland zahlt der Empfänger. Preiswerter ist es, sich auf SMS zu beschränken.

Der Versand und Empfang von Bildern per MMS ist relativ teuer. Die Einwahl ins Internet über das Mobiltelefon ist noch kostspieliger. Alternative sind die öffentlichen WiFi-Zonen, die es in praktisch jeder Stadt, in Funchal sogar an fast jeder Ecke gibt. Sie erlauben die problemlose Einwahl (Liste der Hotspots auf www.wifi-madeira.com).

Unterkunft

Auf Madeira und Porto Santo gibt es eine ganze Palette von Unterkunftsmöglichkeiten, vom Fremdenzimmer über das Ferienapartment bis zum Luxushotel der Kette „Leading Hotels of the World". Die offizielle **Beherbergungsbroschüre** des Tourismusbüros weist für die Inseln sämtliche Unterkünfte (mit Klassifizierung) aus, die sich für den Führer angemeldet haben.

Außer um Weihnachten/Silvester dürfte es keine Probleme geben, in Funchal ein Zimmer zu bekommen, wenn man bereit ist, notfalls auch in der Stadt oder ein Stück vom Meer entfernt zu wohnen. In der Nebensaison (Frühjahr,

Große Hotels haben zumeist ihre eigenen Badeanlagen – in die Felsen gebaute Meeresschwimmbecken mit zusätzlichem Pool

017ma sk

Herbst) kann man sogar über den Zimmerpreis verhandeln. Schwieriger ist es in den anderen Inselteilen, da es nach wie vor nur wenige Betten gibt und einige Hotels sehr begehrt sind (z. B. Quinta do Furão in Santana). Es lohnt sich aber, vor Ort nachzufragen – meist bleibt doch das eine oder andere Zimmer unbesetzt.

Klassifizierung

Die Einteilung der Unterkünfte ist verwirrend. Die Hotels tragen einen bis fünf Sterne. Die Apartments unterteilt man in Apartments und Tourist Apartments. Des Weiteren finden sich Estalagem, Moradia turistica und Turismo Espaço Rural in den Unterkunftsverzeichnissen, und um die Verwirrung zu komplettieren, gibt es auf Madeira noch die Kategorie Tourist Village, die von einem einzigen Hotel ausgefüllt wird. Hinzu kommen noch Tourist Developments (ein Rundhüttendorf), Inns (ohne weitere Klassifizierung), Pousadas (einfache Berghütten) und schließlich Quality Inns und Manor Houses. Kein Mensch weiß – auch auf Madeira nicht –, was diese Unterscheidungen bedeuten.

Der Einfachheit halber wird im Folgenden unterschieden zwischen Hotels (unter die Hotels und *quintas* fallen), Pensionen *(estalagem, residencial, habitação, pensão)* sowie Apartment-Hotels und Ferienwohnungen.

Preise

Die Unterkunftspreise auf Madeira sind verglichen mit den Lebenshaltungskosten sehr hoch. Hotels der Luxusklasse berechnen für eine Person im DZ mit Frühstück 60–100 €, jene der Mittelklasse 20–60 €, die einfacheren Häuser ab 20 €. Apartments kann man je nach Standard und Größe ab etwa 60 € mieten, in Pensionen sollte man mit 25 € rechnen. Häufig ist es günstiger, eine Pauschalreise (Flug und Hotel) zu buchen und dann bei Ausflügen gegebenenfalls auf die eine oder andere Übernachtung im Hotel zu verzichten und in einer Pension abzusteigen.

Hotelpreise

Die Kategorien entsprechen in etwa den folgenden Preisen **pro Person im Doppelzimmer** mit Frühstück:

*	ca. 20–30 €
**	ca. 30–40 €
***	ca. 40–50 €
****	ca. 50–60 €
*****	über 60 €

Hotels

Hotels bieten entsprechend ihrer Klasse die notwendigen Annehmlichkeiten für einen schönen Urlaub. **Quintas** sind ehemalige Herrenhäuser, die zu Hotels umgebaut und erweitert wurden und zwischen 10 und 70 Zimmer besitzen.

Pensionen

Pensionen besitzen zwischen 10 und 40 Zimmern, teilweise ist der Übergang zu

Quintas da Madeira

Die Quintas da Madeira sind ein Zusammenschluss von acht Hotels der Vier- und Fünf-Sterne-Kategorie, die eines gemeinsam haben: sie entstanden in und um **alte Herrenhäuser** herum, besitzen einen **wunderschönen Garten** und bieten nicht zuletzt wegen ihrer **geringen Zimmerzahl** einen **sehr persönlichen Service.** In den **Restaurants** wird ausgezeichnet gekocht. Sie stehen auch Gästen von außerhalb zur Verfügung. Die Zimmer sind mit viel Geschmack, großzügig bis luxuriös und mit allen Annehmlichkeiten ausgestattet. Wer also den großen Hotelburgen entfliehen möchte, liegt hier genau richtig – das Preis-Leistungsverhältnis ist ausgezeichnet. Da man im Hotel nicht von einem anonymen Management, sondern meist von den Besitzern selbst empfangen wird, fühlt man sich fast als Gast der Familie.

In **Funchal** befindet sich die *Quinta Jardins do Lago* inmitten eines Parks 10 Fußminuten vom Zentrum, die Quinta *Casa Velha do Palheiro* liegt beim Golfplatz im Grünen. *Quintinha de São João, Quinta da Casa Branca* und *Quinta da Bela Vista* sind nahe der Hotelzone angesiedelt, bieten aber dennoch wunderschöne Gärten mit himmlischer Ruhe. Bei **Ponta do Sol** steht die *Quinta da Rochinha* exklusiv hoch oben auf einem Felsen über dem Dorf, die *Quinta Albatroz Beach & Yacht Club* am Meer östlich Funchal bei **Santa Cruz** brilliert mit zwei riesigen Meerwasserschwimmbecken und Ozeanpanorama. Die *Quinta do Furão* bei **Santana** inmitten von Weinreben erschließt die nordöstliche Insel mit ihren Wandermöglichkeiten.

- **www.quintas-madeira.com**
- **Quinta Jardins do Lago*****, Funchal (siehe Seite 37)
- **Casa Velha do Palheiro*****, Funchal (siehe Seite 55)
- **Quintinha de São João*****, Funchal (siehe Seite 38)
- **Quinta da Casa Branca*****, Funchal (siehe Seite 38)
- **Quinta da Bela Vista*****, Funchal (siehe Seite 38)
- **Quinta da Rochinha****, Ponta do Sol (siehe Seite 81)
- **Quinta Albatroz Beach & Yacht Club** *****, Santa Cruz (siehe Seite 155)
- **Quinta do Furão****, Santana (siehe Seite 130)

Hotels fließend. Die Ausstattung ist eher zweckmäßig, und der Hauptunterschied liegt im Serviceangebot. **Manor Houses** und **Rural Tourism** besitzen zwischen drei und zehn Zimmern.

Ferienwohnungen

Ferienwohnungen gibt es in unterschiedlicher Größe und Ausstattung. Alle sind komplett eingerichtet und besitzen eine Küche zur Selbstversorgung. Einige haben zusätzliche Angebote wie Restaurant oder Pool.

Pousadas sind nicht zu verwechseln mit den staatlichen Hotels in Spanien. Auf Madeira handelt es sich um große Berghütten wie bei der Serra d'Água.

Camping

Es gibt nur **einen offiziellen Zeltplatz** auf Madeira. Er befindet sich in Ribeira da Janela. Allerdings kann man in Ab-

sprache mit der Administration an vielen Stellen in den Naturschutzgebieten sein Lager errichten. Voraussetzung ist die Voranmeldung bei der Forstverwaltung, an einigen Stellen kann man auch vor Ort fragen (z. B. in Ribeiro Frio). Meist ist ein Wasseranschluss zu nutzen, manchmal auch eine Toilette. Anfragen für Camping in den Naturschutzgebieten bearbeitet das Tourismusbüro in Funchal. Ein weiterer offizieller Zeltplatz befindet sich auf **Porto Santo** am Sandstrand.

Mit Genehmigung darf man im Nationalpark zelten

Versicherungen

Informationen zur Krankenversicherung finden sich im Kapitel „Gesundheit".

Egal welche weiteren Versicherungen man eventuell abschließt, hier ein **Tipp:** Für alle abgeschlossenen Versicherungen sollte man die Notfallnummern notieren und mit der Policenummer gut aufheben! Bei Eintreten eines Notfalles sollte die Versicherungsgesellschaft unverzüglich telefonisch verständigt werden!

Ob es sich lohnt, weitere Versicherungen abzuschließen wie eine Reiserücktrittsversicherung, Reisegepäckversicherung, Reisehaftpflichtversicherung oder Reiseunfallversicherung, ist individuell abzuklären. Aber gerade diese Versicherungen **enthalten viele Klauseln,** sodass sie nicht immer Sinn machen.

Die **Reiserücktrittsversicherung** für 35–80 € lohnt sich bei teureren Reisen und z. B. teureren Flugtickets mit einem fixen Termin, die man nicht umbuchen kann. Die Reiserücktrittsversicherung zahlt für den Fall, dass der Versicherte, ein Angehöriger oder ein Mitreisender vor der Abreise einen schweren Unfall hat, schwer erkrankt, verstirbt oder schwanger wird. Sie zahlt in der Regel auch, wenn man gekündigt wird oder nach Arbeitslosigkeit endlich einen neuen Arbeitsplatz bekommt, das Eigentum des Versicherten durch einen Brand oder Einbruch verwüstet wird u. Ä. Nicht gelten in der Regel Terroranschläge, Streik, Naturkatastrophen, Unruhen, Krieg etc., in diesen Fällen zahlt die Versicherung des Reiseveranstalters.

Die Reisegepäckversicherung **lohnt sich seltener,** da teilweise nur der Zeitwert nach Vorlage der Rechnung ersetzt wird. Wurde eine Wertsache nicht im Safe aufbewahrt, gibt es bei Diebstahl auch keinen Ersatz. Kameraausrüstung und Laptop dürfen beim Flug nicht als Gepäck aufgegeben worden sein. Gepäck im unbeaufsichtigt abgestellten Fahrzeug ist ebenfalls nicht versichert. Die Liste ist endlos ... Überdies deckt häufig auch die Hausratsversicherung schon Einbruch, Raub und Beschädigung von Eigentum im Ausland.

Eine Privathaftpflichtversicherung hat man in der Regel schon. Bei der Unfallversicherung sollte man prüfen, ob diese im Falle plötzlicher Arbeitsunfähigkeit aufgrund eines Unfalls im Urlaub zahlt. Auch durch manche **Kreditkarten** oder **Automobilclubmitgliedschaft** ist man für bestimmte Fälle schon versichert. Die Versicherung über die Kreditkarte gilt jedoch immer nur für den Karteninhaber!

Veranstalter: Pleite!

Wer eine Rundreise oder eine Pauschalreise bucht, sollte sich idealerweise vergewissern, ob der Veranstalter **gegen Zahlungsunfähigkeit oder Insolvenz** versichert ist – das gilt vor allem für eher kleine Veranstalter oder Billigveranstalter. Denn nur wenn diese versichert sind, bekommt man die gezahlten Beträge und gegebenenfalls anfallenden Rückflugkosten von der Versicherung des Veranstalters im Pleitefall zurückerstattet. Als Nachweis dient der so genannte **Sicherungsschein,** den man spätestens bei der ersten (An-)Zahlung vom Veranstalter bzw. Reisebüro ausgehändigt bekommen sollte.

Bei den deutschen Verbraucherzentralen kann man für 4,90 € die **Broschüre „Recht auf Reisen“** erwerben, die im Fall von Ärger mit Veranstaltern weiterhilft (www.verbraucherzentrale.info).

Wandern

Hinter den an der Küste mal sanft, mal steil vom Meeresniveau auf über 1800 m Höhe emporstrebenden Hängen verbirgt

Ausgesetzter Weg

Ein ausgesetzter Weg ist ein schmaler Steig an dem es auf mindestens einer Seite steil und weit nach unten geht, sodass sich bei ungeübten Wanderern Schwindelgefühle einstellen können. Geht es auf beiden Seiten steil nach unten, spricht man von einem Grat.

sich das Wanderparadies Madeiras. Es ist häufig verhüllt von Wolkenbänken, die Ausflügler von der Küste nicht abschrecken sollten, denn oft erreicht man nach einer kurzen Fahrtstrecke die Wolkengrenze und steht in strahlendem Sonnenschein. Einige sehr bequeme und **leichte Wandertouren,** aber auch **anstrengende Exkursionen** lassen sich in der Gebirgswelt unternehmen. Jeder, ob Familien mit Kindern oder erfahrene Alpinisten, wird eine Strecke finden, die seiner Leistungsfähigkeit entspricht. Und am Ende der Tour kann man sich in gemütlichen Restaurants erholen und den einfachen madeirensischen Gerichten zusprechen, die in der kühlen, aromatischen Waldluft noch besser schmecken als an der Küste.

Levadas

Hunderte von Wanderwegen führen durch das Inselinnere oder an der Küste entlang. Die alten Wege wurden an den **Wasserrinnen** – *levadas* genannt – entlang gebaut und dienten zur Wartung des Bewässerungssystems. Die Bauern benutzten sie, um die Wasserrinnen zu reinigen oder um das kostbare Nass zu einem anderen Feld umzuleiten. Heute dient das Netz der Levadas Touristen als Wanderwege-Markierung. Es gibt bekanntere Touren, wie die zu den 25 Fontes (Quellen), aber auch unbekannte und wenig begangene Routen, auf denen man mit sich und der Natur allein ist.

Markierte Routen

Im **Hochgebirge,** oberhalb der Levadas, sind Routen ausgewiesen und teilweise markiert. Auch weniger geübte Wanderer können sie begehen, sofern sie eine einigermaßen gute Kondition besitzen, da die Luft über 1500 Meter schon merklich dünner wird. Ein Höhepunkt ist der Anstieg auf den höchsten Gipfel von Madeira, den Pico Ruivo mit 1862 Metern, entweder von Norden aus oder von Süden über den Pico do Ariero (1818 m) und den Pico das Torres (1851 m). Eine Wanderung auf die wüstenhafte Halbinsel im Osten zur Ponta de São Lourenço ist ebenfalls ein Erlebnis.

Geführte Touren

Ob man auf eigene Faust losgeht oder an einer geführten Tour teilnimmt, bleibt jedem selbst überlassen. Geführte Touren haben den Vorteil, dass die sachkundige Unterweisung den Teilnehmern die Natur auf eine Art nahe bringt, wie sie sie allein nicht erfahren würden. Nachteil ist, dass man sich nach dem Ungeübtesten in der Gruppe und nach den Wünschen aller richten muss.

Geführte Wanderungen unternehmen u. a.

- **Hotel Jardim Atlântico** (deutschsprachig), Lombo da Rocha, 9370 Prazeres, Tel. 291-820220, Fax 820221.
- **Terras de Aventura,** Caminho do Amparo 25, 9000-248 Funchal, Tel. 291-708990, Fax 771018, www.terrasdeaventura.com.
- **M.J. Turismo,** Centro Comercia Centro Mar, Loja 16, Rua Porta da Cruz, Funchal, Tel. 291-741422, www.madeiramjtours.com.

Achtung: wandernde Wege

Ein Hinweis zu den in diesem Buch beschriebenen Wanderungen: Durch **Erd- und Geröllrutsche** kann sich der Wegverlauf ändern. Auch die auf Madeira recht rege Bautätigkeit sorgt zuweilen dafür, dass sich der Wanderer plötzlich nicht in idyllischer Natur, sondern auf einer Baustelle oder einer wilden Müllhalde wiederfindet. Für Hinweise und Korrekturen sind die Autoren stets dankbar!

Wanderausrüstung

Wer Wanderungen unternimmt, sollte feste Hosen sowie **Bergschuhe** mit einer Sohle tragen, die auch auf schlüpfrigem Untergrund gut greift. Neben der wandergerechten Kleidung (auch einem warmen Pullover) benötigt man einen Tagesrucksack, eine Wasserflasche, einen **Regenumhang** (z. B. ein Poncho, der sich klein falten lässt und auch den Rucksack abdeckt) und vielleicht eine verschließbare Dose für den Imbiss. Ist der Rucksack nicht wasserdicht, schützt eine Plastiktüte die Kamera vor Nässe. Im Sommer benötigt man **Sonnenbrille und Kopfbedeckung,** insbesondere wenn man weit hinauf steigt. In großen Höhen wird die Sonneneinstrahlung ausgesprochen intensiv, und Wanderer sind gut beraten, außer Sonnenbrille und Hut auch Sunblocker und Lippenschutz in der Ausrüstung zu haben. Darüber hinaus gehört in den Rucksack ein kleiner **Verbandskasten** mit Mullbinde, Pflaster, etwas, um Blasen abzupolstern und eine elastische Binde, falls man sich den Fuß verstauchen sollte.

Eine **Taschenlampe** ist notwendig für die Levada-Tunnel, sofern man nicht blind durchs Geröll stapfen und sich den Kopf stoßen will. Nur wer wirklich weit abseits der ausgetretenen Pfade marschiert, nimmt einen Spiegel oder eine Trillerpfeife zur Signalgebung in Bergnot mit. Auch Kompass, Fernglas und gutes Kartenmaterial mit Höhenlinien sind dann vonnöten.

Wanderkarten

Eine sehr gute Wanderkarte ist bei Kompass erschienen (1:50.000). Im Maßstab 1:40.000 wird die ebenfalls sehr brauchbare Karte Madeira Tour & Trail (www.dwgwalking.co.uk) verlegt.

Wanderzeiten

Die in den Wanderführern angegebenen Gehzeiten orientieren sich nach unserer Erfahrung meist an gemächlich schreitenden Spaziergängern. Die Wanderzeit **lässt sich bei zügigem Schritt teils mühelos halbieren.** Dennoch sollte man wegen der Unwägbarkeiten immer Luft lassen. Ein Erdrutsch kann schon mal den Weg verlegt haben oder nach starken Regenfällen könnten die Levada-Tunnels geflutet sein.

Wanderführer

Es gibt zahlreiche Wanderführer über Madeira, darunter auf deutsch:

- **Wandern auf Madeira,** Harald Pittracher, DuMont aktiv, Köln 2008. Mit 35 Wanderungen, guten Karten und Höhenprofilen.
- **Madeira,** Rolf Goetz, Rother Wanderführer, München 2012. 50 Touren unterschiedlichen Schwierigkeitsgrades.

Zeitschriften und Zeitungen

Fast alle großen deutschen Tageszeitungen und Wochenzeitschriften sind auf Madeira an Kiosken, im Buchhandel und in Hotels erhältlich. Sie erreichen die Insel meist mit einem Tag Verspätung. Für die Tagesplanung ist die größte Inselzeitung **„Diário de Notícias – Madeira“** mit ihrem ausgearbeiteten Wetterbericht hilfreich. Sie ist weitgehend auch für Leser zu verstehen, die des Portugiesischen nicht mächtig sind.

Zeitverschiebung

Auf Madeira gilt die **Westeuropäische Zeit** (WEZ). Sie liegt eine Stunde vor der Mitteleuropäischen Zeit (MEZ). Da auch auf Madeira eine Sommerzeitumstellung stattfindet, muss man von der MEZ grundsätzlich eine Stunde abziehen, das heißt 12 Uhr in Deutschland entspricht 11 Uhr auf Madeira.

Zollbestimmungen

Für EU-Bürger gelten keinerlei Einfuhrbeschränkungen, insbesondere nach Wegfall der Einkaufsmöglichkeit in Duty-Free-Läden. Dennoch dürfen die EU-Europäer nicht unbegrenzt Zigaretten, Schnaps und andere Waren mitnehmen. Reisende dürfen Waren aus der EU zum persönlichen Gebrauch oder als Geschenk steuerfrei mitnehmen, die Mehrwertsteuer wird innerhalb der EU nur einmal im Kaufland erhoben. **Bei Überschreiten** der nachfolgenden Mengen an steuerpflichtigen Waren muss nachgewiesen werden, dass keine gewerbliche Verwendung beabsichtigt ist:

- **Alkohol:** 90 Liter Wein (davon höchstens 60 Liter Schaumwein), 110 Liter Bier, 10 Liter Spirituosen über 22 Vol.-% und 20 Liter unter 22 Vol.-%.
- **Tabakwaren:** 800 Zigaretten, 400 Zigarillos, 200 Zigarren, 1 kg Tabak
- **Anderes:** 10 kg Kaffee, 20 Liter Kraftstoff in einem Benzinkanister

[>] Madeirensische Decken mit bunten Webmustern werden vielerorts verkauft

054ma sk

Waren, die zu **gewerblichen Zwecken** verwendet werden, müssen grundsätzlich beim Finanzamt zur Umsatzsteuer angemeldet werden und, sofern sie der Verbrauchssteuer unterliegen, auch beim Hauptzollamt.

Darüber hinaus gelten in allen EU-Mitgliedstaaten weiterhin **nationale Ein-, Aus- oder Durchfuhrbeschränkungen,** z. B. für Tiere, Waffen, starke Medikamente etc. **Nähere Informationen:**

- **Deutschland:** www.zoll.de oder beim Zoll-Infocenter, Tel. 0800-80075452
- **Österreich:** www.bmf.gv.at oder beim Zollamt Villach, Tel. 01-51433564053
- **Schweiz:** www.zoll.admin.ch oder bei der Zollkreisdirektion in Basel, Tel. 061-2871111

Schweizer können bei Rückeinreise in die Schweiz pro Tag und Person folgende Mengen zollfrei einführen:

- **Alkohol:** 2 Liter bis 15 Vol.-% und 1 Liter über 15 Vol.-%.
- **Tabakwaren:** 200 Zigaretten oder 50 Zigarren oder 250 g Pfeifentabak
- **Anderes:** neuangeschaffte Waren für den Privatgebrauch (ausgenommen Lebensmittel) bis zu einem Gesamtwert von 300 SFr.

Weitere Details über **Einfuhrverbote und -einschränkungen** erhält man beim oben genannten schweizerischen Zollamt.

020ma sk

7 Landschaft und Natur

Weinreben gedeihen im Umfeld von Santana an der Nordküste

Geografie

Der **Archipélago da Madeira,** zu dem neben der Hauptinsel Madeira die kleinere Insel **Porto Santo** sowie die unbewohnten **Selvagens-** und **Desertas-Inseln** gehören, liegt 545 Kilometer von der Westküste Afrikas und knapp 1000 Kilometer von Portugal entfernt im Atlantischen Ozean. Entstanden ist der Archipel als Folge **vulkanischer Tätigkeit,** die vor etwa 20 Millionen Jahren unterseeisch ihren Anfang nahm und allmählich die Inseln aufbaute. Etwa 1,7 Millionen Jahre ist es her, dass dieser Prozess zum Stillstand kam. Heute gelten Madeiras Vulkane als erloschen, die Kräfte der Erosion haben das weiche Tuffgestein der vulkanischen Aschen abgetragen und die Basaltschlote zu **zerklüfteten Bergspitzen** geformt.

Das steile Relief Madeiras setzt sich unter dem Meeresspiegel fort, bis zu 5000 Meter hoch ist die Hauptinsel vom Meeresgrund aus gesehen. Über dem Meer erreicht sie mit dem 1862 Meter hohen **Pico Ruivo** ihre höchste Erhebung.

Mit 741 Quadratkilometern Fläche ist Madeira das größte Eiland des Archipels, gefolgt von Porto Santo (42,5 km²). Selvagens und Desertas bestehen aus mittleren und kleinen Felsklippen und -inseln, die bis zu 400 Meter hoch aus dem Meer ragen.

022ma sk

▷ Der neun Kilometer lange Sandstrand von Porto Santo ist das touristische Kapital der Nachbarinsel

Die Hauptinsel

„Blumentopf im Atlantik“ wird Madeira oft genannt, und diese Bezeichnung hat die Insel nicht nur ihrer **legendären Blütenfülle,** sondern auch ihrer Form zu verdanken. Als ein ellipsenförmiger Klotz, dessen „Seitenwände“ kühn und steil aus dem Meer herauswachsen und im Inselzentrum mehrere bizarr erodierte Gipfel bilden – so erscheint Madeira dem Reisenden, der vom Flugzeugfenster aus den ersten Blick auf die Insel wirft. Links und rechts der **gebirgigen Inselmitte** fällt das Gelände zu zwei

Hochebenen ab, die den schroffen, unzugänglichen Eindruck mildern: Westlich liegt die große **Paúl da Serra,** östlich davon und wesentlich kleiner die **Santo da Serra.**

Wie die Rückenzacken eines schlafenden Drachen wirkt die nach Norden schwingende, felsige Silhouette der Halbinsel **Ponta de São Lourenço,** in deren „Kielwasser" die Desertas liegen. Die Zivilisation konnte dieser unzugänglichen Landschaft nur wenig Raum entreißen – auch dies wird aus der Luft betrachtet besonders deutlich. Die große halbkreisförmige Bucht von Funchal und kleinere geschützte Stellen liegen entlang der Südküste, während der Norden kaum erschlossen ist.

Die Ribeiras

Noch ein weiteres für Madeira typisches und für seine Wirtschaft außerordentlich wichtiges Phänomen erschließt das Luftbild: tiefe Schründe, die von der Gebirgsregion zu den Küsten hinunterstreben. Es sind die *ribeiras,* **Flüsse,** die in den regenreichen Höhenlagen ihren Anfang nehmen und sich vor allem zur

Nord-, aber auch zur Südküste hin ihren Weg durch das weiche Tuffgestein bahnen. In den Jahrmillionen ihrer Erosionsarbeit wurden so **tiefe Schluchten** geschaffen, die sich an der Küste zu breiten Tälern öffnen. Die Mündungen der *ribeiras* sind deshalb die wichtigsten Siedlungsräume Madeiras und natürlich wird hier, wo die Hänge flacher und weiter werden, intensiv Landwirtschaft betrieben.

Porto Santo

Schärfer könnte der Kontrast zwischen zwei Schwestern nicht sein. Im Gegensatz zur gebirgigen und tiefgrünen Hauptinsel wirkt Porto Santo, 43 Kilometer nordöstlich von Madeira, wie ein Aschenputtel. Etwa elf Kilometer lang, sechs Kilometer breit und mit dem nur 517 Meter hohen Pico Facho gekrönt, ist Porto Santo nicht nur wesentlich kleiner, es ist zudem **wasserarm und wüst** wie der Planet Tatooine aus dem „Krieg der Sterne". Dass die etwa 5000 Porto-Santesen dennoch mit einer gehörigen Portion Selbstbewusstsein der grünen Konkurrentin trotzen, liegt an dem **neun Kilometer langen Sandstrand,** der Porto Santos Südküste säumt. Die Madeirenser können diese Gabe der Natur nur neidvoll bewundern, hat die Blumeninsel doch wegen der Felsküste kaum „natürliche" Bademöglichkeiten zu bieten.

Dass Porto Santo so trocken ist, hat seine Ursache in der flachen Oberflächengestalt. Die von Passatwinden herangetriebenen, wassergesättigten Wolkenmassen sausen einfach über die Insel hinweg und bleiben an Madeiras Knapp-Zweitausendern hängen. Dort regnet es im Überfluss, während die kleine Nachbarinsel vom Wettergott eher stiefväterlich behandelt wird. Landwirtschaft ist unter solchen Bedingungen ein mühsames Unterfangen; etwas Vieh weidet das magere Gras ab, und wären da nicht der NATO-Stützpunkt und der Tourismus, Porto Santo wäre heutzutage wohl weitgehend verlassen.

Desertas

Etwa 20 Kilometer südöstlich von Madeira liegen die als zuverlässige Schlechtwetterboten gefürchteten Desertas-Inseln **Chão, Deserta Grande** und **Bugio.** Mit einem Kilometer Breite und zwölf Kilometern Länge ist Deserta Grande die größte und mit 479 Metern Höhe auch die höchste der drei „Verlassenen". Von Funchal aus sind sie normalerweise nur schemenhaft zu erkennen. Erscheinen sie aber deutlich umrissen, bedeutet dies, dass ein Wetterumschwung zum Schlechten bevorsteht. Die drei Inseln empfangen ähnlich wie die Halbinsel Punta de São Lourenço kaum Regen und wurden deshalb nie landwirtschaftlich genutzt. Heute stehen sie als **Rückzugsgebiet der Mönchsrobben** unter Naturschutz (siehe auch „Ausflug zu den Ilhas Desertas" im Kapitel „Der Südosten: Caniço").

⊡ Die Nordostküste Madeiras bei Santana

021ma sk

Selvagens

Fast 300 Kilometer liegen die Selvagens-Inseln, die verwaltungstechnisch zur Autonomen Region Madeira gehören, von der Hauptinsel entfernt. Doch liegen die insgesamt knapp vier Quadratkilometer großen, eine Kette von Felszacken bildenden Eilande näher zu den Kanarischen Inseln. Der portugiesische Territorialanspruch auf die unbewohnten und heute zum **Vogelschutzgebiet** erklärten Inseln liegt wohl darin begründet, dass sie Portugals Seehoheit wesentlich nach Süden erweitern. Auf Selvagen Grande soll übrigens ein legendärer Piratenschatz vergraben sein. Doch obwohl die Insel nicht groß ist, wurde er bis heute nicht gefunden.

Klima

Madeira liegt mitten im Atlantik, etwa auf der Höhe von Casablanca in Marokko. Der Ozean sorgt mit seinem Temperaturausgleich für ein mildes und angenehmes Klima, das **keine Extreme** kennt. Im Sommerhalbjahr sorgen die von den Azoren kommende Meeresströmung und der Nord-Ost-Passat für Abkühlung, so dass es trotz der südlichen Lage nie richtig heiß wird.

Mit einer „Insel des ewigen Frühlings" assoziiert wohl jeder Mitteleuropäer auch ewigen Sonnenschein. Im Falle Madeiras ist dies jedoch nicht ganz richtig. Die Insel ist das ganze Jahr über einem recht **wechselhaften Wettergeschehen** ausgesetzt, das neben Sonne immer wieder Tiefdruckgebiete über Madeira treibt. Deshalb sollten Reisende zu jeder Jahreszeit mit plötzlichen Umschwüngen rechnen und auf ein paar feuchte Tage eingestellt sein. Schließlich sorgen die Regenfälle dafür, dass Madeira sich in immer neue duftende, bunte Blütenkleider hüllen kann (siehe auch Kapitel „Praktische Reisetipps: Reisezeit").

Passatwinde

Im Zusammenspiel mit der Madeira durchziehenden hohen Bergkette führt der Passat zu einem weiteren Phänomen. Der **feuchte Wind** staut sich an der Nordseite der Insel zu Wolken und regnet dort stärker ab als auf der dem Wind abgewandten Südseite. An vielen Tagen im Jahr herrscht morgens in Funchal strahlend blauer Himmel. Bis Mittag kommen die **Wolkenbänke** zusehends über die Berge, bis sie schließlich Monte einhüllen. Dann fällt dort häufig leichter Nieselregen, während in Funchal noch ab und an die Sonne blitzt. Der feuchte Passat ist die Ursache für Madeiras Pflanzenreichtum, da die Niederschläge das ganze Jahr über verhältnismäßig hoch sind.

Porto Santo ist dagegen eine **wüstenhafte Insel.** Zwar fällt auch hier relativ viel Regen, durch Abholzung über die Jahrhunderte hat der Boden aber die Fähigkeit verloren, Feuchtigkeit zu speichern, und das Wasser läuft ungenutzt ins Meer oder muss in Becken gesammelt werden.

Klimazonen

Auf Madeira werden zwei Hauptklimazonen unterschieden, die Nordseite mit

Klimatabelle

Lufttemperaturen in °C

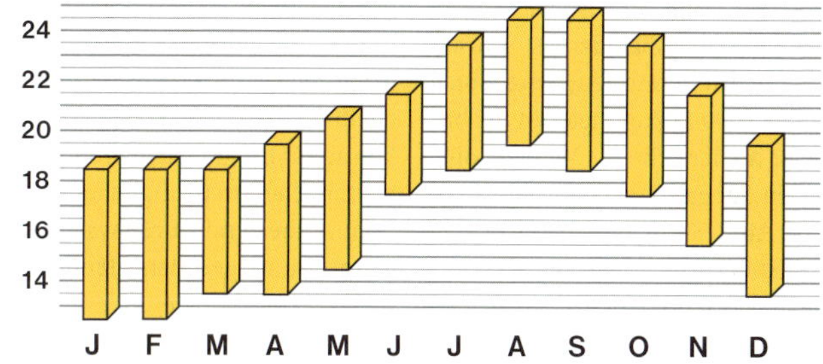

Niederschläge in mm

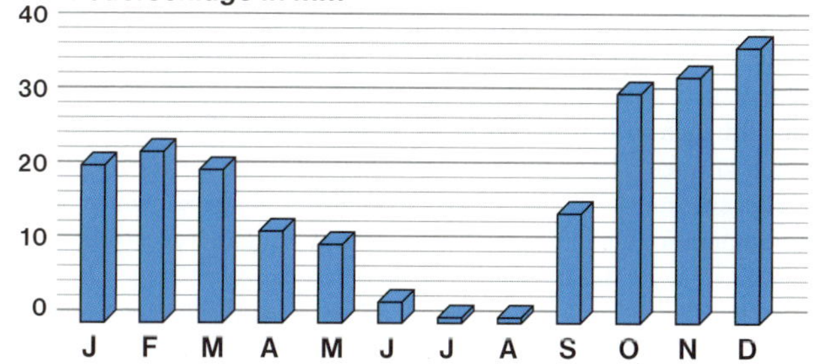

Sonnenstunden im Monat

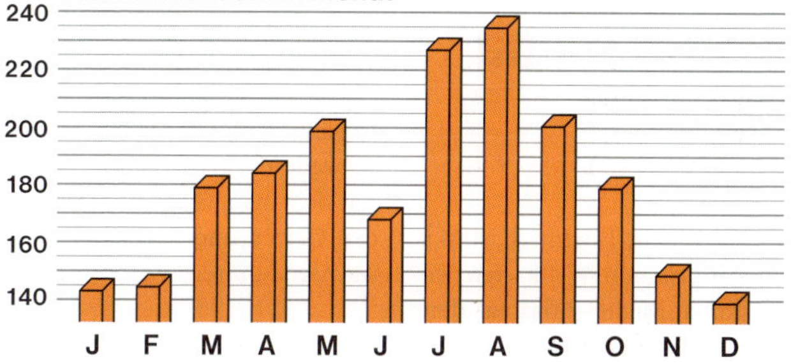

Wassertemperaturen in °C

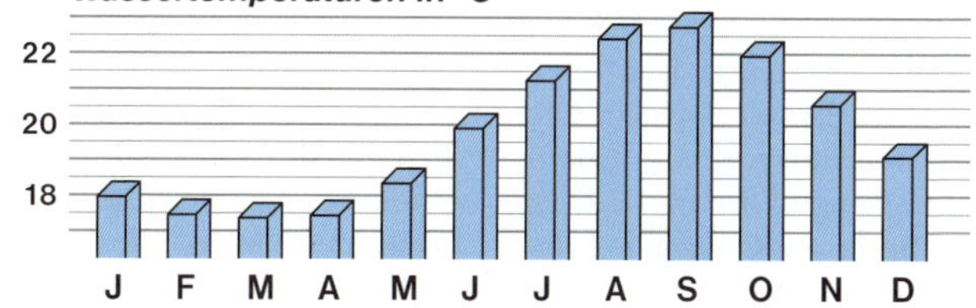

stärkeren Niederschlägen und die trockenere Südseite. Darüber hinaus existieren **vier Höhen-Klimazonen:** Bis etwa 400 Meter reicht die trockene und warme bis heiße Tiefenzone. Daran schließt eine milde und feuchtere Zone an, die über 1000 Höhenmeter in die bis 1500 Meter hoch reichende Wolkenzone übergeht, in der ganzjährig Niederschläge fallen. Ab 1500 Meter beginnt die trockene Höhenzone oberhalb der Passatwolken. Während es am Meer regnet, kann hoch in den Bergen durchaus strahlendes Wetter herrschen, das zu Wanderungen einlädt. Die Ausblicke auf die aus einem Wolkenmeer ragenden Gipfel sind dann fantastisch.

Schnee fällt auch in den Bergen nur selten, doch können gerade im Winter Wettereinbrüche zu Nebel und einem starken Temperaturabfall führen, was man bei Wanderungen berücksichtigen sollte.

Flora und Fauna

Die Pflanzenwelt

Als *L. do Lolegname,* Holzinsel, ist Madeira auf historischen Weltkarten wie dem berühmten Medici-Atlas aus dem Jahre 1351 verzeichnet, und auch der portugiesische Name leitet sich von *madeira,* Holz, ab. Die Insel war bei ihrer „offiziellen" Entdeckung im Jahr 1419 so dicht bewaldet, dass die Kapitäne *Zarco* und *Teixeira* Mühe hatten, eine Stelle für die erste Siedlung zu finden. Nachdem sie in der Bucht von Câmara de Lobos ihre Zelte aufgeschlagen hatten, gingen sie daran, die weitaus größere und sicherere Bucht weiter östlich auf der Höhe des heutigen Funchal zu roden. Sieben Jahre wüteten Feuer auf der Insel, so berichten die Chronisten, bevor die Kolonisatoren endlich ihren Sitz in der Fenchelbucht (*funchal* = Fenchel) nehmen konnten. Im gleichen Tempo ging es weiter. Der ursprüngliche Baum- und Pflanzenbestand wurde systematisch abgeholzt und gerodet. Heute sind vom Laurazeenwald, wie man die vornehmlich Lorbeerarten beherbergende grüne Lunge Madeiras nennt, nur noch klägliche Reste erhalten.

Welche Pflanzen außer Fenchel die ersten Siedler auf Madeira vorfanden, ist heute nicht mehr zu rekonstruieren. Sicherlich zählte der endemische, also nur auf Madeira beheimatete **Schopf-Fingerhut** *(Isoplexis sceptrum)* mit seinen großen, lanzettförmigen Blättern dazu. Seine bienenkorbartigen Blütenstände zeigen sich zwischen Juni und August in strahlendem Gelb. Auch der lila blühende **Madeira-Storchschnabel** *(Geranium maderense)* – mit bis zu einem Meter Höhe ein respektabler Busch – dürfte die Neuankömmlinge mit betörenden Duftschwaden begrüßt haben. Beide Pflanzen sieht man häufig als Ziergewächse in den Gärten und Parks, aber auch wild wachsend in freier Natur.

Lorbeer

Unter den 780 auf Madeira ursprünglich beheimateten Pflanzenarten bilden die Laurazeen sicherlich die auffälligste Spezies: Lorbeer wächst in Höhen zwischen 700 und 1500 Meter, also ebendort, wo die Feuchtigkeit durch Regenfälle am

Der Drachenbaum – ein Urgestein der madeirensischen Pflanzenwelt

Mit seinem wuchtigen glatten Stamm, der sich zu mehreren gigantischen Armen verzweigt, wirkt der Drachenbaum wie ein Urtier unter der sonst so gefälligen Flora Madeiras. *Dracaena draco*, eine Aloenart, ist nur auf dem Madeira-Archipel, den Kanarischen und den Kapverdischen Inseln beheimatet. Auf Porto Santo, das bei der Entdeckung wohl von einem wahren Drachenbaum-Wald bedeckt war, wurde er fast völlig ausgerottet. Auch auf Madeira stehen nur noch in Parks und Gärten Exemplare dieses Baumes mit seinen harten, lanzettförmigen Blättern. Es wurden ihm heilende Kräfte zugeschrieben: Ritzt man die Rinde an, tritt ein rötliches Harz aus, das man früher für medizinische Zwecke und zum Färben von Lacken verwendete. Neben diesem „Drachenblut" war auch das schwere, harte Holz des Drachenbaums sehr begehrt. Heute werden auf Porto Santo große Anstrengungen unternommen, mit Drachenbäumen aufzuforsten.

024ma sk

höchsten ist. Bis zu 40 Meter Höhe erreichen **Stinklorbeer** *(Ocotea foetens)* und bis zu 25 Meter der auf Madeira *vinhático* genannte **Madeira-Lorbeer** *(Persea indica)*, der wegen seines harten, rötlichen Holzes den Spitznamen „Madeira-Mahagoni" trägt. Zusammen mit dem etwas kleineren **Kanarischen Lorbeer** *(Laurus azorica)* lieferten sie ein hervorragendes Rohmaterial für die Möbelherstellung. Heute stehen sie weitgehend unter Naturschutz und zählen zum UNESCO Weltkulturerbe.

Heidewald

In höheren Lagen weichen die Lorbeerwälder Heidewald. Die **Besenheide** *(Erica scoparia)* erreicht stolze drei Meter Höhe; ihre Zweige finden als schützende Zäune vor allem in den Weinbaugebieten entlang der Nordküste vielfach Verwendung. Der mit ihr verwandte **Baumwacholder** *(Juniperus cedrus)* gedeiht dagegen in niedrigeren Lagen am besten. Eine endemische Heideart ist die häufig auf Felsen siedelnde **Glockenheide** *(Eri-*

ca madeirensis), deren zartrosa Blütenglöckchen im Juli und August die grauen Steinplatten beleben. Die bis zu zwei Meter hohe **Madeira-Heidelbeere** *(Vaccinium padifolium)* erfreut mit ihren aromatisch schmeckenden Früchten im September und Oktober die Wanderer. Der Strauch wächst vielerorts entlang der Levada-Wege.

Was Wanderern auf Madeira vor allem in Hochlagen besonders auffällt, ist der dichte **Farnbewuchs.** Ein weicher, tiefgrüner Teppich breitet sich links und rechts der Pfade aus. Unter den über 40 Farnarten kann man **Gold-Milzfarn** *(Ceterach aureum)* und **Talerfarn** *(Adianthum reniforme)* mit runden Blättern sowie den endemischen **Schildfarn** *(Polystichum falcinellum)* entdecken. Dazwischen breiten über hundert verschiedene Moose und Flechten ihre samtigen Polster aus.

Exotische Pflanzen

Madeiras Nationalblume, die aus Südafrika importierte, orange-lilafarbene **Strelitzie** *(Strelitzia reginae)*, hat ebenso wie die meisten ihrer dekorativ blühenden Schwestern die Insel erst besiedelt, als die einheimischen Pflanzen weitgehend gerodet waren. Nicht zuletzt der **englischen Gartenleidenschaft** ist es zu danken, dass sich so viele Exoten auf Madeiras fruchtbaren Vulkanböden hei-

▷ Eigentlich eine tropische Blume: die Strelitzie

▽ Baumfarn im Tropischen Garten von Monte

027ma sk

misch fühlen und die Insel in ein tropisches Paradies verwandeln. **Hortensien** wachsen nicht nur in den Vorgärten, sie säumen als blau-weiß-rosé blühende Hecken auch viele Straßen, meist abwechselnd mit der **Afrikanischen Schmucklilie** *(Agapanthus praecox)*, deren zartlila Blütendolden auf schlanken Stielen über das Blattwerk hinauswachsen. Häufig drängen sich die feinen rotorangen **Rachenlilien** (*Chasmanthe aethiopica)* zwischen das Blau-Weiß und sorgen für hübsche Farbakzente.

Nicht mit der Artischocke verwandt ist die südafrikanische **Königsprotea** *(Protea cynaroides)*, die ihre großen roséfarbenen Blüten zwischen April und Juni entfaltet. Aus unseren Blumenläden bekannt ist die **Calla,** ein wächsern aussehendes, zartes Geschöpf in Rosé, Rot oder Weiß. Im Gegensatz zur Königsprotea finden sich Calla gelegentlich auch wild blühend am Wegesrand.

Klima und Böden eignen sich hervorragend für die Aufzucht der empfindlichen **Orchideen.** In ihrer veredelten Form wachsen sie nicht in freier Natur, sondern werden in Gewächshäusern gezüchtet. Der Export exotischer Blumen bildet heute einen wichtigen Wirtschaftszweig auf Madeira. Neben Orchideen werden Proteas, Calla und Strelitzien ausgeführt.

Bougainvillea, Hibiscus und **Weihnachtsstern** lassen Blütenkaskaden über Gartenmauern regnen. Alleen aus **Jacaranda** verwandeln sich im April und Mai in ein lilafarbenes Schattendach, während **Mimosen** und andere Akaziengewächse Duftwolken aus ihren gelben Blüten verströmen. Auch an Kakteen und Aloen mangelt es nicht: **Baum-**

025ma sk

Eukalyptus und die Folgen

Als Madeira dank rücksichtsloser Rodung endgültig seines Feuchtigkeit speichernden Bewuchses beraubt war, hatten die Siedler nicht nur mit Holzmangel zu kämpfen, sondern auch mit der Erosion. Gerodet war der Laurazeenwald mit seinen dichten Sträuchern, Farnen und Moosen, die früher das von den Bergen abfließende Wasser aufsaugten und in Fruchtbarkeit spendende Quellen wandelten. Verschwunden waren die Wurzeln, die früher das Erdreich zurückhielten, wenn Regen es wegzuspülen drohte. Die Wälder Madeiras waren fast vollständig ruiniert, und schließlich wurde beschlossen, die Insel mit Eukalyptus aufzuforsten.

Der aus Australien stammende Eukalyptus besitzt einen großen Vorteil: Er ist anpassungsfähig, robust und wächst schnell. Allerdings entzieht er dem Boden Wasser, weswegen er in sumpfigen Regionen gerne als flankierende Maßnahme zur Trockenlegung angepflanzt wird. Diese Eigenschaft hat jedoch negative Folgen. Da Feuchtigkeit liebende und speichernde Pflanzen mit Eukalyptus nicht konkurrieren können, sind die mit diesem Baum aufgeforsteten Regionen arm an Bodendeckern. Entsprechend wenig Wasser wird in den Eukalyptuswäldern gespeichert – es fließt ungehindert zu Tal und ist für die Landwirtschaft verloren. Vor allem entlang der Südküste trifft man in Höhen ab 800 bis etwa 1400 Meter auf Eukalyptuswälder, die im Gegensatz zum lorbeerbewaldeten Norden einen eher monotonen Eindruck hinterlassen.

Aloen aus Südafrika wuchern in Form von stacheligen Hecken als Wegbegrenzung in den Parks, und **Fächer-Aloen** wachsen zu richtigen kleinen Bäumen heran. Skurril und fremdartig wirken die wie überdimensionale Fühler aussehenden Blütenstände der mexikanischen **Drachenbaum-Agaven,** wogegen die **Hundertjährige Agave** mit ihren bis zu acht Meter hohen Blütenstängeln auch aus Südeuropa bekannt ist.

Ein Bewohner niederer Küstenregionen ist der bis zu zehn Meter hohe **Baumfarn** *(Sphaeropteris cooperi).* Diese einer Palme ähnelnde Pflanze stammt ursprünglich aus Australien. Zentralafrika ist die Heimat des **Leberwurstbaums** *(Kigelia africana),* dessen Früchte wie Würste aussehen. Vier Arten von **Korallenbäumen** – alle mit tiefroten, aber unterschiedlich geformten Blüten – wurden aus Afrika und Südamerika eingeführt; wohl selten sind auf engem Raum so viele Vertreter der **Palmenwelt** zu bestaunen wie auf Madeira.

Nutzpflanzen

Die erste Kulturpflanze, die auf Madeira heimisch wurde, war **Zuckerrohr.** Der Konkurrenz durch die Sklavenplantagen Südamerikas konnten die Pflanzungen allerdings nicht lange standhalten und wurden schnell von Weingärten verdrängt. **Wein** spielt noch heute eine wichtige Rolle in der Wirtschaft, daneben sorgen **Bananen,** die vor allem an der Südküste gedeihen, für Exporterlöse.

> Bananen werden seit Beginn des 20. Jahrhunderts auf Madeira kultiviert

023ma sk

Ähnlich vielfältig wie die „nutzlose" blühende Verwandtschaft sind die verschiedensten Obst liefernden Pflanzen, die ebenfalls aus allen Teilen der Welt stammen: **Maracujas, Guaven, Ananas, Papayas** und **Mangos** sind nur einige der Vitaminspender, die auf Madeiras Märkten rund um das Jahr verkauft werden. Um den Getreideanbau ist es dagegen eher schlecht bestellt. Eine Ursache ist die monokulturelle Landwirtschaft, die bereits mit dem Beginn der Besiedlung auf größtmögliche Exporterlöse ausgerichtet war: An Stelle von Weizen und Mais wurden Zuckerrohr und Wein gepflanzt. So kam es in der Geschichte der überaus fruchtbaren Insel immer wieder zu Hungersnöten. Getreide wurde zwar importiert, aber selten in ausreichender Menge. Heute sieht man auch kleine Getreidefelder; sie reichen aber bei weitem nicht aus, um den Grundbedarf der Bevölkerung zu decken.

Die Tierwelt

Entsprechend der isolierten Lage Madeiras und Porto Santos ist es um die Landfauna eher mager bestellt. Autochthone Arten konnten sich abgesehen von der **Fledermaus** nicht entwickeln, und da alle verfügbaren Böden in den Dienst der Landwirtschaft gestellt wurden, blieb für versehentlich oder absichtlich importierte Wildtiere kaum Raum. Auf Porto Santo setzten die ersten Ankömmlinge Kaninchen aus. Als sie ein Jahr später wiederkamen, hatten sich die Karnickel massenweise vermehrt und die Insel kahlgefressen, worauf man daranging, sie mühsam wieder auszumerzen.

Heute begegnen dem Wanderer unzählige **Eidechsen** auf Mäuerchen und Wegen. Die ganze Farbenpalette der Natur spiegelt sich auf ihren schlanken, glänzenden Körpern, und viele sind außerordentlich zutraulich. Kaninchen und Ratten, die ihren Weg als blinde Passagiere auf den Handelsschiffen nach Madeira fanden, wird man kaum zu Gesicht bekommen. Zauberhaft sind die vielen **Schmetterlinge,** darunter Totenkopf, Taubenschwänzchen und Monarchenfalter. Wer sich für **Spinnen** interessiert, sollte eine geführte Exkursion auf die Desertas unternehmen. Dort leben hochgiftige Wolfsspinnen unter Naturschutz.

Nutztiere sieht man eher selten. Dies liegt daran, dass auf Madeira **Rinder** nicht frei weiden dürfen, sondern in so genannten *palheiros,* kleinen Ställen, gehalten werden. Nicht besser ergeht es den **Ziegen.** Nur auf der Hochebene Paúl da Serra wird ein wenig Weidewirtschaft betrieben. Dort dürfen einige Rinder den Sommer über ungestört am Farn knabbern und die frische Luft genießen.

Vögel

Der Madeira-Archipel liegt auf der Wanderroute der **Zugvögel** und wird deshalb als Zwischenstopp von zahlreichen Vogelarten besucht – wobei sie den einsamen Inseln wie Desertas oder Porto Santo deutlich den Vorzug vor dem landwirtschaftlich erschlossenen Madeira geben. In den Gebirgsregionen und auf der Hochebene Paúl da Serra kann man mit Glück Raubvögel wie **Falken** und **Bussarde** beobachten. Zahlreiche **Sturmtaucher** leben in den Küstenzonen und kommen

– wie die vom Aussterben bedrohten *Pterodroma madeira* und *Pterodroma deserta* – zum Brüten auf unzugänglichen Felsvorsprüngen an Land. Beide wurden durch Landsäuger (Hunde, Katzen, Ratten) und den Eingriff der Menschen in ihrem Bestand stark dezimiert.

Als besonders schützenswert gilt auch die **Silberhalstaube** *(Columba trocaz)*, deren Lebensraum, der Laurazeenwald, auf den Kanarischen Inseln und Madeira fast verschwunden ist. Nur mit großem Glück ist das graue, fast schmucklose Geschöpf im dichten Grün um Rabaçal und in anderen verbliebenen Lorbeerwäldern auszumachen.

Meeresfauna

Mönchsrobben *(Monachus albiventer)* waren früher in den Gewässern um Madeira häufig anzutreffen. Sie wurden von den Fischern als Nahrungskonkurrenten unerbittlich verfolgt, so dass heute nur noch eine kleine Kolonie dieser putzigen Tiere unter strenger Beobachtung auf den Desertas lebt. **Pottwale** waren zwischen 1940 und 1980 das Ziel von Walfangbooten aus Caniçal. Heute ist der Fang der großen Meeressäuger verboten. In den Sommermonaten führen ihre Wanderrouten an Madeira vorbei; sichten wird man sie allerdings nur unter kundiger Führung und mit großem Glück. Häufiger begegnen den Ausflugsbooten **Delfine.**

Da die Gewässer um Madeira sehr tief und dadurch nährstoffarm sind, finden sich keine großen Fischschwärme. **Thunfische** werden beispielsweise nicht mit großen Netzen, sondern mit Angelleinen gefangen.

Über die Fischwelt der Tiefsee gibt es kaum Informationen. Nur der **Schwarze Degenfisch** *(Aphanopus carbo)*, der normalerweise in 1000 Metern Tiefe lebt, hat die Angewohnheit, nachts sein sicheres Territorium zu verlassen und näher an die Meeresoberfläche zu schwimmen. Dann wird er mit mehrere hundert Meter langen Leinen gefangen und als besondere Delikatesse auf die Märkte und in die Restaurants gebracht. Der über einen Meter lange und bis zu zwölf Zentimeter Durchmesser schmale Fisch besitzt keine Schuppen, hat ein riesiges, mit nadelspitzen Zähnen bestücktes Maul und ähnelt einem Aal.

Taucher berichten von Begegnungen mit **Rochen** und **Mantas.** Hochseeangler erfreuen sich im Sommer großen **Merlinen** und **Schwertfischen,** die nach erfolgreichem Kampf „Mann gegen Fisch“ gewogen, vermessen und wieder in die Freiheit entlassen werden.

Forellen wurden von Europa nach Madeira gebracht und in den Flüssen ausgesetzt. In zwei Zuchtstationen (Ribeiro Frio, Seixal) werden die Süßwasserfische aufgezogen und an Restaurants verkauft oder ausgewildert. **Aale,** die früher als einzige Fische in den Flüssen Madeiras beheimatet waren, sieht man heute kaum noch.

Naturschutz

Schutzgebiete

Zwei Drittel Madeiras stehen unter Naturschutz: Die landwirtschaftlich nutzbare Fläche der Insel endet in etwa

026ma sk

800 Metern Höhe, darüber beginnt der **Parque Natural da Madeira,** der zu Teilen für Holz- und Viehwirtschaft oder als Erholungsgebiet genutzt werden darf. Innerhalb dieses Naturschutzgebietes sind außerdem kleinere Naturparks ausgewiesen, in denen vor allem Laurazeenbestände gehegt werden: so bei Ribeiro Frio, im Caldeirão Verde nördlich des Pico Ruivo und bei Rabaçal unterhalb der Paúl da Serra. Mit Wiederaufforstungsprogrammen, besonders im Bereich der Hochebenen, wird versucht, der Insel wenigstens einen Teil des ursprünglichen, dichtbewaldeten Antlitzes zurückzugeben (dafür wurde dort auch die viehwirtschaftliche Nutzung stark eingeschränkt und Ziegen hat man aus den Bergen vollständig verbannt).

Auf Initiative des deutschen Taucherpaares *Gisela* und *Rainer Waschkewitz* wurde 1986 ein **Meeres-Nationalpark** ausgewiesen, der östlich von Funchal beginnt und bis zur Ponta de Oliveira bei Caniço de Baixo reicht. Fischfang und Harpunieren sind in dieser Zone verboten. Die Idee zur Schaffung eines Natio-

Eine Levada im dichten Grün

nalparks um die Punta de Garajau kam den passionierten Tauchern, nachdem sie mit viel Geduld Fische angefüttert und handzahm gemacht hatten und dann beobachten mussten, dass dies für die lokalen Fischer eine willkommene Gelegenheit war, den ansonsten eher beschwerlichen Fischfang mit den an Menschen gewöhnten Meerestieren einfacher zu gestalten. Seit 1986 wird in der **Reserva Natural Parcial do Garajau** nur noch geschnorchelt und getaucht.

Die drei **Desertas-Inseln** wurden 1990 unter Naturschutz gestellt, um die hier lebenden letzten Mönchsrobben Madeiras vor der Ausrottung zu schützen. Neben Robben fühlen sich riesengroße Wolfsspinnen auf den Desertas wohl. Touristen können die Desertas nur im Rahmen einer geführten Exkursion besuchen. Wer nicht nur vor den Inseln segeln und schnorcheln, sondern auch an Land gehen möchte, sollte dies vorab mit den Organisatoren absprechen, da hierfür eine weitere Sondergenehmigung erforderlich ist.

Die **Selvagens** waren bis 1967 in Privatbesitz, wurden dann als Jagdgebiet verpachtet und sollten 1971 an den WWF verkauft werden. Diesem Vorhaben schob der portugiesische Staat einen Riegel vor. Er erwarb die von Wasservögeln wie dem Gelbschnabel-Sturmtaucher besuchte Inselgruppe und wandelte sie in ein Vogelschutzgebiet um.

Umweltbewusstsein

So sehr sich die Autonome Region Madeira auch bemüht, den Naturschutzgedanken in der Bevölkerung zu verankern, auf große Gegenliebe stößt dies nicht. Mehrmals machten sich beispielsweise Fischer auf, um Mönchsrobben und Seevögel zu dezimieren, weil sie in ihnen nichts anderes sahen als Nahrungskonkurrenten. Auf den Selvagens schafften es die erbosten Männer, immerhin die Hälfte der dort brütenden 60.000 Seevögel abzuschlachten. Madeiras Naturschutzbehörde reagierte darauf mit der Aufstellung von Wachen, so dass die Tiere heute relativ geschützt und ungestört leben können.

Deutlich wird das mangelnde Umweltbewusstsein vor allem entlang der wunderschönen Wanderwege im Inselinneren und an den „wilden“ Stränden und Klippen an der Küste: Ab und zu trifft man auf Müllhalden inmitten paradiesischer Natur sowie auf achtlos weggeworfene Plastiktüten und Dosen. Einen Teil mögen unachtsame Wanderer und Touristen dazu beitragen, die Hauptschuld trifft aber sicherlich die Madeirenser selbst. Wie viele andere Mittelmeervölker scheinen sie die Abfälle am Wegesrand kaum zu stören.

Vor einer Verurteilung dieses Verhaltens sollte man sich allerdings hüten. Die wirtschaftlichen Verhältnisse, in denen ein Großteil der Menschen lebt, sind gemessen am gesamteuropäischen Standard nicht sehr gut, und die Bildungssituation steht dem kaum nach. Die aktuelle Wirtschaftskrise hat Portugals und damit Madeiras Wirtschaft nachhaltig geschwächt, sodass zurzeit kein Geld für den Naturschutz vorhanden ist. Warum Geld und Energie für den Schutz der Natur aufgewendet werden sollen, während Teilen der Bevölkerung das Nötigste zum Leben und für eine berufliche Ausbildung fehlt, ist für die Ärmsten der Armen nicht unbedingt einsichtig.

FUNCHAL

8 Gesellschaft und Kultur

In Câmara de Lobos existiert noch eine traditionelle Schiffswerft

Geschichte

Madeira gehört seit Beginn seiner Besiedlung zu **Portugal** und war nur einmal während einer kurzen Zeitspanne von Spanien besetzt. Als offizielles Jahr der Entdeckung Madeiras ist 1419 in die Annalen eingegangen. Historiker bezweifeln allerdings, dass die Inselgruppe früheren Seefahrern unbekannt gewesen sein soll. Nicht nur die Eintragungen in historischen Weltkarten – so die von 1351 im Medici-Atlas und die von 1375 im Katalanischen Atlas von *Abraham Cresques* – legen die Vermutung nahe, dass Madeira bereits vorher bekannt war. Auch der häufig befahrene Seeweg entlang der Küste Westafrikas macht es eher unwahrscheinlich, dass die Insel der Aufmerksamkeit von Handels- und Entdeckungsreisenden entgangen sein soll.

Entdeckung und Besiedlung

1419 war es so weit: *João Gonçalves Zarco* und seine Begleiter *Tristão Vaz Teixeira* und *Bartolomeu Perestrelo,* die im Auftrag des portugiesischen Prinzen *Henrique* Expeditionen durchführten, trieb ein Sturm bei Porto Santo an Land. Als das Unwetter vorbei war, sichteten sie ein wesentlich größeres Eiland – Madeira – und setzten über. In der Bucht von Machico betraten die **Inselentdecker** das Eiland, erforschten die Südküste und erwählten die von Mönchsrobben bevölkerte Bucht von Câmara de Lobos, die „Wolfsbucht", zur ersten Niederlassung auf der „Holzinsel".

Ab 1425 wurde Madeira auf Betreiben *Heinrich des Seefahrers* **systematisch besiedelt.** Sklaven wurden auf die Insel verschleppt, legten Zuckerrohrplantagen an und zogen Bewässerungskanäle *(levadas).* Die Verwaltung wurde dreigeteilt: 1440 erhielt *Tristão Vaz Teixeira* Machico und die östliche Inselhälfte als **Herzogtum,** vier Jahre später *Bartolomeu Perestrelo* Porto Santo als Lehen und 1450 ernannte man *Zarco* zum Herzog von Funchal und der westlichen Inselhälfte. Fünf Jahre später und 36 Jahre nach Madeiras Entdeckung besuchte der venezianische Kauffahrer *Ca da Mosto* die Insel und fand ein **blühendes Gemeinwesen** mit ertragreicher Landwirtschaft vor.

1478 soll *Christoph Kolumbus* Madeira seinen ersten Besuch abgestattet haben. Der Zuckerhändler und spätere Amerikaentdecker habe, so erzählt man stolz auf Porto Santo und Madeira, in den Gewässern um die Inseln grundlegende Beobachtungen über die Meeresströmungen gemacht, die ihn zu seinen kühnen Plänen inspirierten.

Aufschwung und Niedergang

Ende des 15. Jahrhunderts formierte sich eine Handelsachse, die Madeira mit den flämischen Hafen- und Handelsstädten verband. Zucker wurde vor allem nach Antwerpen geliefert, und im Gefolge dieser Entwicklung ließen sich zahlreiche **flämische Kaufleute** in Funchal nieder. Der Reichtum des Adels und der Kaufmannsschicht fand seinen Niederschlag im Bau von Kirchen und Palästen sowie in deren Ausstattung mit kostbaren Möbeln und Porzellan aus allen Tei-

Heinrich der Seefahrer – der Weise aus Sagres

Heinrich der Seefahrer, eigentlich *Henrique,* Sohn von *König João I. von Portugal,* wurde am 4. März 1394 geboren. 1415 eroberte der Infant die Hafenstadt Ceuta und wurde mit ihrer Verwaltung betraut. Hier, an der Straße von Gibraltar, wurde wahrscheinlich sein Interesse an der Seefahrt geweckt. Als *Henrique* drei Jahre später zum Großmeister des Christusordens ernannt wurde, sah er seine große Stunde gekommen. Der Orden hatte die Nachfolge der vom Papst aufgelösten Tempelritter angetreten und auch deren Reichtümer übernommen. Endlich besaß *Henrique* die Mittel, sich seiner einzigen Leidenschaft zu widmen: der Erforschung der See.

In Sagres im Südwesten Portugals gründete er eine Seefahrerschule und -akademie, in der Reiseberichte und Karten gesammelt und studiert wurden. In der angeschlossenen Werft wurde angeblich der Segelschifftyp der Karavelle entwickelt, der den herkömmlichen Schiffen weit überlegen war. Kapitäne wurden geschult und auf Entdeckungsreisen geschickt. Erste Frucht der Bemühungen war die „Entdeckung" beziehungsweise Inbesitznahme des Madeira-Archipels 1419, gefolgt von den Azoren und den Kapverdischen Inseln. *Heinrichs* Karavellen segelten an der afrikanischen Küste aber noch weiter nach Süden bis zum Mündungsgebiet des Gambia River (heute Senegal/ Gambia). Spätere Forschungsfahrten, wie die Umseglung des Kaps der guten Hoffnung durch *Bartolomeu Diaz,* wären ohne die akribische Vorarbeit der Akademie von Sagres undenkbar gewesen. *Heinrich* selbst, der schon bald den Beinamen *O Navegador,* der Seefahrer, erhielt, nahm an keiner dieser Fahrten teil. Er dirigierte sie nur aus seinem dem Wind und den Wellen ausgesetzten Domizil am südwestlichsten Zipfel Europas. Er starb am 13. November 1460.

len der damals bekannten Welt. Die zu jener Zeit nach Madeira gebrachten flämischen Kunstwerke aus der Hand berühmter Maler wie *Rogier Van der Weyden* waren als „versilberter Zucker" sichere Geldanlagen. Heute bilden sie den Grundstock des Museums Arte Sacra in Funchal. Im Kontrast zum Reichtum der zumeist ausländischen Investoren standen die Lebensbedingungen der einfachen Bevölkerung. 1485 kam es zur **ersten Hungersnot,** der noch zahlreiche weitere folgen sollten, denn von Anfang an wurde nicht zur Selbstversorgung, sondern nur für den Export gepflanzt.

Im Jahre 1508 erhielt Funchal die **Stadtrechte** und ein eigenes Wappen, in dem sich die Quelle des madeirensischen Wohlstands spiegelte: fünf Zuckerhüte. Der Reichtum lockte nun auch vermehrt Freibeuter an, so dass Funchal mit einer Stadtmauer zur See hin gesichert werden musste. 1514 wurde die **Diözese Funchal** gegründet, die fortan für alle überseeischen Besitzungen Portugals zuständig sein sollte. Bereits 1521 begann der erste **wirtschaftliche Niedergang** auf der Insel, denn der ausgelaugte Boden lieferte immer weniger Erträge. Vielerorts ersetzten Weinreben das Zuckerrohr.

Spanier und Engländer

1580 begann das **spanische Intermezzo.** Spanien, das Portugal erobert hatte, unterstellte die bis dahin in Herzogtümer geteilte Insel einer Zentralverwaltung. 60 Jahre später revoltierten die Portugiesen erfolgreich gegen die neuen Landesherren; nach der Befreiung vom spanischen Joch 1640 behielt man die Verwaltungsstruktur mit dem Zentrum Funchal bei.

Die Eheschließung der portugiesischen Prinzessin *Katharina von Braganza* mit dem englischen König *Charles II.* im Jahr 1662 öffnete den Engländern Tür und Tor auf Madeira. Es avancierte zum bedeutenden **Versorgungspunkt englischer Kauffahrer** auf dem Weg in die amerikanischen Kolonien. Wichtigstes Exportgut war auf der Insel produzierter Wein, der sich als außerordentlich widerstandsfähig erwies und stürmische Seefahrten sowie extreme Temperaturschwankungen hervorragend überstand.

Naturkatastrophen

Das verheerende Erdbeben, das 1755 Lissabon zerstörte, zeigte seine Auswirkung auch auf Madeira, eine **Flutwelle** riss Teile der Hauptstadt Funchal nieder. **Überschwemmungen** durch die reißenden *ribeiras* richteten 1803 große Schäden an und brachten 600 Menschen den Tod. Daraufhin beschloss die Stadtverwaltung, die Flüsse zu kanalisieren.

Mitte des 19. Jahrhunderts brach mit Mehltau und Reblaus eine neue Katastrophe über die Insel herein. Die Schädlinge vernichteten die Weinpflanzungen; der Niedergang des Weinhandels und **Hungersnöte** waren die Folge. 1856 starben bei einer **Cholera-Epidemie** 7000 Madeirenser. Die trostlosen Lebensbedingungen veranlassten immer mehr Menschen, ihre Heimat zu verlassen. Die Auswanderer wandten sich vor allem nach Südamerika und in Richtung südliches Afrika.

1860 versuchte die Engländerin *Elisabeth Phelps* die Situation der landlosen Bevölkerung zu verbessern, indem sie die Frauen mit neuen Stickmustern bekannt machte und deren Erzeugnisse nach England verkaufte. Damit begann der Siegeszug der **Madeira-Stickerei.**

Im 20. Jahrhundert

Eine neue Epoche für Madeiras Wirtschaft brach 1891 mit der Eröffnung von **Reid's Palace Hotel** an: Bereits ab Mitte des 19. Jahrhunderts waren immer mehr europäische Adelige nach Madeira gekommen, um im milden Klima ihre Leiden zu kurieren. Besonders bei Lungenkrankheiten empfahlen Ärzte einen Aufenthalt. Mit dem Reid's Palace entstand ein angemessenes Hotel, das Prominenz aus allen Teilen der Welt anlockte. Der **Madeira-Tourismus** war geboren. 1893 verband eine Zahnradbahn Funchal mit Monte, 1947 die erste Wasserflugzeugverbindung England mit der Inselhauptstadt, 1960 war der Flughafen auf Porto Santo und vier Jahre später der Aeroport

029ma sk

Santa Clara auf Madeira fertig. Ab den 60er Jahren des 20. Jahrhunderts wurde westlich von Funchal eine Hotelzone aus dem Boden gestampft.

1926 erschütterte ein **Militärputsch** das Mutterland Portugal und die Insel. Madeira stand nun unter der faschistischen Diktatur von *Antonio de Oliveira Salazar,* die erst 1974 mit der **Nelkenrevolution** – die Soldaten trugen Blumen in den Gewehrläufen – ihr Ende fand. Mehrere Hungerrevolten der Madeirenser, die sich gegen das Handelsmonopol einiger Salazar-Günstlinge richteten, schlug die Armee nieder.

Meilenstein in der madeirensischen Tourismusentwicklung: Reid's Palace Hotel, zu Beginn des 20. Jahrhunderts ein Kurpalast für die vorwiegend britische Prominenz

Autonome Region

Madeira genießt als **Autonome Region Portugals** seit 1976 weitgehende Unabhängigkeit in allen innenpolitischen Belangen und wird von Lissabon nur in den Bereichen der Sicherheits- und Außenpolitik dirigiert. Regierungschef ist seit 1978 *Dr. Alberto João Jardim,* regierende Partei die sozialdemokratische PSD. In der Opposition sind die sozialistische Partei SP, die konservative CDS und ein Bündnis verschiedener Linksparteien, CDU, vertreten. Gewählt werden die 50 Volksvertreter Madeiras alle vier Jahre, fünf Delegierte vertreten die Belange der Autonomen Region Madeira (RAM) im Lissaboner Parlament.

Madeira ist in **elf Landkreise** *(concelhos)* und **53 Gemeinden** *(freguesias)* unterteilt, wobei Porto Santo einen eigenen Landkreis bildet. Auf Madeira selbst sind Funchal, Câmara de Lobos, Ribeira Brava, Ponta do Sol, Calheta, Porto Moniz, São Vicente, Santana, Machico und Santa Cruz Hauptorte der jeweiligen *concelhos*. Funchal weist mit 1513 Einwohnern pro Quadratkilometer die höchste, Porto Moniz im Nordwesten mit knapp 43 Einwohnern die niedrigste Bevölkerungsdichte auf.

Beitritt zur EU

1986 erfolgte Portugals – und damit Madeiras – **Beitritt zur Europäischen Union.** Nun flossen Fördergelder in die strukturell unterentwickelte Region, vor allem in den Straßenbau, die Energieversorgung und die Telekommunikation. Zum Jahreswechsel 2000 war der Ausbau des viel zu kleinen **Flughafens Santa Clara** zu einem Airport, auf dem endlich auch Großflugzeuge landen können, abgeschlossen. Dazu musste die Landebahn auf Stelzen und über aufgeschüttete Plattformen über dem Meer verlängert werden.

Jahrhundertsturm

Am 20. Februar 2010 tobte ein Sturm bisher unbekannten Ausmaßes über das Archipel und die Wassermassen sorgten besonders an der Südküste und dort bei Funchal für schwere Schäden. Über 40 Menschen riss die Flutwelle in den Tod. In einem Kraftakt und mit einer unglaublichen Solidarität der Inselbewohner waren die Schäden innerhalb weniger Monate behoben und Madeira für die Saison wieder bestens präpariert.

Wirtschaftskrise

Mit Portugal flüchtete auch Madeira 2011 unter den EU-Rettungsschirm und musste harte Sparmaßnahmen akzeptieren. Dabei musste Madeiras Präsident *Jardim* eingestehen, dass er nur die Hälfte der tatsächlichen Schulden der autonomen Region nach Lissabon gemeldet hatte. Madeiras Defizit beträgt knapp **6 Milliarden US-Dollar,** 123 % des BIP! Trotz der Schreckensmeldungen und der weit verbreiteten Korruption wurde die PDS mit ihrem Vorsitzenden Jardim bei den Parlamentswahlen 2011 wiedergewählt.

Skywalk am Cabo Girão

Obwohl durch den Geldmangel viele Infrastrukturprojekte stagnieren, kann Ende 2012 der sensationelle Skywalk am Cabo Girão eröffnet werden.

[>] Bananen sind ein wichtiges Exportprodukt

Wirtschaft

Obwohl Madeira intensiv landwirtschaftlich genutzt wird, schlagen die Erträge im Bruttoinlandsprodukt nur mit vier Prozent zu Buche. Etwa 11 Prozent der aktiven Bevölkerung sind in der **Landwirtschaft** beschäftigt und erhalten einen Durchschnittslohn von 600 € im Monat. Die Anbauflächen sind winzig, schwer zugänglich und meist nur per Hand zu bearbeiten. Maschinen, die sich die meisten Bauern ohnehin nicht leisten könnten, wären auf dem Gros der Ackerflächen unbrauchbar, denn so gut wie überall wird das steile, gebirgige Land nur mittels Terrassenfeldern urbar gemacht. Dies und die über die Jahrhunderte verfestigten Strukturen des Großgrundbesitzes lassen eine effektive Landwirtschaft nicht zu.

030ma sk

Abhängige Pächter und mächtige Grundeigner – traditionelle Landnutzung

Die traditionelle Form der Landnutzung war bis zum Beginn des 19. Jahrhunderts auf Madeira üblich: Einige wenige **Majoratsherren** besaßen den Großteil des bewirtschaftbaren Bodens und verpachteten diesen in kleinen Parzellen an die *colonos,* die Felder bestellen und die Kulturen pflegen sollten. Diese **Pächter** hatten alles zur Kultivierung Notwendige selbst beizusteuern und erhielten nach Abzug des „Zehnten" für die portugiesische Krone die Hälfte des Ertrages. Die andere Hälfte fiel dem *senhorio,* dem Majoratsherren, zu.

Schwierig machte die Landwirtschaft nicht nur der fast überall nötige **Terrassenbau,** ohne den man die Hänge nicht hätte bepflanzen können, sondern auch ein komplexes System von **Wasserrechten:** Prinzipiell gehörte das Wasser, das bis zum 19. Jahrhundert weitgehend ungelenkt von den Bergen zu Tal strömte, dem König. Als die ersten *levadas* (Kanäle) entstanden, geschah dies zum Teil durch private Hand. Der Levada-Eigentümer veräußerte das Wasser wiederum an die *colonos,* die den Zulauf zu ihren Pachtfeldern stunden- oder tageweise kaufen konnten. Wer durch Missernten oder schlechte Marktlage kein Geld hatte, konnte sein Land nicht bewässern, und Regenfälle sind an der Südküste eher rar.

Verkompliziert wurde das Verhältnis der Grundeigner und ihrer *colonos* durch die Tatsache, dass alle vom Pächter errichteten Gebäude und Einrichtungen ihm gehörten und er deshalb nicht ohne Entschädigung für seinen Besitz die Pacht wechseln konnte. Da sich die meisten *senhorios* weigerten, einen angemessenen Abstand zu zahlen, waren die Pächter, die den Boden nicht nur bestellten, sondern in ihren Häusern darauf wohnten, ein Leben lang bzw. über Generationen hinweg an ihren Landherren gebunden.

Während ein freier Bauer in erster Linie zur Selbstversorgung gepflanzt hätte, mussten die Pächter jene Kulturen anlegen, von denen sich der Landeigner den größten Gewinn versprach. In den Anfangsjahren der Kolonisierung war dies Zuckerrohr, später Wein. So war die Insel in der Lebensmittelversorgung stets vom Mutterland und eingehandeltem Getreide abhängig. Die selbst angebauten Getreidesorten deckten bestenfalls den Bedarf für ein Drittel des Jahres,

Im sekundären Sektor, der **verarbeitenden Industrie,** werden 17 Prozent des Bruttosozialprodukts erwirtschaftet und 20 Prozent der Menschen beschäftigt. Mit 80 Prozent des Bruttosozialprodukts und 70 Prozent der Beschäftigten wölbt sich der tertiäre Sektor, die **Dienstleistungen,** wie ein Wasserkopf über den schwachen wirtschaftlichen Unterbau. Gesamtwirtschaftlich spielt dabei der Tourismus ei-

und je schlechter die Ernten ausfielen, desto heftigere **Hungersnöte** drohten. Man kann sich heute angesichts der Üppigkeit Madeiras nicht vorstellen, dass noch Anfang des 20. Jahrhunderts Menschen inmitten dieses Paradieses an Hunger starben.

Die Hungersnöte waren es auch, die letztendlich den Ausschlag dafür gaben, die Wasserversorgung des regenarmen Südens mittels künstlich gegrabener und in den Fels getriebener **Kanäle** sicherzustellen. Von der wie ein Schwamm mit Wasser vollgesogenen Hochebene Paúl da Serra wurde ab 1848 ein Netz von *levadas* an die Südwestküste geleitet, 1890 war das Projekt endlich fertiggestellt. Ein nicht unwesentlicher Effekt der über 40 Jahre dauernden Bauarbeiten war die Beschäftigung eines Heeres von *colonos* und Landlosen, die so den Lebensunterhalt für ihre Familien verdienen konnten.

1849 wurde eine Bestimmung erlassen, die die Naturalienabgabe für die Pacht verbot und sie durch normale Pachtzahlungen ersetzte. Dies sollte den *colonos* freiere Hand bei der Bewirtschaftung ihrer Felder geben.

Zu Beginn des 21. Jahrhunderts waren etwa 30 Prozent der landwirtschaftlich genutzten Fläche Madeiras in der Hand von Pächtern. 72 Prozent der landwirtschaftlichen Einheiten waren kleiner als ein Hektar, nur zwei Prozent gehörten mit über 50 Hektar Großbauern bzw. landwirtschaftlichen Unternehmen.

ne große Rolle: 20 % trägt er zum BIP bei, 5000 Arbeitsplätze wurden durch den Fremdenverkehr direkt auf Madeira geschaffen. Darüber, wie viele indirekte Einkommensmöglichkeiten zusätzlich entstehen, wenn Handwerker, Transportunternehmer etc. dem Tourismus zuarbeiten, gibt es keine Schätzungen.

Landwirtschaft

Die 741 Quadratkilometer große Insel wird seit den Anfängen ihrer Besiedelung intensiv landwirtschaftlich genutzt, obwohl ihre steile, gebirgige Bodengestalt einen effektiven Feldbau kaum zulässt. Die ersten Siedler rodeten deshalb den Wald vor allem entlang der flacheren Südküste. Die agrarische Erschließung des Nordens erfolgte erst, als der Bevölkerungsdruck im Süden zu groß wurde, abgesehen von zwei Ausnahmen, dem Tal bei São Vicente und bei Faial/Porto da Cruz. Heute ist etwa ein Drittel der Insel kultiviert.

Wichtigste Anbauprodukte

Entlang der Südküste herrschen in den tieferen Lagen bis 300 Meter **Bananenpflanzungen** vor. Seit 1911 werden Bananen auf Madeira für den Export angebaut, wenngleich sich nur ein geringer Teil der Böden für die Kultivierung der empfindlichen Tropenpflanze eignet. Bananen bilden heute das wichtigste Ausfuhrprodukt der Insel.

Wein, der die Inselwirtschaft über Jahrhunderte beherrschte, schlägt mit knapp 8 Millionen Euro zu Buche und liegt damit noch unter den Ausfuhrumsätzen für Madeira-Stickerei (ca. 9 Millionen Euro). Im stetigen Aufwind befinden sich die **Blumenexporte.** Gezüchtet werden vor allem Strelitzien, Calla, Proteen und Orchideen.

80
SQ·14·19

Förderung durch die EU

Der Beitritt zur Europäischen Union bescherte Festland und Insel zahlreiche Fördermaßnahmen, die sich vor allem im infrastrukturellen Sektor niederschlagen. Der Bau von Straßen, der Ausbau des Flughafens, die Errichtung von Windkraftwerken und einer Freihandelszone wurden mit EU-Geldern forciert bzw. erst möglich gemacht. Heute gibt es dank dieser Fördermaßnahmen alleine 63 Tunnel auf der Insel.

Als Agrarregion am Rande Europas genießt Madeira besondere Fördermaßnahmen zur Stärkung des **landwirtschaftlichen Sektors.** Vor allem der Viehwirtschaft gilt das Augenmerk der Brüsseler Beamten. Mit der Einfuhr von Zuchtrindern und -schafen sollen die Nutzviehbestände veredelt und aufgestockt werden. Die **Fischereiflotte** Madeiras soll langfristig mit modernen Booten aufgerüstet werden, eine Tatsache, die den vielen kleinen Fischern nicht behagt, da sie die Konkurrenz der schnellen Motorschiffe fürchten. Im Bereich des **Naturschutzes** engagiert sich die EU unter anderem in den Schutzmaßnahmen für die vom Aussterben bedrohten Vogelarten.

Auch im **Tourismus** schießt die Union zu: Auf vielen Hotelbaustellen prangt das Sternenlogo der Gemeinschaft, die vor allem Projekte unterstützt, mit denen alte Herrenhäuser, *quintas,* vor dem Ruin bewahrt und zu Luxushotels umgestaltet werden. Und sogar Tourismusprospekte werden vom European Regional Development Fund bezuschusst.

Tourismus

Lange Zeit setzte Madeira auf **elitären Tourismus.** Dies belegt beispielsweise die große Zahl anspruchsvoller Vier- und Fünf-Sterne-Hotels, der bis Anfang der 1970er Jahre nur wenige Mittelklasse- und einfache Unterkünfte gegenüberstanden. Seit 1976 hat sich die Zahl der Hotelbetten von damals 10.000 verdreifacht. Diese 30.000 Betten gelten im Augenblick noch als Limit, Madeira möchte nicht mit den Kanaren in Punkto Massentourismus konkurrieren.

Jährlich kommen etwa **1 Mio. Gäste** auf die Insel, mit etwa 215.000 deutschen Urlaubern stellt Deutschland inzwischen das zweitgrößte Kontingent nach Großbritannien (284.000). Geändert hat sich auch das Urlaubsverhalten: In zunehmendem Maß wird Madeira als **Aktiv-Reiseziel** besucht. Die heimische Tourismusindustrie reagierte auf die neuen Ferienbedürfnisse ihrer Gäste mit dem Bau von Hotels außerhalb Funchals, mit der Markierung und dem Ausbau der beliebten Levada-Wanderwege und mit einem stetig wachsenden Angebot unterschiedlicher Aktivitäten. Wassersport, Golf und Wandern sind nur einige der vielen Möglichkeiten, sich auf Madeira aktiv zu erholen; auch Mountainbiker, Kletterer, Hochseeangler und Paraglider kommen hier auf ihre Kosten.

Als der Zuckerrohranbau nicht mehr lukrativ war, setzte sich der Weinbau immer mehr durch

Spielwiese der Prominenz – berühmte Touristen auf Madeira

Der Run der Reichen und Schönen auf Madeira begann um die Mitte des 19. Jahrhunderts, ihre schillerndste Protagonistin war in jener Zeit sicherlich die österreichische **Kaiserin Elisabeth I.,** kurz Sisi genannt. Sie kam Ende 1860 auf die Insel, um hier eine nicht näher definierte Krankheit, wahrscheinlich Schwindsucht, zu kurieren. Ein halbes Jahr lebte Elisabeth I. in der Quinta das Angústias, an deren Stelle sich heute das futuristisch anmutende Casino von Madeira erhebt.

Und noch ein österreichischer Monarch ist schicksalhaft mit Madeira verbunden: **Kaiser Karl I.,** der nach dem Ersten Weltkrieg 1918 auf den Thron verzichten musste und 1922 lungenkrank und weitgehend besitzlos in Monte Unterschlupf fand. Im Gegensatz zu Sisi war Karl I. auf der Blumeninsel keine Heilung vergönnt. Er starb am 1. April und wurde in der Wallfahrtskirche von Monte beigesetzt.

Mit der Eröffnung von Reid's Palace Hotel 1891 war es endgültig schick, den Winter auf Madeira zu verbringen. **George Bernard Shaw** ließ es sich zwischen Dezember und Februar 1924/25 bei Tennis und Tango gut gehen. **Winston Churchill** kam im Winter 1950 zum Malen und erkor den Fischerort Câmara de Lobos zu seinem Favoriten. 1952 fand **Gustaf Gründgens** auf Madeira „sein Paradies". Unerkannt konnte er durch die Straßen Funchals schlendern und die Tatsache genießen, dass ihn niemand mit seiner Vergangenheit konfrontierte: „Es ist hier ganz anders als in Italien. Sehr gepflegt, sehr englisch, Insel sehr reich. Keine Deutschen ...", schrieb er nach Hause.

Ungefähr zur gleichen Zeit traf ein prominentes Filmteam im Reid's ein: **John Huston** und **Gregory Peck** kamen zu Dreharbeiten für „Moby Dick" nach Madeira. Tatsächlich wurden nur wenige Szenen in den Gewässern um die Insel gedreht. Die beiden Jagdfanatiker aber genossen es offensichtlich, an echten Waljagden teilzunehmen. „An einem einzigen Tag haben wir zwanzig Wale getötet ... Wer noch nie einen Wal in rauer See harpuniert hat, hat nicht wirklich gejagt", beschrieb *John Huston* seine Erlebnisse nach einem Walfang mit den Fischern von Caniçal.

Nach dem Siegeszug *Fidel Castros* 1958 in Kuba verschlug es den Diktator **Fulgencio Batista** samt Familie und Hofschranzen ins Reid's, wo sie mehrere Monate logierten und Unsummen von Geld verprassten. Auf Madeira munkelte man, dass der Batista-Clan die enorme Summe von 100 Millionen Britischen Pfund bei der Flucht aus Kuba mitgenommen hatte.

Parallel dazu investierte man in den **kulturellen Bereich.** Museen wurden erweitert sowie viele der historischen Häuser und Kirchen hervorragend restauriert und wieder zugänglich gemacht. Ein umfangreiches Veranstaltungsprogramm, das vom Theater über klassische Musik bis hin zu Folklorefesten reicht, sorgt zusätzlich für Unterhaltung.

Bevölkerung

Herkunft der Madeirenser

Die meisten der 268.000 Einwohner Madeiras und Porto Santos sind **Nachfahren portugiesischer Einwanderer,** die vor allem in den unterentwickelten Regionen Portugals wie dem Alentejo und an der Algarve mit dem Versprechen gelockt wurden, auf Madeira ein neues, besseres Leben beginnen zu können. Für einige ging dieser Traum in Erfüllung. Die große Mehrzahl fristete dagegen auch in der neuen Heimat ein ärmliches Dasein in der Abhängigkeit von mächtigen Großgrundbesitzern. Diese wiederum stammten vom portugiesischen Adel ab, waren Nachkommen der ersten Legatskapitäne und Inselentdecker oder gehörten reichen Kaufmannsfamilien an. Auch Genueser, Flamen und später Engländer bildeten die wohlhabende Oberschicht der Insel, und noch heute dominieren ausländische Familien wie die *Blandys* die Wirtschaft.

Seit der Entdeckung Madeiras wurden **Mauren** aus Nordafrika und die mit ihnen verwandten **Guanchen** von den Kanarischen Inseln als Sklaven in der Landwirtschaft eingesetzt. Heute sind die ehemaligen Leibeigenen in der Bevölkerung aufgegangen, ihre Spuren kann man aber gelegentlich im dunkleren Teint und den gekräuselten Haaren der Madeirenser wiederfinden.

Seit einigen Jahren beobachtet man in Madeira einen **Anstieg der Bevölkerungszahlen,** obwohl die Geburtenzahlen rückläufig sind. Geschuldet ist dieser Anstieg Heimkehrern, die in den 1950er und 1960er Jahren nach Südamerika emigrierten und nun im Rentenalter auf ihre Heimatinsel zurückkehren.

Die Porto-Santesen

Porto Santos Einwohner gelten den emsigen Madeirenser als ausgemachte Faulpelze und Drückeberger. Tatsächlich ist die Stimmung auf der Nachbarinsel entspannter, friedlicher und verschlafener, ja irgendwie „afrikanisch". Es geht geruhsam zu – sicherlich eine Folge der harten und von Wetterunbilden immer wieder zunichte gemachten Arbeit, die die Menschen auf Porto Santo seit Jahrhunderten verrichten. Ein gewisser Fatalismus macht das Leben einfacher. Und weil die Bewohner Porto Santos im Jahr 1533 auf einen offensichtlich geistesgestörten Viehhirten hereinfielen, der sich zum Propheten ausrief und ihnen jegliche Arbeit verbot, werden sie von den besserwisserischen Madeirensern noch heute *profetas* geschimpft.

Soziales

Bildung

In puncto Bildung gibt es deutliche Unterschiede zwischen dem Einzugsbereich Funchal und der Südküste einerseits sowie dem Inselinneren und der Nordküste andererseits. Natürlich gilt auch auf Madeira wie in Portugal die **allgemeine Schulpflicht,** doch wird in abgelegenen Dörfern der Besuch einiger Grundschulklassen vor allem für Mäd-

032ma sk

chen als ausreichend angesehen. Wie schlecht es um die Bildung stand und steht, verdeutlichen einige Zahlen: 1930 waren zwei Drittel der Madeirenser nicht des Lesens und Schreibens kundig. Heute wird die offizielle Zahl von **15 Prozent Analphabeten** genannt. Eine Recherche der Frankfurter Allgemeinen Zeitung brachte Mitte der 1990er Jahre aber ein ganz anderes Ergebnis: Sie berichtete von 40 Prozent Analphabeten.

Der Reisende wird in ländlichen Regionen immer wieder auf Menschen treffen, die nicht in der Lage sind, eine Adresse aufzuschreiben. Meist wird dieses Stigma mit umständlichen Erklärungen kaschiert. In solchen Situationen sollte man möglichst sensibel reagieren und sein Gegenüber nicht merken lassen, dass man den wirklichen Grund für die „Schreibunlust" kennt.

Gesundheitswesen

2008 gab es rund 500 Ärzte auf der Insel, was einem Durchschnitt von 2 Ärzten pro 1000 Einwohner entspricht. Die Kindersterblichkeit ist zwischen 1981 und 2008 von 26,7 auf 5,8 Prozent gefallen; sie ist im Vergleich mit dem Festland (4,2 %) aber immer noch hoch. Das Bevölkerungswachstum lag noch Anfang des 3. Jahrtausends bei 3,4 Prozent – auch dies eine Zahl, die man eher aus Entwicklungsländern kennt (Portugal 0,3 %).

⌃ Immer weniger Madeirenser entscheiden sich für das anstrengende Leben eines Bauern

Religion

Wie im Mutterland begegnet dem Gast auch auf Madeira eine tiefe Religiosität. Die **römisch-katholische Kirche** hat Gottes Lob in zahllosen Kirchen und Kapellen auf der Insel in Stein manifestiert. Jedes dieser Gotteshäuser besitzt seinen speziellen Schutzheiligen, der mit bunten Kirchenfesten gefeiert wird. Vor allem im Sommerhalbjahr findet an fast jedem Wochenende irgendwo auf Madeira eine *romaria*, eine Wallfahrt, statt, die nicht nur Anlass zu Andacht und Gebet ist, sondern in einem **feuchtfröhlichen Volksfest** endet.

Heiligenfeste

Viele Legenden kreisen um **Kirchenpatrone.** Allen voran wird von **Marienerscheinungen** erzählt, die fast überall im Zusammenhang mit aus dem Fels sprudelnden Quellen auftreten. Ein beliebtes Motiv sind auch von Flutwellen fortgeschwemmte Heiligenstatuen oder Kruzifixe, die sich auf wunderbare Weise unbeschädigt wiederfinden.

Ganz gleich, welchen Heiligen die Menschen feiern – immer werden Straßen, Häuser und Kirche üppig mit Blüten und Baumgrün geschmückt. Die Duftschwaden von gegrilltem Fleisch vermischen sich mit den tausend Aromen frischer Zweige und Blumen. Böllerschüsse und gemurmelte Gebete behaupten sich gegen die Tingeltangelmusik von Kinderkarussells; fliegende Verkäufer preisen ihre Ware an, während mobile Bäckereien durch lautes Klatschen auf den frisch gekneteten Teig auf sich aufmerksam machen. Jedes Heiligenfest hat seinen eigenen Charakter, immer verbinden sich dabei tiefe Frömmigkeit und Lust zum ausgelassenen Feiern.

Anglikanische Kirche

Die anglikanische Kirche, von den **Briten** nach Madeira exportiert, konnte bei den Portugiesen nie Fuß fassen. Lange wurden nicht-katholische Tote einfach von einem Felsen ins Meer gekippt – bis die Briten gegen diese unchristliche Praxis protestierten und schließlich einen eigenen anglikanischen Friedhof erhielten.

Kunsthandwerk

Zwei kunsthandwerkliche Produkte, die Korbflechterei und die Stickerei, haben Madeira berühmt gemacht. Beide werden erst seit Mitte des 19. Jahrhunderts in großem Stil betrieben, und beide wurden auf Initiative englischer Philanthropen entwickelt. Damals hatte sich die Situation der landlosen Bevölkerung durch den Zusammenbruch des Weinhandels so dramatisch verschlechtert, dass die Besitzenden gezwungen waren, über alternative Einkommensmöglichkeiten für ihre Untergebenen nachzudenken.

Korbflechterei

Zentrum der Korbflechterei ist Camacha. Die zumeist von der Nordküste an-

Transportmittel à la Madeira – vom Ochsenschlitten zur Magnetschwebebahn

Heute wirken sie außerordentlich malerisch und folkloristisch, aber noch bis vor 50 Jahren waren einige der traditionellen Transportmittel in Betrieb, die man in Volkskundemuseen wie in Ribeira Brava sehen kann. Da sich das steile und unwegsame Madeira kaum für herkömmliche Fahrzeuge wie Kutschen eignete, die Menschen aber trotzdem zu ihren Feldern, auf den Markt oder in ihre *quintas,* die Landhäuser, gelangen mussten, entwickelte man spezielle Transportmittel, die nicht auf Rädern, sondern **auf Kufen** liefen.

Das älteste Gefährt war der **Ochsenschlitten,** mit dem Bauern ihre Ernte in den Ort bzw. Saatgut zu den Feldern beförderten. Während Räder auf den holperigen, steinigen Wegen häufig brachen, hatten Kufen den Vorteil der Stabilität und kamen zumindest bergab ohne Zugtier aus. Die ersten „Ochsenschlitten" waren allerdings kaum mehr als eine vom Vieh gezogene Holzplanke, mit verzurrten schweren Lasten. Erst Mitte des 19. Jahrhunderts entwickelte ein englischer Kaufmann den klassischen *carro de bois* mit Kufen, Federn, einem mehr oder weniger komfortablen Aufsatz und Sitzen, in denen sich nun die Wohlhabenden die Berge hinauf- und hinunterziehen ließen. Noch Mitte des 20. Jahrhunderts waren Ochsenschlitten ein alltäglicher Anblick im Stadtbild von Funchal.

Eine Abwandlung der von Ochsen gezogenen Schlitten sind die *carros de cesto,* **Korbschlitten,** die allerdings nur bergab funktionieren. Sie fahren, ebenfalls seit Mitte des 19. Jahrhunderts, als öffentliches Verkehrsmittel von Monte, wo die Wohlhabenden in kühler Gebirgsluft wohnten, nach Funchal. Eine Art Korb mit eingebauter Sitzbank auf einem Schlitten montiert schoben, lenkten und zogen an flachen Stellen speziell dafür ausgebildete Männer. Die Korbschlitten haben als einziges traditionelles Verkehrsmittel Madeiras den Sprung in die motorisierte Neuzeit mitgemacht, sind heute allerdings nur noch eine Touristenattraktion. Im Gegensatz zu früheren Zeiten, als die Schlittenlenker die schweren Gefährte zu Fuß wieder nach Monte befördern mussten, werden die *carros* heute von Kleinlastern zum Ausgangspunkt zurückgebracht.

Sänfte *(palanquin)* und **Hängematte** *(rede)* stammen noch aus der Vor-Schlitten-Zeit und sind heute nur noch im Museum zu sehen. Die *portadores* (Träger) brauchten nicht nur große Kraft, um Steigungen und Gefälle mit ihren reichen Herrschaften zu bewältigen, sie mussten auch außerordentlich geschickt sein, damit ihre Last auf den schmalen Inselpfaden nicht in den nächsten Abgrund kippte. Die Getragenen müssen sich ihrer Diener sehr sicher gewesen sein, denn ein unzufriedener *portador* hätte viele Gelegenheiten gehabt, sich seiner unliebsamen Herrschaft elegant zu entledigen.

Die industrielle Revolution bescherte der Strecke Funchal – Monte Ende des 19. Jahrhunderts eine **Zahnradbahn,** deren Streckenführung heute unbeachtet verrottet. Das mit Dampfkraft betriebene Gefährt bewältigte die knapp 1000 Meter Höhenunterschied in etwa 20 Minuten. Doch 1919 explodierte ein Wasserkessel. Mehrere Menschen kamen zu Tode, was die Attraktivität der Bahn radikal reduzierte. 1939 wurde das nicht mehr lukrative Bähnchen endgültig abgeschaltet.

Die meisten Neuerungen im Verkehrswesen konnten dem Siegeszug des **Autos** nicht standhalten, nur das älteste Transportmittel, die eigenen Beine, ist nach wie vor im Gebrauch. Früher mussten alle Lasten **zu Fuß** befördert werden, angefangen bei Zuckerrohr über Wein bis hin zu Obst und Gemüse. Von den Erntegebieten an der Nordküste zum Hafen in Funchal waren die Träger tagelang unterwegs. Heute machen sich nach der Traubenlese um Santana nur noch aus Folkloregründen einige *barrecheiros* auf den Weg über die Berge, um den frisch gepressten Wein in Ziegenschläuchen zu den Kellereien von Funchal tragen. Hinter der nächsten Kurve werden sie aber von Bussen aufgesammelt und in die Hauptstadt gebracht. Die Bauern dagegen schleppen Geräte, Saatgut und Ernte immer noch auf schmalen, steilen Pfaden zu und von den Terrassenfeldern. Und so ganz verstehen sie nicht, warum immer mehr Touristen freiwillig die Strapaze tagelanger Fußmärsche auf sich nehmen, wenn sie doch ebenso gut mit dem Auto durch die Berge fahren könnten.

Zwischenzeitlich hat der dichte Autoverkehr durch geschützte Natur und auf schmalen, dafür kaum geeigneten Straßen zwei neue Projekte reifen lassen: Ein Investor hat den Bau einer **Seilbahn** von Funchal nach Monte realisiert – obwohl die madeirensischen Behörden angesichts der kühnen Zeitplanung lächelnd abgewunken hatten. Auch die Seilbahn von Monte zum Botanischen Garten ist fertig gestellt.

Absolute Zukunftsmusik ist die Idee eines österreichischen Managers, eine umweltschonende **Magnetschwebebahn** um Madeira herum fahren zu lassen. An den Haltepunkten könnten die Reisenden in Taxen, Mietwagen oder Busse umsteigen. Dem ewigen Stop-and-go auf der Küstenstraße wäre damit ein Ende gesetzt. Doch wer soll so kostenintensive Lösungen finanzieren?

gelieferten Weidenruten werden in den kleinen häuslichen Betrieben zu allen erdenklichen Flechterzeugnissen verarbeitet. Angefangen haben die Korbflechter mit **Möbeln,** zunächst für die reichen Haushalte, später für die Hotels und schließlich für den Export. Die durchwegs sorgfältig gearbeiteten, schönen Produkte können heute preislich nur noch schwer gegen die Konkurrenz aus den asiatischen Ländern bestehen.

Madeira-Stickerei

Der berühmten Madeira-Stickerei ergeht es nicht besser: Chinesische Finger sticheln wesentlich preisgünstiger, und so tun sich die vielen *Casas de Bordado* in und um Funchal schwer, ihre qualitativ hochwertigen, eleganten Produkte an den Kunden zu bringen. Traditionell war Stickerei schon lange vor dem Einsatz von *Elisabeth Phelps* die Freizeitbeschäftigung madeirensischer Frauen und Mädchen. Die Engländerin war aber die erste, die die bäuerlichen Stiche und Muster verfeinerte und sie dem eleganten Geschmack von Europas Adel und Geldschickeria anpasste. Grobes Leinen wurde durch feinen Batist ersetzt und eine Vielzahl neuer Techniken eingeführt. *Phelps* sorgte auch für den Export nach England, von wo aus Madeira-Stickereien ihren Siegeszug um die Welt antraten.

Noch heute werden Madeira-Stickereien in Heimarbeit hergestellt. Der Auftraggeber, eben jene *Casas do Bordado,* übergeben die zugeschnittenen Stoffe mit genauer Anweisung zu Muster, Stichart und -zahl an eine Agentin. Diese verteilt die Werkstücke in ihrem Heimatort an die Stickerinnen, sammelt die

034ma sk

fertigen Arbeiten wieder ein, bringt sie nach Funchal und erhält nach eingehender Prüfung der Qualität das festgesetzte Honorar.

Gobelin-Stickerei

Nicht ganz so alt ist die Gobelin-Stickerei, die sich in Madeira immer größerer Beliebtheit erfreut. Neben den üblichen Motiven wie Blumen und Ornamenten kopieren die Stickerinnen außerordentlich geschickt auch moderne Kunst. So kann man in Madeira beispielsweise *Picassos* Meisterwerke als Gobelins erwerben. Eines ist beiden Arten gemeinsam: Sie sind ein sehr geschmackvolles, aber auch teures Souvenir.

Strickwaren

Dicke, warme **Wollpullover, Mützen und Schals** werden ebenfalls in Heimarbeit gestrickt und meist von fliegenden Händlern an wichtigen Halte- und Aussichtspunkten verkauft. Unter die auf Madeira hergestellte Ware mischen sich aber auch Billigprodukte asiatischer Herkunft. Ein originelles Souvenir ist die spitze, mit Ohrenklappen und manchmal mit einem Bommel versehene traditionelle Mütze der Bauern, die *barrete de lã.*

Musik

Folklore Madeiras

Die traditionelle Folklore Madeiras besteht aus **mehrstimmigen Gesängen,** die meist von **Rundtänzen** begleitet werden. Im Wechsel zwischen Solist und Gruppe erzählen sie vom Alltag auf dem Land, und häufig sind die Einflüsse Nordafrikas in den Melodien unverkennbar. Jede Region hat ihre eigenen „Spezialitäten“, die bei den Heiligen- und Folklorefesten aufgeführt werden.

Nachdem viele Lieder, Instrumente und Tänze in Vergessenheit geraten sind, macht man nun große Anstrengungen, die alte Kunst wiederzubeleben. Unter dem Gruppennamen „Xarabanda“ sind junge madeirensische Musiker seit 1981 bemüht, ein **Revival der Volksmusik** zu bewerkstelligen. Benannt haben sie sich nach *xaramba,* einer traditionellen Musikform, und *banda,* Band. Zu ihren traditionellen Instrumenten gehört der *rajão,* eine Gitarre, von der die hawaiianische Ukulele abstammen soll, die *braguinha,* eine viersaitige Gitarre, die *viola,* eine neunsaitige Geige, und der *brinquinho,* eine Rassel, die mit Glocken oder Kastagnetten den Rhythmus der Musik vorgibt.

035ma sk

Portugiesischer Fado

Wohl jeder assoziiert portugiesische Musik mit der melancholisch-klagenden

[<] Stickerin in der Schule von Machico

[^] Der portugiesische Fado hat sich auch auf Madeira durchgesetzt

Melodie des Fado. Dramatik und Weltschmerz werden in Text und Gitarrenbegleitung ausgedrückt. Die Sänger – meist ältere Frauen – zelebrieren die hohe Kunst schwarzgekleidet und mit geschlossenen Augen. Die Ouvertüre ist meist elegisch, der Abschluss temperamentvoll und dramatisch. Im Gegensatz zu Portugal, wo Fado-Darbietungen in den Kneipen der Großstädte zum Alltag gehören, hat diese Liedform auf Madeira erst durch den Tourismus Einzug gehalten. In Funchal werden Fados gelegentlich in den Hotels dargeboten. Origineller und ursprünglicher sind sie in den Bars der Zona Velha, vor allem bei Arsenio's, zu hören.

Tipp

Diese lesenswerte, liebevolle Beschreibung Madeiras ist eine ideale Urlaubslektüre: **„Blütenwolken, Wein und ewig Frühling"** von Rita Henss. Sie ist nicht nur unterhaltsam, sondern hat auch ein sehr reisepraktisches Format, das in die Jackentasche passt (Picus Lesereisen, Wien 2007).

Literatur

Während Madeiras Kunsthandwerk weltweit große Beachtung genießt, ist es um das literarische Schaffen ziemlich still. Die Werke von Autoren wie **João Cabral do Nascimento** (1897–1978) und **Horacio Bento de Gouveia** (1901–1983) wurden z. B. nie ins Deutsche übersetzt und bleiben dem des Portugiesischen nicht kundigen Leser verschlossen. Einzige Ausnahme ist **Helena Marques,** die 1935 in Portugal geboren wurde, ihre Kindheit und Jugend aber auf Madeira verbrachte und mit „Raquels Töchter" eine faszinierende Familienchronik schrieb, die auch in deutscher Sprache vorliegt (Goldmann TB 1999) und die harte Realität des Insellebens offenlegt.

Bildende Kunst

Einen wahren Schatz **flämischer Gemäldekunst** haben die zahlreichen aus Holland zugewanderten Händler Madeira hinterlassen. Berühmte Tafelbilder anonymer flämischer Meister schmückten früher Kirchen und Privatkapellen. Heute sind die meisten dieser wertvollen Bilder im Museu Arte Sacra ausgestellt. Dort sind sie sicherer und geschützter als in den unbewachten Gotteshäusern. Einige Kunstwerke, wie die „Anbetung der heiligen Drei Könige" in der Kapelle Reis Magos bei Calheta, kann man sogar noch vor Ort bewundern.

Unter den bildenden Künstlern haben sich die Brüder *Francisco* (1885–1955) und *Henrique* (1883–1961) *Franco* hervorgetan. Der Bildhauer **Francisco Franco** ist der bekanntere, wenngleich sein von der faschistischen Ideologie *Sa-*

Die madeirensische Gesellschaft im Bild – Porträtfotograf Vicente Gomes da Silva

Im Jahre 1865 gründete der 1827 geborene Madeirenser *Vicente Gomes da Silva* Madeiras erstes Fotoatelier in einem kleinen Haus in der Rua da Carreia in Funchal. Dem passionierten Fotografen verdankt die Nachwelt eine umfassende Dokumentation der madeirensischen Gesellschaft im ausgehenden 19. Jahrhundert und vor allem des langsam aufblühenden Tourismus. Die Aufnahmen der Kaiserin *Sisi* gehören zu seinen berühmtesten Fotografien und öffneten ihm Tür und Tor bei der vornehmen Gesellschaft Funchals. *Vicente* porträtierte jeden, der einen Namen auf Madeira hatte. Er fotografierte aber auch einfache Leute wie die Korbschlittenfahrer von Monte, Marktfrauen, Landarbeiter oder Schuster.

Vicentes Atelier wurde in ein Museum umgewandelt, weitere Aufnahmen von Vicente sind am Cabo Girão zu sehen.

lazars geprägter Stil heute etwas befremdlich wirkt. Seine Monumentalstatuen schmücken mehrere Parks und Plätze in Funchal. Die im Franco-Museum in Funchal ausgestellten frühen Werke des Künstlers zeigen ihn dagegen von einer erstaunlich sensiblen Seite. Der Maler **Henrique Franco** schuf vor allem impressionistische Porträts. Sein immer wiederkehrendes Thema sind Frauengestalten mit harten, von der Arbeit gezeichneten Zügen. Ab 1923 machte sich der Expressionismus in seinen Arbeiten bemerkbar, so in dem Bild „La Poule noire“, das einen Jungen mit Henne vor schrillgrünem und -blauem Hintergrund zeigt.

Architektur

Die Einflüsse der verschiedenen Nationen, die nach Madeira einwanderten oder hier ihre Geschäfte tätigten, brachten eine Mischkultur hervor, in der das portugiesische Element mit deutlich britischen, aber auch nordafrikanischen und südamerikanischen Strömungen verschmilzt. Das Zusammenspiel maghrebinischer und hispano-portugiesischer Kunst ist vor allem in den ältesten Kirchenbauten und in der Ausgestaltung mit *azulejos* (Kachelbildern) lebendig.

Azulejos – kleine blaue Steine

Azulejos, so werden die großformatigen, aus bemalten Kacheln zusammengesetzten Wandbilder genannt, denen man in Madeiras Kirchen, *quintas* und an den Fassaden von Markthallen und Geschäften begegnet. Die Vermutung, in dem Begriff stecke das Wort *azul,* blau, ist ebenso umstritten wie die Ableitung vom arabischen *az-zulahi,* Mosaik-Steinchen. Tatsächlich stammt die Technik der Fliesenherstellung aus dem heutigen Irak. Mit dem Siegeszug des Islam durch Nordafrika nach Spanien kam dieser dekorative und zugleich praktische Wandschmuck auch nach Portugal.

Mit *azulejos* verkleidete Böden, Wände und Kirchturmspitzen sind hervorragend gegen Witterung geschützt. Dies ist sicherlich ein wichtiger Grund für den Fortbestand der *azulejos* bis in die heutige Zeit. Die Techniken und Motive haben sich allerdings grundlegend geändert: Anfangs beherrschten die Fliesenhersteller noch nicht die Fertigkeit, die verschiedenen auf eine Kachel aufgetragenen Farben beim Brennen am Ineinanderfließen zu hindern. Man behalf sich mit Rillen, die die Motive und Farben gegeneinander abgrenzten. So sind die ältesten *azulejos* entweder in einem Farbton gehalten, oder ihre Muster heben sich durch Rillen voneinander ab. Um das 16. Jh. waren derlei technische Probleme gelöst, und die *azulejos* konnten nun mit fantasievollen Mustern geschmückt werden, bei denen pflanzliche Motive eindeutig dominierten. Vorherrschende Farben waren Grün, Gelb und Blau.

037ma sk

Im 17. Jahrhundert traten jene Farbkombinationen ihren Siegeszug an, die heute als „klassisch" empfunden werden: Blau und Weiß, entweder als geometrisches oder florales Element, wie in der Kirche São Pedro, oder als großes Kachelbild, das Szenen der Heiligengeschichte, der Entdeckungsfahrten oder (später) des Alltags auf der Insel abbildet. Deutlich sind darin die Einflüsse der Delfter Porzellanmanufaktur zu erkennen, deren Geschirr in jener Zeit in Mode kam.

Die meisten Kachelbilder dieses Stils, die man heute auf Madeira sieht, stammen allerdings aus der Zeit der Wende des 19. zum 20. Jahrhundert, als die *azulejos* nach einer Zeit des Vergessens ein Revival erlebten. Auch moderne Kachelbilder sind allerorts zu finden, z. B. am Mercado dos Lavradores von Funchal.

Manuelinischer Stil

Beherrschend ist der manuelinische Stil aus den Anfangsjahren der Besiedlung Madeiras. Herausragendes Merkmal dieser **„portugiesischen Gotik"** ist die Verschmelzung europäischer Tradition mit nordafrikanisch-islamischen Bauelementen. In Madeira bekommt der manuelinische Stil durch das dunkle Baumaterial – Basalt und Tuff – eine eigenwillige Note.

Von außen zeigen fast alle Bauten des 15. und 16. Jahrhunderts eine große **Strenge und Schlichtheit,** die durch einige wenige Ornamente aufgelockert werden. Die weiße, mit dunklem Basalt abgesetzte Fassade der Kathedrale Sé z. B. wird nur von einer großen, durchbrochenen Rosette und dem Wappen Funchals geschmückt. Ihr Kirchturm ist quadratisch-wuchtig und mit Zinnen bewehrt. Darüber erhebt sich die mit *azulejos* verkleidete Kirchturmspitze. Denkt man sich im Inneren die barocke Ausgestaltung weg, dominiert auch hier eine sehr zurückhaltende Strenge, die nur im verspielten Deckenschmuck aufgehoben wird: Der aus Madeira-Zedern geschnitzte und reich mit Gold- und Elfenbeinintarsien überzogene Baldachin ist ein Paradebeispiel für den von arabischen Künstlern beeinflussten **Mudejar-Stil.**

Entwickelt hat sich diese Kunstrichtung im islamischen Andalusien. Mit den teils zum Christentum konvertierten muslimischen Handwerkern trat sie ihren Siegeszug auf der Iberischen Halbinsel an. So gelangte sie auch nach Madeira. Da islamisches Kunstschaffen durch das Bildverbot stets auf ornamentale Motive festgelegt war, finden sich auch an der Decke der Kathedrale Sé keinerlei Menschen-, Tier- oder Pflanzendarstellungen.

Ein weiteres Merkmal manuelinischer Bauten ist eine fast bizarre **Dekorationslust,** deren Motive vor allem durch die See inspiriert sind: Taue umschlingen die Säulen, Fratzen von Meeresbewohnern, Muscheln und Anker schmücken Tür- und Fensterfassungen. Die schönsten Beispiele manuelinischer Fensterstöcke werden im Garten der Quinta das Cruzes in Funchal gezeigt.

Barock

Die zweite wichtige Bauepoche Madeiras brachte Anfang bis Mitte des 18. Jahrhunderts den gold- und schnörkelverliebten Barock in Kirchen, Klöster und Paläste. In den meisten Fällen wurden nur die Innenräume barock umgewandelt, während die äußere manuelinische Gestalt erhalten blieb. Möglich wurde die aufwendige Bauweise durch Portugals Einnahmen aus den Kolonien.

Moderne

Moderne Architektur hat in Form von Neubausiedlungen an der Peripherie der Städte und vor allem in Funchals Hotelzone Einzug gehalten. Herausragendes ist nicht dabei. Nur das von **Oscar Niemeyer** konzipierte Casino und das Casino-Park-Hotel sind als Beispiele innovativer Baugestaltung zu erwähnen, wenngleich der monumentale, kalte Betonbaustil heute nicht mehr zeitgemäß erscheint. In den 1970er Jahren wurden die Entwürfe *Niemeyers* indes als genial gefeiert. Der Architekt hatte Brasiliens neue Hauptstadt Brasilia entworfen, bevor er sich in Madeira an das Casino-Projekt machte. Der kreisrunde Bau ist eingefasst von vertikalen Streben, die über das Dach hinausragen und eine „Dornenkrone“ darstellen sollen. Das Casino-Park-Hotel gleich nebenan steht auf schmalen, hohen Stelzen und wendet sich halbkreisförmig dem Meer zu. Für den Bau musste die historische Quinta das Angústias abgerissen werden, in der Kaiserin *Sisi* während ihres Madeira-Aufenthaltes logierte.

Postmoderne

Seit Ende des 20. Jh. erlebt die Insel einen wahren **Bauboom,** und das nicht nur in Bezug auf Straßen, Kreisverkehre und Tunnels. Jeder größere Ort wurde mit einem **Bürger- und Kulturzentrum** ausgestattet, zu dem meist eine Bibliothek, ein Kino, ein Café und eine Parkgarage gehören. Die kubusartige Architektur dieser Bauten, verkleidet mit viel Glas oder Holzlamellen, wirkt im Herzen der Altstädte zunächst provokant, hat aber durchaus ihren Charme und Reiz. Als architektonisch vorbildlich gilt der **Museumsbau der Casa das Mudas** über Calheta (siehe dort).

Ländliche Bauweise

Die ländliche Architektur Madeiras kann man nur noch in und um Santana sehen: Die nahezu dreieckigen **casas de colmos** sind spitzgiebelige, winzige Bauernhäuschen, deren Strohdächer an beiden Seiten fast bis zum Boden reichen.

036ma sk

Im Erdgeschoss befindet sich der Wohn- und Schlafraum, im Giebel darüber meist die Vorratskammer. Eine kleine Variante dieser Bauform sind die **palheiros,** in denen ein bis zwei Kühe Platz finden. Da alles bebaubare Land für Wein- und Getreidekulturen genutzt wird, verbringen die Rinder ihr Leben im Stall und werden von den Bauern mit frisch geschnittenem Grünfutter versorgt.

Quintas

Im Gegensatz zur schlichten Gebrauchsarchitektur der alten Bauernhäuser steht die prunkvolle Architektur von **Stadtpalästen und Herrenhäusern.** Im 18. Jahrhundert entstanden viele der heute als Unterkunft so beliebten, *quintas* genannten Herrenhäuser. Ursprünglich wurden nur die außerhalb Funchals gelegenen Landvillen, umgeben von parkähnlichen Gärten, als *quintas* bezeichnet. Mit der Zeit bürgerte sich der Begriff aber für alle Häuser der Reichen ein.

⌃ Die mit Stroh gedeckten Casas de Colmos findet man nur noch in und um Santana

099ma sk

9 Anhang

Rasant geht's im Korbschlitten von Monte nach Funchal

Kleine Sprachhilfe

Zahlen

null	zero
eins	um, uma
zwei	dois, duas
drei	três
vier	quatro
fünf	cinco
sechs	seis
sieben	sete
acht	oito
neun	nove
zehn	dez
elf	onze
zwölf	doze
dreizehn	treze
vierzehn	catorze
fünfzehn	quinze
sechzehn	dezasseis
siebzehn	dezassete
achtzehn	dezoite
neunzehn	dezanove
zwanzig	vinte
einundzwanzig	vinte e um(a)
zweiundzwanzig	vinte e dois, -duas
dreiundzwanzig	vinte e três
dreißig	trinta
vierzig	quarenta
fünfzig	cuinquenta
sechzig	sessenta
siebzig	setenta
achtzig	oitenta
neunzig	noventa
hundert	cem
zweihundert	duzentos, -as
dreihundert	trezentos, -as
vierhundert	quatrocentos, -as
fünfhundert	quinhentos, -as
sechshundert	seiscentos, -as
tausend	mil

Wichtige Begriffe und Redewendungen

ja	sim
nein	não
Guten Morgen	Bom dia
Guten Tag	Boa tarde
Guten Abend	Boa noite
Gute Nacht	Boa noite
Hallo	Olá
Tschüss	Ciao
Wie geht's?	Como está?
Auf Wiedersehen!	Adeus!
Gute Reise!	Boa viagem!
Bitteschön	De nada (als Dank)
Bitte ...	Faz favor, ... (um eine Gefälligkeit)
Danke	Obrigado
Entschuldigung!	Desculpe!
Schon gut!	Não importa!
rechts	á direita
links	á esquerda
geradeaus	sempre a direito
hier	aqui
dort	lá
wo	onde
wann	quando
heute	hoje
morgen	amanhã

Wichtige Sätze

Sprechen Sie Englisch?	Fala inglès?
Ein wenig.	Um pouco.
Ich verstehe nicht.	Não comprendo nada.
Die Rechnung bitte!	Faz favor, a conta!
Wie komme ich nach ...?	Para ..., se faz favor.
Wie weit?	Que distância?
Ich weiß nicht.	Não sei.

Helfen Sie mir bitte!	Ajude-me faz favor!
Was kostet ...?	Quanto custa ...?
Gibt es ...?	Há ...?
Ich brauche ...	Preciso de ...
Ich hätte gern ...	Queria ...
Ich möchte telefonieren.	Quero telefonar.

Rund ums Essen

portugiesisch	deutsch	englisch
almoço	Mittagessen	lunch
carta	Speisekarte	menu
colher	Löffel	spoon
copo	Glas	glas
faca	Messer	knife
garfo	Gabel	fork
guardanapo	Serviette	napkin
jantar	Abendessen	dinner
pequeno almoço	Frühstück	breakfast
prato	Teller	plate

Fisch und Meerestiere

abrotia	Rotbarsch	redfish
amêijoas	Miesmuscheln	mussels
atúm	Thunfisch	tuna
bacalhau	Stockfisch	dried cod
bodião	Meeräsche	mullet
camarões	Garnelen, Krabben	shrimps
caramujos	Seeschnecken	seasnail
castanhetas	Kleine Fische	small roasted fish
choco	Tintenfisch	cuttlefish
espada	Degenfisch	ribbonfish
espadarte	Schwertfisch	swordfish
lapas	Napfmuscheln	limpet
lulas	Tintenfisch	squid
mariscos	Meeresfrüchte	seafood
pargo	Brasse	brace
peixe	Fisch	fish
salmonete	Meerbarbe	barbel
sardinhas	Sardinen	sardines
truta	Forelle	trout

Fleisch und Geflügel

aves	Geflügel	poultry
bife	Steak	steak
cabrito	Zicklein	kid
carne	Fleisch	meat
coelho	Kaninchen	rabbit
corço	Lamm	lamb
espetada	Rindfleischspieß	spit-roasted beef
febra	Schweineschnitzel	escalope of pork
frango	Huhn	chicken
javali	Wildschwein	wild boar
lebre	Hase	hare
leitão	Spanferkel	porkling
pata	Ente	duck
porco	Schwein	pork
vaca	Rind	beef
vitela	Kalb	veal

Beilagen

arroz	Reis	rice
batatas	Kartoffeln	potatoes
batatas fritas	Pommes Frites	french fries
couve	Kohl	cabbage
ervilhas	Erbsen	peas
espargos	Spargel	asparagus
legumes	Gemüse	vegetable
massa	Nudeln	noodles
pão	Brot	bread
salada	Salat	salad

Zubereitung

assado	gebraten	fried
cozido	gekocht	boiled
fresco	frisch, kühl	fresh
frito	frittiert	deep-fried
grelhado	gegrillt	grilled
no forno	im Ofen gebacken	oven baked
quente	heiß	hot
recheado	gefüllt	filled

Desserts

bolo do mel	Honigkuchen	honey pie
fruta	Obst	fruit
gelado	Eis	icecream
pudim	Pudding	pudding
sombresa	Nachspeise	dessert
tarta de amêndoa	Mandelkuchen	almond cake

Sonstiges

alho	Knoblauch	garlic
azeite	Olivenöl	olive oil
azeitonas	Oliven	olives
bolo	Kuchen	cake
cebola	Zwiebel	onion
manteiga	Butter	butter
molho	Soße	sauce
óleo	Öl	oil
ovo	Ei	egg
pimenta	Pfeffer	pepper
pimento	Paprika	red pepper
queijo	Käse	cheese
sal	Salz	salt
sanduiche	Sandwich	sandwich
sopa	Suppe	soup
vinagre	Essig	vinegar

Getränke

água mineral	Mineralwasser	mineral water
com (sem) gás	mit (ohne) Kohlensäure	with (without) gas
aguardente	Schnaps	spirit
café	Kaffee	coffee
cerveja	Bier	beer
chá	Tee	tea
com açúcar	mit Zucker	with sugar
com limão	mit Zitrone	with lemon
leite	Milch	milk
licor	Likör	liqueur
sumo	Saft	juice
vinho	Wein	wine
verde	grün, jung	green
branco	weiß	white
tinto	rot	red

Register

M

N

O

P

HILFE!

Dieser Reiseführer ist gespickt mit unzähligen Adressen, Preisen, Tipps und Infos. Nur vor Ort kann überprüft werden, was noch stimmt, was sich verändert hat, ob Preise gestiegen oder gefallen sind, ob ein Hotel, ein Restaurant immer noch empfehlenswert ist oder nicht mehr, ob ein Ziel noch oder jetzt erreichbar ist, ob es eine lohnende Alternative gibt usw.

Unsere Autoren sind zwar stetig unterwegs und versuchen, alle zwei Jahre eine komplette Aktualisierung zu erstellen, aber auf die Mithilfe von Reisenden können sie nicht verzichten.

Darum: Schreiben Sie uns, was sich geändert hat, was besser sein könnte, was gestrichen bzw. ergänzt werden soll. Nur so bleibt dieses Buch immer aktuell und zuverlässig. Wenn sich die Infos direkt auf das Buch beziehen, würde die Seitenangabe uns die Arbeit sehr erleichtern. Gut verwertbare Informationen belohnt der Verlag mit einem Sprechführer Ihrer Wahl aus der über 220 Bände umfassenden Reihe „Kauderwelsch". Bitte schreiben Sie an:

Reise Know-How Verlag
Peter Rump GmbH
Postfach 140666
D-33626 Bielefeld
oder per E-Mail an: info@reise-know-how.de

Danke!

Die Autoren

Daniela Schetar und **Friedrich Köthe** haben vor Jahren ihre Leidenschaft, das Reisen, zum Beruf gemacht. Als Autoren haben sie zahlreiche Reiseführer, vor allem über afrikanische Länder, publiziert. Von den anstrengenden Recherchen auf dem Schwarzen Kontinent erholen sie sich gerne auf der Blumeninsel Madeira. Bei Reise Know-How sind von ihnen bislang die Reiseführer „Namibia", „Slowenien", „Friaul, Venetien", „Bulgarien", „Leipzig", „Sizilien" und „Bodensee" sowie die CityTrip-Bände „Florenz", „München" und „Verona" erschienen.

400ma sk